85个经科学证实的恋爱技巧　助你收获心目中的理想爱情

如何让你爱的人爱上你
How to Make Anyone Fall in Love with You

【美】莉尔·朗兹（Leil Lowndes）著

毛燕鸿 译

上海社会科学院出版社
SHANGHAI ACADEMY OF SOCIAL SCIENCES PRESS

为了兑现书名所提出的承诺，本书提供了 85 个经科学证实的技巧，帮助你透彻了解浪漫爱情的本质。

攻心计

相似与互补

等价原则

自尊

第一印象

欲望秘方

本书恋爱技巧选摘

摘樱桃

如果你能找到"谈话中的樱桃",就永远不会让自己与意中人的聊天陷入废话连篇的僵局。倾听并寻找所有略感异常的词语,它们就是樱桃的种子。将它们种进土里,让它们生根发芽,让你们的初次交谈开出令意中人难以忘怀的花朵。

初次约会就建立亲密感(献给女猎手)

为了播下"知己"的种子,在初次约会的时候,建议两人一起做他最感兴趣的事。记住,对男性来说,亲密感并不意味着坐在饭桌对面深深地凝视你的眼睛并倾诉衷肠,而是一起做事。

"我知道一个不错的小馆子。"(献给女猎手)

通向男人之心的道路是胃——同时也路过钱包。每位女士的黑皮小本子上,都应该记下一两家漂亮、充满情调且价格不高的饭馆。

把镁光灯让给你的意中人

把你和意中人的交谈想象成一个巨大的镁光灯。每次当镁光灯照在意中人身上时,他(或她)就会充满兴奋。如果镁光灯转到你自己或其他人、其他事情上面,意中人就会觉得你们的交谈变得乏味了。

杀手铜赞美

寻觅意中人身上最独特的品质。这个品质如此深藏不露,多数人从不会提及。然后注视着意中人的双眼,叫出意中人的名字,用这句杀手铜赞美直接击中对方的心。

温习女性话题(献给男猎手)

男猎手们,要让你的言谈更具心理学意味。与意中人谈天时,要多谈论人、感受、哲学、基本原理和直觉。发表观点时,要多赞同,少反驳。

迷路就迷路!(献给女猎手)

女猎手们,如果你的意中人迷路了,一定要咬紧牙关不吭声,如有需要就咬出血来。切记,一定不要建议他问路。永远不要自作主张地去向陌生人问路,让坐在旁边的他感觉自己像个傻瓜。永远不要。

"跟我谈谈吧。"(献给男猎手)

男猎手们,当你的意中人情绪不佳时,求她告诉你原因,然后倾听——像女人一样倾听。这样,在意中人眼里,你会显得有情有义。

在他发怒时,请保持沉默(献给女猎手)

女猎手们,如果你的意中人因某些与你无关的事情而情绪不佳,不要逼他向你倾诉。让他知道,他可以一直待在洞穴中直到心甘情愿地主动爬出,而你随时愿意洗耳恭听。

目 录
Contents

1 任何人？对，事实上你确实可以让任何人爱上你 / 001
　　科学发现了"两性吸引"的本质 / 003
　　更多的研究成果是如何获得的？ / 006
　　两性吸引技巧是如何被发现的？ / 007
　　我如何测试这些两性吸引技巧？ / 008

2 是什么让别人爱上你？ / 010
　　六个关键因素 / 010
　　I. 第一印象 / 010
　　II. 相似的个性，互补的需求 / 012
　　III. 等价原则 / 013
　　IV. 自尊 / 014
　　V. 恋爱初期攻心策略 / 015
　　VI. 欲望秘方 / 016

3 爱情有生物的一面 / 018
　　为什么我心乱如麻？ / 018

如何让你爱的人爱上你
How to Make Anyone Fall in Love with You

"难道只有脑子出了问题的人才会爱上我？" / 018

为什么我们会对某个人意乱情迷，对另一个人却毫无感觉？ / 020

那些让你怦然心动的小事 / 021

4　好男人和好女人都在哪里？ / 024

不要试图在错误的地方找到真正的爱情 / 024

5　真的有"一见钟情"吗？ / 027

　　I. 第一印象 / 029

一见钟情只在初遇时发生，一旦错过，永远错过

6　如何建立惊艳的第一印象？ / 030

难忘的第一印象 / 030

预备，爱！——时刻准备着 / 031

在心理上也要"时刻准备着" / 033

7　如何在初遇时就令对方一见倾心？ / 036

多少目光交流才能令对方发觉你的爱意？ / 039

如何练就一双"电眼"？ / 040

如何让你的意中人心旌摇荡？ / 043

淘气的眼神是如此重要 / 044

8　初次接触 / 046

搭讪的艺术（男女通用） / 046

男猎手，请迈开第一步……速战速决 / 047

女猎手，请迈开第一步……先发制人 / 050

女性如何有效发起进攻？ / 052

9 初遇时你的身体语言 / 055

让你的身体说话 / 055

当别人追求你的时候 / 059

能够挽救爱情的词汇 / 060

"但这是多么简单！" / 062

10 初次交谈 / 064

交谈就像两个人一起弹奏美妙的音乐 / 064

交谈就像做爱 / 065

交谈就像推销 / 065

如何发现意中人喜欢的话题？ / 068

如何让意中人相信你们已经相爱？ / 072

以分享私人秘密的方式来增进亲密感 / 074

让你的生活方式"契合"意中人的爱情地图 / 076

11 初次约会 / 080

以热忱的态度开始这个"游戏" / 080

"我应该何时开始第一步行动？" / 080

"欲擒故纵——什么时候应该？什么时候不应该？" / 082

科学证实最好的初次约会 / 084

如何在初次约会时就让意中人怦然心动？ / 085

播下"知己"的种子 / 086

初次在饭店里约会的技巧 / 087

男猎手，请关注自己的举手投足 / 089

女猎手，请忽略男性的小缺点 / 090

初次约会时的着装礼仪 / 092

"我没有合适的衣服穿！" / 093

II. 相似的个性，互补的需求 / 097
我想要个和我一模一样的恋人！

12 "宝贝，我们一起对抗这个疯狂、疯狂的世界。" / 098
    相似的个性……以及一点点的差别（只要一点点哦）/ 100

13 如何让对方感觉一见如故？ / 102
    如何让意中人迅速产生"相见恨晚"的感觉？ / 102
    能让意中人产生相似感觉的词汇 / 103
    "连我们俩的（身体）语言都非常相似。" / 107

14 如何在对方的意识中建立起相似性？ / 110
    三种关键的意识相似性 / 110
    谈谈我们的恋爱关系吧——千万不要这样做！ / 118

15 如何建立互补性需求？ / 122
    "亲爱的，你想要的一切我正好都有。" / 122

III. 自尊 / 127
你是如何爱我的？让我如实告诉你

16 我的心上人啊，地球真的是围着你转的 / 128
    自尊按摩是一门技术含量极高的手艺 / 130

17 第一步：无声的赞美 / 132
    用身体语言赞美他（或她）/ 132

目 录

18　第二步：共情 / 135
　　"我完全理解你的感受！" / 135
　　恋人之间特有的亲密细节 / 138
　　恋人之间特有的私密玩笑 / 140

19　第三步：爱慕 / 143
　　"啊，亲爱的，你真是太棒了，
　　　竟然能把蘑菇丝切得这么完美。" / 143

20　第四步：含蓄的赞美 / 147
　　"像你这样年轻的人大都不了解那桩史实，但是……" / 147
　　正中靶心的赞美："你引以为傲的地方也是我最喜欢的"。 / 148

21　第五步：杀手锏 / 151
　　"你是我见过的最美好的人。" / 151
　　"如此卖力地恭维一个人，对我究竟有什么好处？" / 152

22　熟练操纵对方的自尊机制 / 155
　　"等一等，是否人人都喜欢甜言蜜语？" / 155
　　膝跳反射般地迅速赞美："你这样做真是太棒了！" / 157
　　率先大笑 / 158
　　情侣们总是相互使用昵称 / 159
　　当意中人赞美你的时候 / 160

23　让爱的火焰熊熊燃烧 / 162
　　"我喜欢你大笑时鼻翼皱起来的样子。" / 162

IV. 等价原则 / 165
这对我有什么好处？

24　亲爱的，人在市场上各有身价 / 166
为什么谈恋爱就像谈生意？ / 167
什么"货币"能够"买"到好伴侣？ / 168

25　我该如何使用"等价原则"寻找爱人？ / 171
你其实不想和白马王子或白雪公主结婚 / 171
"为什么我结婚时不想高攀？" / 172
"如果结婚以后双方资本发生巨变，会发生什么？" / 174

26　相貌到底有多重要？ / 177
女性最爱何种长相的男子？ / 178
男性最爱何种长相的女子？ / 179
"如何让我的意中人认为我更美？" / 180
如何提高你在情场美貌战中的胜算？ / 183

27　如何追求富人或名人？ / 185
用眼睛识别富人 / 185
用耳朵识别上流人士 / 186
上流社会通常会谈什么话题？ / 189
在上流人士面前使用上流语言 / 190

28　在其他资本上提高自己的胜算 / 192
知识、礼仪和内在美都是你的有形资产 / 192

29 帮助别人确信他们爱你 / 195
   让你的意中人帮你做事 / 195
   "哦,诗意的爱情,半是天使,半是飞鸟"怎么解释? / 198

   V. 恋爱初期攻心策略 / 201
   伊甸园之后还有爱情吗?

30 "我希望他(或她)不像别人那样愚蠢。" / 202
   "我想找一个可以和我聊天的人,
      一个像男人一样思考的女人。" / 204

31 什么是"男人话题",什么是"女人话题"?
   (它们真的存在吗?) / 206

32 "对于那件事,你感觉怎么样?" / 210

33 "对不起,我需要向您问个路……" / 213

34 "拜托,别说那么多细节……" / 216

35 "究竟发生了什么事,请告诉我(请不要告诉我)。" / 220

36 从 A 点到达 B 点,最好的方式是什么? / 224
   "直线!"他宣布。"一条柔和的曲线?"她问。 / 224

37 "你能帮我一个忙吗?" / 228

38　帮你俘获意中人芳心的小词汇 / 232

39　在男女之间的性别鸿沟里，是否有危险的湍流？ / 235

VI. 欲望秘方 / 237
如何点燃对方的欲望之火？

40　意中人的性敏感区域 / 238

41　每次性爱都截然不同，
　　正如世上没有两片完全相同的雪花 / 240
男人和女人的性欲究竟有什么区别？ / 242
为什么女人和男人的性幻想如此不同？ / 243
其他区别 / 244
如何利用两性差异让意中人爱上你？ / 244

42　在床上，忘掉黄金法则 / 246
男人用身体来爱，女人用心灵来爱 / 247

43　男猎手们，请用女人渴望的方式和她做爱 / 250
改变你一生的一小时功课 / 250
针对男人的另一门性爱速成课 / 254

44　女猎手们，请用男人渴望的方式和他做爱 / 259
我们看录像带吧 / 260
在女人的性感教程中再加些放浪 / 263

目 录

45　小测验：男人和女人谁用情更深？ / 266

46　每个人的欲望都像指纹一样独一无二 / 270
　　性爱就像牛排 / 273
　　最完美的性爱梦想 / 273
　　"为什么他（或她）对我忽然意兴阑珊？" / 276
　　"这个人能满足我下半生的所有欲望吗？" / 277

47　女猎手们，请努力成为一个欲望侦探 / 280
　　让你的意中人知道，你喜欢床上的探险 / 283
　　探索他最重要的性幻想 / 284
　　和爱人分享最深的欲望时，让对方感觉足够安全 / 284
　　用软语温存鼓励对方继续分享 / 287
　　是否所有的男人都有性秘密？ / 288
　　问些让他血脉贲张的问题 / 289
　　女猎手们，探索那些令他兴奋的词汇 / 291
　　在床上使用那些让他兴奋的词汇 / 293

48　男猎手们，以下这些方法对女人们有用吗？ / 295
　　除去她的衣服，分享她深藏的性幻想 / 296
　　以她渴望的方式去爱她 / 299
　　那些让她爱上你的神奇词汇 / 300
　　女猎手们，性感词汇对你也有用 / 302

49　最后，征服钻石王老五 / 304
　　为什么男人想要如此离奇的性爱？ / 306
　　漫步离奇世界 / 308

50　"丈夫偶尔注视其他女人"这个问题 / 310

51　最后的发现 / 313

后记 / 316

注释 / 318

1 任何人？
对，事实上你确实可以
让任何人爱上你

"我不明白。我美丽、聪明、敏感，而且事业有成，为什么他（或她）却不爱我呢？为什么我总是找不到爱情？"有多少次，你用双拳捶打着枕头，向自己发出这样的疑问？

你打开这本书，心中半信半疑，但同时也带着一丝希望，希望找到一个方法将自己的个人问题一举解决。你看着本书的标题：如何让你爱的人爱上你。

"这承诺真是好大的口气。"你说道。没错，这的确是个很大的承诺，但它确实管用。如果你愿意根据书中讲述的科学道理制定一个合理的计划，一定能够如愿俘获意中人的芳心。

古往今来，每个时代都有无数人为爱情而心碎，为什么现在我们忽然敢宣称找到了让任何人爱上你的秘方？因为，经过数百年的抗拒，科学家们开始探索并终于揭开了蒙在浪漫爱情上的面纱，包括：爱情到底是什么？什么东西能够引发爱情？什么东西能够葬送爱情？什么东西能让爱情天长地久？

正如远古部落的人们认为日食现象是某种神秘巫术一样，我们也常常以为爱情充满了无法解释的魔力。在很多时候，尤其是在爱情刚刚发生的迷狂瞬间，当我们想在大街上随便拦住一个陌生人并大声告诉他"我恋爱了"的时候，我们常常认为爱情充满魔力。但是，当人类社会进入21世纪，我们越来越发现，爱情的产生是化学、生物学和心理学

1. 弗洛伊德临死前，躺在床上对世界宣布："我们对爱情的了解实在太少太少。"

等多种因素（嗯，也许有一点点的神秘魔术）共同作用的结果，爱情不仅可以被严格定义，而且可以被精确计算。

作家萧伯纳将爱情描述为一种"最疯狂、最迷乱又最易逝的激情"。当科学开始在这片以前我们一无所知的浩瀚海洋里扬帆远航的时候，我们终于开始了解爱情的真相和基本原理。是什么让人们心甘情愿停留在那种"极端兴奋、非同寻常而又备受折磨，长相厮守、只有死亡才能将他们分开"的状态？"爱情究竟是什么"的问题曾让无数人迷惑不解。从古至今，柏拉图、西格蒙德·弗洛伊德、查理·布朗等重量级人物都曾就这个问题进行过认真的探索。

1950年，在百老汇某个幽暗的剧场舞台上，当歌唱家埃齐奥·平扎在音乐剧《南太平洋》中唱到"谁能将它解释清楚？谁能告诉我究竟为什么？傻瓜们努力寻找原因，聪明人从来不问……"的时候，台下的观众产生了强烈的共鸣。然而近年来，许多聪明人，包括男人和女人，却都一直在努力寻找爱情的原因并且成功找到了答案。不要责怪《南太平洋》的词作者罗杰斯和哈默斯坦，因为他们在创作这场著名音乐剧的时候，同时代的科学家对于爱情的了解，与内莉和艾米丽·德·巴基耶在台上唱出的那些对美妙夜晚的困惑比起来，几乎没有什么区别。

科学发现了"两性吸引"的本质

在弗洛伊德对爱情问题进行深入研究之前，擅长分析的有识之士们已经达成共识，认为爱情是人类经验的一个基本组成部分。但是他们理性的头脑依然认为，对爱情进行评估、分类以及定义是一件匪夷所思的事，是对时间和金钱的一种浪费。弗洛伊德临死前，躺在床上对世界宣布："我们对爱情的了解实在太少太少。"

他的遗言成了科学界的一个教条，至少在20世纪70年代以前一直如此。20世纪70年代，一批充满探险精神的社会心理学家拿起了科学家们的接力棒，开始研究长期以来人们对爱情产生的各种疑问。他们询问自己，也询问所有被吸引到他们实验室里的人，询问所有与爱情有关的问题。

两位女性科学家在研究现代媒体对"爱情究竟是什么"这个问题的报道时，不经意间在这个领域取得了突破性的进展。艾伦·博尔斯施德博士及其同事伊莱恩·哈特菲尔德从美国联邦政府申请到一笔8.4万美元的资金，来研究浪漫的爱情。博尔斯施德之所以能说服国家科学基金会拨出这笔专款，是因为她自信地宣称："我们已经弄清了棘鱼的交配习惯，是时候换一个物种来进行研究了。"

像之前其他科学家一样，博尔斯施德的研究成果很可能只在十几家晦涩难懂的专业报刊上发表，然后就重新进入无人关注的状态，永远无法进入公众的视野。但幸运的是（这对全球各地的寻爱者来说都是一件幸运的事），一天早晨，前美国参议员、来自威斯康辛州的威廉·普罗克斯迈尔正在国会大厦里看报纸。在厚厚的一叠报纸中，正好有那篇关于美国科学基金会"轻率"拨款支持两名妇女研究爱情的新闻报道。

普罗克斯迈尔立刻火冒三丈：什么？8.4万美元的一笔巨款被来研究莫名其妙的爱情？愤怒的他立即召开了一个新闻发布会，宣称爱情不是一个科学课题。他咆哮道："国家科学基金会，滚出爱情那虚无缥缈的地盘！把它留给伊丽莎白·巴雷特·勃朗宁[①]和欧文·柏林[②]！"接着普罗克斯迈尔又说："我很高兴自己反对这个研究'爱情是什么'的项目，因为我不想知道答案。"他认为所有人的想法都和他一样。但是他错了，大错特错！

普罗克斯迈尔的反应引发了全球范围内的巨大争议，在接下来的两年内，关于博尔斯施德研究课题的争论一直是大众的一个热门话题。"号外！号外！快看这个！国家科学基金会要研究爱情！"报纸杂志迎来了自己的狂欢节，摄影机和麦克风也兴奋地对准了博尔斯施德。原本

[①] 英国19世纪著名女诗人，写过许多爱情题材的十四行诗。
[②] 美国20世纪著名词作家，写过许多爱情题材的百老汇歌舞剧和电影插曲。
（本书所有脚注均为译者和编者所加）

冷清的研究员办公室顿时堆满了各种信函。

　　普罗克斯迈尔对爱情的愤怒抨击引起了与其预期截然相反的结果。他的提议不仅没有结束那桩"轻率的研究项目",反而引起了大众对爱情研究的强烈兴趣。《纽约时报》的记者詹姆斯·赖斯顿说,如果博尔斯施德等人的研究能够找到浪漫爱情的规律,包括爱情发生、婚姻缔结、激情幻灭和无奈离婚的模式及其遗留的子女问题,那么这个项目将是美国政府自杰斐逊总统购买路易斯安那州以来最伟大的一笔投资。

　　艾伦·博尔斯施德关于爱情的研究引起了舆论的轩然大波。从那以后,各个领域都涌现出大量关于爱情的研究,从各个角度对爱情进行分析。福阿、默斯坦、戴恩、阿伦和鲁宾等社会科学家以及其他不知名的业外人士的研究结果,对我们来说都像是尚未打开的礼物。现在,我们要将这件礼物打开了:前人的劳动及其研究结果,都在教导我们(虽然这并不是他们的本意)——如何让任何人爱上我们。

　　当然,有些研究结果并不能直接将我们带向这个目标。为了寻找相关的研究结果,我不得不广泛阅读并梳理了大量科研资料,其中不少资料都有着佶屈聱牙的标题,诸如《关于异性同居者互相适应的二元功能意义的研究》。有些研究让小白鼠轮流倾听古典音乐、爵士乐和布鲁斯音乐,来观察哪种音乐最能激发它们的性欲[1]。有些研究对我们的目标没有指导意义,因为他们研究的是某些人对尸体的爱慕之情[2]。还有一些研究致力于探索密宗特有的身体一动不动的性行为[3],我觉得它的研究成果只有当某对夫妇的蜜月游轮撞上海底暗礁时才会有用。

　　但令我们高兴的是,许多研究都为我们带来了有趣而实用的资料。一位勇敢的叫作蒂莫西·佩佩尔的博士花费了大量时间在自己最喜欢的实验室——一个叫作"单身酒吧"的地方,密切观察人们的言行举止;罗伯特·斯滕伯格及其同事关于情爱理论的精彩研究让我们获益匪浅;多萝西·特诺夫等人早年关于迷狂式恋爱构成因素的深刻探索也给我们带来许多教益。还有许多充满勇气但名字却不为人知的研究者,比如卡罗尔·罗奈,她为了研究哪种面部表情更能激发男性的性欲,不惜亲自到一个脱衣酒吧工作，跳到桌子上为男性顾客表演艳舞[4]。

更多的研究成果是如何获得的？

我自己的第一手研究，虽然没有其他研究方式那么勇敢，但同样充满激情。在成为一名人际沟通咨询师和培训师之前，我建立了一个叫作"两性课题"的研究机构，亲自主持它的研究工作，一做就是十年。

"两性课题"是一个驻扎在纽约市的非营利组织，旨在探索和研究两性关系的规律。在"两性课题"任职期间，我阅读并汇总了关于人类择偶问题的上千个具体话题。曾有数十所大学邀请我就自己的研究做讲座，我因此也从众多听讲的大学生那里收集到了大量的第一手资料。

与艾伦·博尔斯施德的研究工作一样，"两性课题"也经历了来自大众的热烈关注，在整个美国都引起了很大反响。《时代周刊》的一位记者就我们的某次现场活动做了一个整版报道，宣称"情爱幻想走进了百老汇"，事实上他说得完全正确。

"两性课题"有个分支机构，负责鼓励志愿者将自己真实的情爱幻想以心理剧的方式在舞台上表演出来。鉴于这些演出既没有裸体场景，也没有火爆诱惑的语言，在两性题材的演出市场中显现出独特而少有的"纯洁"，很快吸引了美国三大电视公司的关注。他们很快将演出的一些片段通过电视节目在全国范围内播放，很快又吸引了美国和欧洲数十家主流媒体的报道。

于是，世界各地的人们都开始和我们联系，讲述他们的人生故事、情爱幻想以及他们对爱情的热切渴望。他们给"两性课题"打电话、写信，详细地描述自己对另一半的具体要求。我们接到的电话或信件大都以这样的句子开头："这些话我从来没有给任何人说过，但是……"然后他们便开始将自己最深的渴望倾诉给一个素不相识的"两性课题"工作人员。我们倾听的时候心中总是充满感激，因为我们收集的这些资料，都曾经或即将让人们更好地相爱。

两性吸引技巧是如何被发现的？

让我们先离开两性的世界一会儿，来到我的另一个研究领域——人际沟通。正是这个领域里的研究结果启发了我，我将它们移入两性的世界具体运用并找到各种可执行的技巧，从而让任何人都有可能爱上你。

社会科学已经雄辩地证明，你完全可以通过某些方法，诱导别人做出你想要的行为。如果没有这样的方法，所有的心理学家和成千上万的企业培训师（包括我自己在内）都会狼狈地失业。专家们已经探索出多种方法来激发人们不同的情绪反应并改变人们的行为。比如，我们可以学习如何与性格乖僻的人们沟通，让那些爱惹麻烦的员工按照我们想要的方式去做事。

通过为政府机构、高等院校、专业机构和大型企业所开的多次讲座，我认识到，我们完全可以有效改变人们的行为模式。之所以能够完成这个复杂的任务，是因为我们首先弄清了人们的基本需求和动机，然后采用语言和非语言的技巧来改变他们的行为。

这就是我在本书中要做的事。根据科学研究的结果，揭示出人们陷入爱情时的基本需求和动机，然后我会告诉你那些正确的语言技巧和非语言技巧，以诱导对方做出你想要的行为——爱上你。

本书内容集中了人类社会多年来在人际关系、两性关系、沟通技术以及两性差异等多个领域的研究和探索成果。我不仅通过科学研究和个人研究探索了爱情的本质，还借鉴了大量现代咨询师和沟通分析专家的工作方法。我要特别感谢社会语言学家黛博拉·坦农[5]的工作和咨询师约翰·格雷[6]关于火星和金星的聪明比喻。通过这个比喻，格雷使得男人和女人在思维和沟通方式上的巨大差异广为人知，并成为一种常识。

哪些因素会让别人爱上你？这些因素及其关系可以简化成一个公式

吗？下面的说法看似简单，但事实上相当复杂。

　　刚开始的时候，你要对造成男女之间吸引力的科学原因有一个充分的了解。然后，你要收集和意中人有关的大量资料。接下来，你要使用复杂的沟通方法——大多是作用于人们潜意识的技巧——去满足对方意识和潜意识里的需求。最后，借助你对对方性需求敏锐而精确的了解，将其彻底俘获。以上就是你想要的一切：一个让你的意中人爱上你的公式。

我如何测试这些两性吸引技巧？

　　我并不仅仅满足于理论研究，我还需要看看这些技巧在现实生活中是否真的管用。几年前，为了检验我的理论，我创建了一个研讨组织，它的名字与本书的标题完全一样：如何让你爱的人爱上你。

　　来自美国各地的大学、单身群体、俱乐部以及各种继续教育机构纷纷向我们发出邀请。在这些阵地上，我们的理论经历了各种实战的考验，我们收到的反馈结果都是："真的有效！"你确实可以让任何一个你爱的人爱上你。

　　这个任务轻松吗？不。

　　需要做出牺牲吗？是的。

　　读过这本书以后，也许你会认为，为了俘获某个人的心，并不值得你做出这么多的牺牲。但是，如果你认为有必要做出牺牲并决心走到下一步，那就请倾听我的指导。我们将一起探索所有必要的技巧来完成任务，让你选择的意中人爱上你。

　　谁是你的意中人？首先，一位意中人必须是一个你做好准备去爱的人。时机在恋爱中是非常重要的一个因素——如果不是最重要的因素的话。比如，如果某人刚刚失去挚爱的配偶，他（或她）目前就没有做好准备去寻找爱情。那么，他（或她）就应该暂时地被剔除出你"意中人"的选择范围。

其次，一位意中人必须符合你对爱情的特定需求（这些需求被我们称为"爱情地图"）。如果你不符合对方的爱情地图，那么，即使你没做错任何事，也无法满足对方的爱情幻想。关于意中人的"爱情地图"，我们稍后会多次讨论。

这样，你就可以将成千上万的人剔除出你的意中人的范围。现在，让我们踏上那条通往你心上人心灵的小路吧。

2 是什么让别人爱上你？

六个关键因素

博尔斯施德当年万众瞩目的研究获得了什么样的成果？随后一哄而上的其他研究呢？嗯，也许弗洛伊德说得很对，浪漫的爱情神秘莫测，将它抓进手里并变成电脑里的字节信息是非常困难的一件事。但是，学者们倾向于将爱情当作一种病毒，每次只针对它的一两个侧面来研究。目前，他们已经取得了显著的进步。

在他们浩如烟海的研究成果中，六个因素清晰地浮现出来，成为人们坠入情网的六个关键原因。如果你想成为一个成功的爱情猎手，就必须是个技巧熟练的射手（就像丘比特那样），将你的羽箭准确地射到下述六个箭靶的中心。

I. 第一印象

一见钟情只在初遇时发生，一旦错过，永远错过

你首次见到意中人的那一瞬间，或者他（或她）首次瞥见你的那一瞬间，对你们的未来起着决定性作用。那一瞬间，藏着一个"继续与否"的决定。许多科学家都告诉我们，爱情的种子常常是在两人初见的

2. 如果你想成为一个成功的爱情猎手，就必须是个技巧熟练的射手（就像丘比特那样），将你的羽箭准确地射到六个箭靶的中心。

几分钟之内萌发的。

两只猫首次相遇的时候，会先停下来，盯着对方看。如果一只猫发出一声嘶吼，另一只猫就会竖起毛发嘶吼一声表示回复。但是，如果第一只猫耸起自己冰凉的小鼻子，另一只猫就会报以同样的温柔和善；随后它们就会挤在一起，"咕噜咕噜"地叫着，互相舔舐对方的皮毛。

男女之间初次见面，与两只动物通过嗅闻对方味道来决定立场的做法如出一辙。我们没有可以摇晃的尾巴，也没有可以竖起的毛发，但我们却拥有可以闪动的眼睛，以及可以弯曲关节、举起手掌表示"我服输"的双手。在男女互动的最初几分钟，双方都会做出数十种无意识的动作，透露出自己的内心。但我们也可以通过学习，来控制这些无意识的反应。

一旦你们将目光投在彼此身上，你的意中人就会在不知不觉中立刻读懂你的身体语言。在这关键的几分钟内，他（或她）就会下意识地做出决定：究竟和你开始浪漫之旅还是放弃与你恋爱的念头。接下来，他（或她）的大脑就会像由电脑控制一般，在你们的初次约会、初次交谈中，迅速做出一个个与你有关的决定。

在本书的第一部分，我们将会探索一些技巧，吸引意中人接近你、喜欢你进而和你进行第一次约会。我将和你分享一些超级有效的科学方法，让你们的初次交谈激动人心，并让对方为你怦然心动。

II. 相似的个性，互补的需求

我想要个和我一模一样的恋人！

一旦你通过了第一印象测试，你就进入了恋爱的第二个阶段。这时，你的意中人开始对你做各种评价，来判断你能否成为一个合格的恋人。他（或她）在潜意识中说道："我想要个和我一模一样的恋人。嗯，至少要基本一样。"

如果人生——或者一次约会——需要兼容性的话，那么男女之间拥有共同点就成了一个必要的条件。人类的心灵是一件精巧的乐器，总是在敏锐地寻找那些能与自己琴瑟和鸣的同类，寻找那些世界观和价值观与我们多少相似的人。相似性让我们感到自在，因为这给我们一种肯定，让我们相信在之前的人生中做了正确的选择。我们喜欢寻找那些兴趣相似的同类，那样我们就可以一起分享并共度快乐时光。相似性确实是让亲密关系正常起飞的一个良好跑道。

但如果两个人太过相似，就难免感觉厌倦。此外，我们也需要一个人来弥补我们的缺陷。如果两个人数学都不好，那么谁来整理支票簿？如果两个人都马虎邋遢，那么谁来收拾脏袜子？

所以在寻找长期人生伴侣的时候，我们也渴望对方具有与我们互补的特质，但并不是随便一种互补的特质就可以——我们需要那些有趣或让人生更加完整的特质。因此，我们寻找的伴侣和我们既有相似性，也有互补性。

在本书的第二部分，我们将探索那些将相似性的种子埋进对象潜意识的方法，并让他（或她）明白，虽然你们俩基本相似，但你在很多方面仍和对方有着有趣、实用且迷人的区别。

III. 等价原则

这对我有什么好处？

亲爱的，人在自由市场上各有身价！每个人的身上都挂着一个价格标签。比如：她有多漂亮？她的地位有多高？他掌握多大的权力？他是富裕、智慧且个性温良的人吗？他能为我带来什么？

这些话听起来是不是很庸俗？研究人员告诉我们，爱情其实并不盲目，每个人——即使是那些最善良的人——在选择终身伴侣的时候，都会进行一些庸俗的考虑。这与商业法则没什么区别，每个人都会问自己："这对我有什么好处？"

我听到部分读者抗议："不，爱情是纯洁的，充满温情，爱情的内容是关爱对方、为对方着想、情感交流和真诚无私，这就是爱情的全部含义。"是的，这就是两个人深深相爱时爱情的全部含义。也许你还见过一些爱侣，相互奉献，甚至可以为对方牺牲自己的一切。是的，这种人人梦寐以求的爱情确实存在，但这只发生在恋情的后半阶段，非常靠后的阶段。而在这之前，你必须先让你的意中人爱上你。

研究人员说，如果想让某个人爱上你，你必须一开始就让对方相信，爱上你是一件合算的事。也许你并没有意识到这种现象，但科学家们说，久经考验的市场法则在爱情里也一样适用。恋爱中的人们总是无意识地将双方的各种条件进行比较和计算，计算婚恋的性价比，然后他们会扪心自问："这是我能拿到的最好的生意吗？"每个人的心里都锁着一面巨大的记分牌。所以为了让别人爱上你，你必须让对方相信，爱上你是一桩非常合算的好生意。

如果你并非天生貌美如花，也没有显赫家世，那么在情场上你是否就一无所获了？绝非如此。在本书的第四部分，我会教给你一些方法。虽然你不是口含银匙而生，但却可以用雄辩令别人发现你的魅力，即使是非常挑剔的人也能被你取悦。

IV. 自尊

你是如何爱我的？让我如实告诉你

在轰轰烈烈的爱情中，最令人心动的核心内容就是人的自我价值感。丘比特射箭的时候，也许偶尔会偏离方向，但科学研究告诉我们如何让自己的羽箭百发百中——只要命中对方的自尊即可。

如果即将进入恋爱的人们知道是自尊让地球转动的话，一定会兴奋不已，因为满足意中人的自尊其实并不难。有无数种办法可以让你的意中人感觉自己美丽、强壮、英俊、活力四射、魅力十足，包括杀伤力十足的赞美，杀伤力较小但效果微妙的爱抚，以及其他让意中人深感自己独一无二的怡人秘籍。各种微妙的程序，终于让意中人证实了自己长久以来的猜想："我与众不同，我是个妙人儿。为了感谢你发现这个惊人的事实，我决定和你坠入情网。"

每个人都需要安全感，希望得到别人的认可。在这个残忍的世界上，我们总是希望从爱情中找到庇护。本书第三部分探索到的一些方法能够让意中人感觉你就是他（或她）的救星——你是对方的安全港，他（或她）可以借此躲避人生的暴风骤雨。

V. 恋爱初期攻心策略

伊甸园之后还有爱情吗？

1956年，当雷克斯·哈里森[①] 在百老汇的舞台上痛苦呻吟："哦，为什么女人不能更像男人呢？"，所有人都心照不宣地笑了起来。他知道自己那位窈窕淑女确实和男人截然不同。但在歌剧《窈窕淑女》之后的岁月里，女性主义者对他的疑问提出了尖锐的批评。

现在，距离人们开始猜测、思考男女之间除了生殖器以外还有什么别的本质区别的时代已经过去了好几十年，这个问题的答案也逐渐明朗。答案是（请击鼓鸣笛）：男女确实有本质区别！男性和女性在思维方式和沟通方式上，简直是截然不同。

---

① 英国著名演员。1956年，他在百老汇经典歌剧《窈窕淑女》中成功饰演了男主角亨利·希金斯教授。

神经外科医生指出，正是女性大脑里的神经元簇导致歌剧《窈窕淑女》里的亨利·希金斯把女人称为一种"令人气愤、精于算计、惹人烦恼、叫人疯狂"的物种。科学家们也精确地证明，正是男性大脑中的某种分子，导致他们被女性控诉为"麻木不仁的笨蛋"。

尽管已经有大量数据表明，男女在遗传、大脑和性征方面具有显著区别，但还是有不少人都想当然地认为，男女拥有相同的思维方式，于是坚持以自己的方式去追求对方。也许近年的科研成果会帮助众多痴男怨女对对方的生活方式进行更为深刻的洞察，但除非你做一个前额叶切除手术，不然你根本无法让脑神经功能发生永久性改变。女性仍会继续"令人气愤"，男性也会继续"麻木不仁"，双方都会继续以令对方厌烦的方式进行沟通，尤其是在第一次约会的时候。

为了避免在俘获猎物之前就将其吓跑，认真勇敢的猎人们总是在出征之前就做足准备，想方设法熟悉梅花鹿、麋鹿、驯鹿、野牛和野狗的各种特征和生活习惯。同理，情场中那些认真勇敢的猎人也应该对男女之间的性别差异熟稔于心，如果你真心想要获胜的话。

本书的第五部分给你介绍了一些方法，帮你在恋爱早期有效避免那些令对方反感的举动，并让那些最机警的猎物也放下戒备、对你敞开心扉。哪怕是那些对爱情充满戒心、对方一亲近就想跑的人，也会非常愉快地留下来，待在你爱情之箭的有效范围内。

VI. 欲望秘方

如何点燃对方的欲望之火？

在很多关于如何点燃恋人性欲的图书里，你会发现：人的性欲就像床头灯的开关，说开就开、说关就关。"按一下这里，很快就会有性高潮；摸一摸那里，就能再来一回。"是的，性欲和电流很像，但驱使恋人身上的电流加速或减缓只是一种身体功能，头脑能量才是驱动身体这架万能机器运转并持续产生热量的根本动力。恋人身上最性感的器官，是他（或她）的大脑。

但是说到让某个人爱上你，以上这些性技巧和我所要说的"想象技巧"相比，顿时就会黯然失色。我所说的方法可以将你意中人的梦想、渴望以及白日梦全部吮吸出来，并在你们之间制造长达一生的情欲，让对方在其中永远沉沦。

绅士们，比你在一周之内（甚至一夜之内）能"做几次"重要得多的东西，是你在恋情的每一个侧面制造出来的那种情欲和挚爱。淑女们，比你们的文胸罩杯和腰腿曲线重要得多的东西，是你对性的态度以及处理他个人情欲时的尺度和曲线。

每次性爱都截然不同，正如世上没有两片完全相同的雪花。我将教给你一些技巧，来揭开你意中人独一无二的性需求，然后以他（或她）最想要的方式和其做爱。在本书的第六部分，我们会探索那些让你爱的人爱上你的性爱方式。

现在，让我们开始这场分为六个阶段的旅程，就从我们堕入情网时的身体变化开始说起。

3 爱情有生物的一面

为什么我心乱如麻？

坠入情网是精神和身体共同参与的一个过程。本书所提供的一些技巧，可以让你的意中人在头脑还没反应过来的时候，先从身体上对你的爱情产生回应。我们将把爱情放在脑电记录仪和X光透视仪的下面，检测当这种叫作爱情的奇妙情感发生时，你的意中人身体上究竟会发生什么样的变化。

"难道只有脑子出了问题的人才会爱上我？"

事实上，这句话说得没错。科学家告诉我们，人们坠入爱河的时候，脑子确实发生了不可思议的变化。科学家们推测，迷醉情感的核心是一种叫作苯乙胺的物质，简称PEA。这种化学物质和安非他命颇为相似，能带给我们兴奋的感觉。

苯乙胺由神经系统分泌，进入血液循环系统以后，会让人产生一种类似于嗑药后的兴奋感觉。正是这种物质让你的心脏悸动，让你的双手流汗颤抖，并让你整个人兴奋不安、心乱如麻。还有一种谣言说，苯乙

3. 人们坠入爱河的时候，脑子确实发生了不可思议的变化。科学家们推测，迷醉情感的核心是一种叫作苯乙胺的物质，简称PEA。

胺可以使你以最快的速度扯下意中人的衣服。

科学家们说，苯乙胺与多巴胺、去甲肾上腺素一样，都是在人们首次产生浪漫爱情的感觉时，人体分泌的化学物质。这种迷狂的感觉几乎是人体能够觉察到的最为兴奋的感觉，而且完全出自天然，无须借助任何药物的辅助。（音乐剧大师科尔·波特在创作歌曲《你让我心醉神迷》的时候，显然非常明白这一点。）

但坏消息是，这种迷狂并不会永远持续甚至难以持续较长时间。这也为"浪漫爱情总是非常短命"这种流行观点提供了更多的科学依据。但好消息是，这种迷狂确实可以持续一段时间，虽然不长，但足以让成熟的爱情生根发芽。浪漫爱情的平均持续时间是一年半至三年，这已经足够让人轰轰烈烈地真爱一场，或者让他（或她）心甘情愿地在婚礼上说出"我愿意"并且开始繁殖后代。

鉴于你不可能每天扛着一支装满苯乙胺的注射器走来走去，将其注射到意中人的血管之内，那么你最好做一件虽非最好但仍属次好的事：学习一些技巧，促使别人的大脑分泌出苯乙胺，让他们产生陷入爱情的感觉。

为什么我们会对某个人意乱情迷，对另一个人却毫无感觉？

人们并不会在某个神秘的早晨一觉醒来，发现脑子里充满过量的苯乙胺，然后爱上出门以后遇见的第一个人。不，苯乙胺和其他化学物质都只是在人们遇到特定刺激物以后，情绪和器官产生了相应的反应，然后才由人体分泌出来。

有哪些特定的刺激物呢？比如，她身上散发出来的一缕清香，他打招呼时淘气的样子或者她大笑耸起鼻子时的可爱表情。有时候甚至连你自己都不太在意的一件衣服饰品，竟会引发别人对你的痴狂。举个例子，1924年，希尔顿连锁酒店的创始人康拉德·希尔顿忽然迷上了教堂里距离自己五排座位的一顶红帽子。祷告结束以后，他跟着那顶红帽子走向大街，后来迎娶了红帽子下面的那位女士。

那些让你怦然心动的小事

为什么有些看似毫无意义的小事却能诱发人们心中的爱情？这些感觉究竟是如何产生的？它们早就藏在我们的基因里吗？

不，基因与爱情没有任何关系。爱情的诱因其实深深地埋在我们的心里。当我们看到（听到、闻到、感觉到）某种东西时心中喷涌出来的那种感受，其实很早之前就已深埋在我们的潜意识之中。它们来自塑造我们所有个性的那口深不可测的井——我们的童年经历，或者可以说，在五岁至八岁这段童年时光里，我们生活中所发生的事情。我们在年幼的时候，脑子里会产生一种叫作"潜意识印刻"的现象，与动物界某些物种的某种生理现象非常相似。

20世纪30年代，奥地利著名动物行为学家康拉德·劳伦兹博士曾经成功地引诱一群小鸭子对他产生了无法割舍的眷恋。当时，他一看到小鸭子用脆薄的鸭嘴啄开蛋壳，就蹲下身子，扮作鸭妈妈的模样从蛋壳旁边走过。于是，小鸭子立刻爬出蛋壳，跟着他在实验室里行走。后来，尽管真正的鸭妈妈出现在实验室，但那些被印刻了潜意识的小鸭子仍然千方百计地跟在劳伦兹身后。

研究人员证实，这种印刻现象不仅仅出现在鸟类身上，鱼类、荷兰猪、绵羊、梅花鹿、水牛以及其他哺乳类动物身上都发生过类似的现象。人类对印刻现象有免疫力吗？嗯，与那些上当后列队跟在劳伦兹博士身后的小鸭子不同，我们在成年之前并不会一直跟在给我们接生的医生身后。但仍然有确凿的证据表明，我们是另一种印刻的牺牲品，它就是"早期性印象印刻"。

全球知名的性科学家约翰·莫尼专门创造了"爱情地图"这个概念来描述这种印刻。爱情地图是印刻在我们大脑里的痛苦和欢乐，而这些情绪都来自早年生活中我们从家庭成员、童年伙伴以及其他偶遇那里得到的回应。那些刻痕是如此深重，有些甚至一生都无法痊愈，只是静静地留在那里，等待合适的刺激发生时再一次血流如注。

莫尼博士说："爱情地图就像面庞、身体和大脑一样广泛存在，我们每个人都有一幅爱情地图。如果没有爱情地图，世界上就不会有坠入情网的故事，动物就不会再交配，生命也就不会繁衍。"[7]你的意中人有一幅爱情地图，你也有一幅爱情地图，我们都有爱情地图。爱情地图不可磨灭地嵌入了自尊和自我认同当中，留在我们的心灵深处，变成潜意识的一部分。它们可能是积极的印刻。比如，也许你的母亲喜欢喷某种气味的香水，你的父亲大笑时的样子很淘气，你最喜欢的老师笑的时候鼻翼会耸起。也许康纳德·希尔顿小时候在新墨西哥州的时候，有个戴红帽子的女士对他非常热心。

爱情地图也可能是消极的。淑女们，也许你小时候曾遭受过性骚扰，所以你绝不会爱上一个笑容狡黠的男士；绅士们，也许你残酷乖戾的姑妈喜欢使用某种香水，所以现在一旦某个女士身上散发出这种香水的气味，你立刻就会像闻到杀虫剂的虫子一样仓皇逃窜。

爱情地图有时候可能会非常复杂。早年的负面经历可能会让一些人的爱情需求怪异而离奇。淑女们，也许你的父亲抛弃你的母亲和另一个女士私奔，你和妈妈的生活从此陷入凄惨孤独的困境。那么现在，只要你的约会对象朝其他女士随意瞟一眼都会令你怕得要死。绅士们，也许5岁时你那美丽的保姆经常拍打你的屁股，给你幼小的生殖器带来了隐秘的欢愉。那么现在，长大成人的你发现自己很难陷入爱情，除非女朋友对你的屁股进行疼爱的击打。

那些早已忘掉的经历，无论是积极的还是消极的，都已被一一刻入了你的性潜意识。如果在适宜的时机，某个人忽然触及了你的某处刻痕，你的血管中就会忽然分泌出大量的苯乙胺。它冲击着你的大脑，蒙蔽了你的理性，于是你坠入了情网。这就是爱情发生时那朵必要的火花。

这只是恋情的开始。现在汽车只是发动了，但如果要继续奔驰的话还需要电池。同理，当大脑从苯乙胺的冲击中恢复过来以后，一丝理性（希望如此）就会在大脑中出现。当你和意中人增进了解的时候，你开始暗暗探索两人之间的异同（我们会在本书第二部分详细讨论这个问题），你们俩都开始扪心自问："我能从这段关系中得到什么呢？"（详见第四部分）。我们倾听着自己的自尊，判断它在这段关系中得到了怎样的增长（第三部分）。恋爱的初期总是非常微妙，在最初的几次约会中，我们常常一不小心就削弱了对方对自己的好感（第五部分）。如果我们顺利通过了这个阶段的考验，那么卧室里将要发生的事情就对恋情的发展起着举足轻重的作用。在本书中，我们会对影响恋情发展的每个因素都进行科学的探讨。

现在让我们回到恋爱的起点。你会在什么地方邂逅那个潜在的爱人呢？怎样才能让他（或她）的血管因你而喷涌出苯乙胺的激流？

4 好男人和好女人都在哪里？

不要试图在错误的地方找到真正的爱情

所有单身的美国人，无论未婚还是离婚、无论年轻还是年长，在每天早上刷牙、剃须、化妆或者不小心看到自己白发的时候，都会忍不住向自己发问："好男人都到哪里去了？""好女人究竟在什么地方？"

"美国人口的五分之一都处在非婚状态并且准备寻找爱情和婚姻。"《美国人口》杂志这样告诉我们[8]。这意味着25岁以上的美国人中有4900万人处在未婚、丧偶或离婚的状态，而且这个数字还在增长。

"很好。"你说，"世界上有这么多人可能成为我的潜在爱人，但他们都在哪里呢？"答案是："他们在全国各地，并且像你一样正在积极地寻找其他单身的人。"你那潜在的爱人可能在公园的长椅上吞食一只三明治，可能在剧场里欣赏音乐会，可能在遛狗，可能乘坐地铁上下班，也可能在你家附近的饭馆里吃饭。

今天，虽然我们对飞机旅行和网恋早已熟悉，世界也变成一个越来越小的地球村，但大多数人的结婚对象却都来自距离自己很近的地方。社会学家把这种现象称为"居所临近性"，它表明丘比特的羽箭射程很短。事实上，一项研究告诉我们，普通人的配偶和自己住所的平均距离只有5个街区[9]。除非你住在撒哈拉沙漠中心的一顶帐篷里，不然你的寻爱之旅并不需要跋山涉水。你只需学些新知识并运用本书提供的那些

4. 一项研究告诉我们，普通人的配偶和自己住所的平均距离只有5个街区。

技巧，就可以立即从本地开始，寻找你的爱情。

你一定听过许多爱情失败者的悲泣："我一直企图在错误的地方找到爱情，一直企图在错误的人身上找到爱情。"这并不是问题的真相，大多数人只是在以错误的方式寻找爱情。

戏剧演员都知道，在试镜的时候，他们需要一套特殊的技术，保证自己在极短的时间内进入某个角色。他们必须借助自己的才华在短暂的试镜过程中迅速脱颖而出，有时候必须在一分钟甚至更短的时间内就完成这个任务。同理，你也需要一套特殊的技术让意中人迅速爱上你，并让这恋情达到可以持续一生的温度。你必须迅速打动意中人的心——有时候必须在一分钟甚至更短的时间之内。没有那种强烈的第一波冲击，他（或她）可能根本就不会认识你，更不用说爱上你了。

❤5 真的有"一见钟情"吗？

假设你某天忽然时来运转，发现一位潜在的意中人。他（或她）正坐在楼梯上看书，或者站在博物馆里端详一幅名画，或者一脚跨上公共汽车，或者在银行的自动取款机前面排队。

你悄悄地看了他（或她）一秒钟。那位陌生人身上的某种东西，触动了你体内的内分泌系统，一阵苯乙胺的激流注入了你的血管。也许是因为她的美貌，也许是因为他的举止风度，也许是因为她的某件饰品——他（或她）好像罩着一圈光环。这是否就是传说中的一见钟情呢？真的有"一见钟情"这种事吗？

其实这是个语义学问题。第一眼就迅速产生好感或情欲，这是绝对存在的。但是，科学世界却倾向于认为，一见钟情这种事常常只是事后诸葛亮。

> 一桩成功的恋情，即最终通向婚姻的那种，当事人回忆的时候总是甜蜜地称作一见钟情。但如果最初的激情遭到了对方的无情拒绝，当事人便会把这种激情看作是昏了头。
> ——《从医学角度看人类性行为》[10]

先不管语义学，我们只探讨事实——任何微小的刺激都会导致爱情产生。与意中人初次邂逅时你的一举一动都具有非常关键的作用。如果那件强力刺激事件以后你们之间发生了爱情，那么你就完全有权利把它叫作一见钟情，没有人会否定你的说法。

如何让你爱的人爱上你
How to Make Anyone Fall in Love with You

一见钟情的说法流传至今，因为它是人们关于浪漫爱情的众多流行信念之一。浪漫爱情是美国人的一种重要文化价值[11]。就像只有相信巫毒教威力的人才会被巫毒咒语杀死一样，一见钟情也只在相信它的人们心中存在。

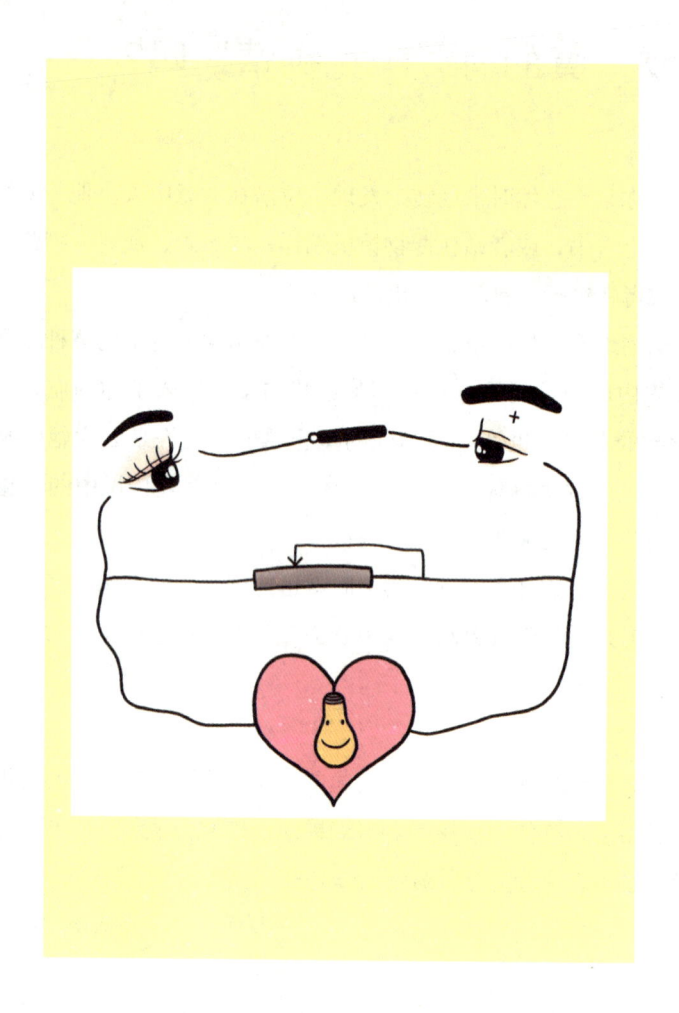

5. 就像只有相信巫毒教威力的人才会被巫毒咒语杀死一样，一见钟情也只在相信它的人们心中存在。

一见钟情只在初遇时发生，一旦错过，永远错过

1. 第一印象

First Impressions

和你的意中人进行密集、强烈甚至带有威胁意味的目光接触，是让他（或她）爱上你的第一步。将你的视线死死锁定对方，制造那种你们已经相爱的暧昧气氛。

6 如何建立惊艳的第一印象？

难忘的第一印象

意中人初次见到你的那个瞬间具有非常关键的作用。你在对方眼中的印象，会透过他（或她）的眼睛进入其大脑并留下永久的记忆。

我的好朋友杰拉尔德是一位上了年纪的绅士。在家乡的社交圈里，他是很受欢迎的一个红人。好几位老年女士都在多年前失去了丈夫，于是热情的杰拉尔德成了她们的护花使者。这几位女士都是杰拉尔德高中时代就认识的朋友，那时大约是20世纪40年代后期。这些女士都具有蕙质兰心，但从外表来看，她们的身材明显发福，很早以前就失去了女性的身体魅力。

一天，我在聚会上偶然听到一个无礼的男人当众嘲笑杰拉尔德对女性的品位，杰拉尔德对这粗鲁的评论大惑不解。

"她们明明非常漂亮啊。"杰拉尔德宣布。他打开钱包，拿出一张已经卷角的黑白老照片，那是高中时代校友聚会中的几位美女和追求者们的合影。

"看见没？"杰拉尔德对在座的男人们说道。照片上有三位女士，其中两位都是杰拉尔德目前心甘情愿护送的女伴，两位中的一位还是当时的校花。直到今天，杰拉尔德都觉得那两位女士仍然像1948年时一样美丽。这就是第一印象的神奇力量。

美国的许多公司每年都要支付数万美元给形象咨询师，只是为了听他们在高层会议上装模作样地说："第一印象非常重要。给别人留下美好的第一印象，你只有一次机会。"这句妙语其实是谚语"第一印象最持久"的升级版，除此之外，还有什么新东西吗？

其实，新东西就是：即使在进入21世纪的今天，我们仍然无法彻底理解第一印象的强大功能，以及第一印象的形成到底是由哪些微小的细节所决定的。

绅士们，一只帽檐向后的棒球帽或一根在你胸毛中闪烁的金项链，会在你和一位女士打招呼之前就让你们的爱情产生或者结束。淑女们，当他鼓起勇气说出"你好"时，如果你的目光飘向别处，就会把那个英俊的王子变成一只吓破胆的青蛙。

预备，爱！——时刻准备着

既然第一印象如此关键，意中人会在看到你的几秒钟之内做出"去或留"的决定，那么就有了这个问题："为什么人们出门约会前总是花那么多时间打扮，但带宠物狗去看兽医时却不修边幅？"当你有固定约会对象的时候，对方对你的第一印象已经相当固定；你在约会时的形象当然重要，但绝没有初次见面时那么关键。

也许你从未意识到这个问题，但这却是事实：在过去的几个月里，你也许已经错过了数十个意中人，因为你没有将捕兽夹放好——你没有为自己的猎爱之旅做好准备。男猎手们，这意味着你们的衣着不适合恋爱；女猎手们，这意味着你们出门的时候打扮得不够仔细。研究结果显示，对男性来说，衣着打扮在第一印象中起着举足轻重的作用；对女性来说，身材和容貌则是第一印象的关键。

女猎手们，你也许会问："打扮真的就那么重要吗？"让我们来看看科学界的研究。研究人士让一些男士和六位女士一起聊天，这些女士有的化妆，有的不化妆。这个名叫《口红在人们第一印象中的决定作用》的研究课题表明，女性涂了口红以后，男性对她的看法会产生截然不同的变化[12]。

淑女们，多少次你们素颜走在大街上，与英俊的陌生人擦肩而过，对方却对你视而不见？如果他是那种典型的被玫瑰色嘴唇和闪亮眼睛吸引的男性，你又能拿他怎么办呢？绅士们，多少次你们穿着邋遢的衣裤，在公交车上企图和一位优雅的女士搭讪，却遭到对方不客气的白眼？如果她是那种典型的被成功男士吸引的女性，你能从她那里得到什么呢？

技巧 1　打扮妥当，随时等待爱情

男士们，这并不意味着你必须穿上三件套西装去买报纸。女士们，这并不意味着你出门遛狗的时候需要涂上三层睫毛膏。它只是意味着，任何时候当你走出家门，都要打扮妥当，随时准备猎捕你的……恋人。

强化理论① 会让我们对第一印象逐渐感到厌倦。假设你每天都打扮妥当、等待爱情，每天出门遛狗三四次，鲜艳得看起来简直要阻碍交通。但是，你却没有邂逅任何爱情。

于是你说："你的方法不管用。"

在为销售人员举办的座谈会上，我告诉与会者，一般说来，真正的买主常常在销售员打过五次电话以后才会出现。请耐心等待。难道你不能多遛五次狗吗？等待你未来的恋人走过来问："这只狗狗真漂亮，它叫什么名字？对了，你叫什么名字？"

---

① 这是美国心理学家斯金纳提出的一种理论，也被称为"操作性条件反射理论"。此理论认为，人类之所以会做出某种行为是因为它会产生某种特定的后果。因此，积极刺激会导致人们重复某种行为，而消极刺激则会导致人们停止某种行为。

在心理上也要"时刻准备着"

你不仅需要在身体上为爱情做好准备,还要随时敞开心里的大门,准备迎接爱情的到来……无论何时何地。意中人未必只会在朋友聚会或单身俱乐部里出现。

辛蒂是一位漂亮的美甲师,我的指甲几年来一直由她帮忙护理。(指甲护理油里一定有某种药物,能让女人将手指交给美甲师的同时卸下心防,将人生故事向对方和盘托出。)连续几个月,辛蒂一直向我抱怨说,她的工作决定了生活中她只能遇到女性。

一天黄昏,我和辛蒂做了个时间较晚的预约,俩人在六点钟见面。她告诉我,经过长达一天的修剪、打磨和喷绘,她下班以后根本没有力气再去单身俱乐部。大约在6点45分左右,辛蒂背后的房门被人推开。我们听到一个低沉的男声:"对不起,我知道现在已经很晚了。但你们还做美甲吗?"我抬起头,视线越过辛蒂的肩膀,看到门口站着一位希腊男神(我以前不知道原来神仙们也需要修指甲!)。我大张的下巴还未收回,就听到辛蒂头也不回地说:"不做。我们10分钟以后就下班了。"

"你觉得怎样呢?"那个男人离开美甲店的时候,她盯着我手上的肉刺嘟哝道,"他竟然以为在这个时间走进店门还有人愿意给他美甲?"

然后,辛蒂那双对豪华跑车拥有敏锐辨别力的耳朵,听到窗外传来捷豹汽车发动的声响。她跳起来隔窗看去,眼睁睁地看着那位美男子驾着华丽的敞篷车驶出了停车场,也驶出了她的生活。接下来,她不断地自我批评,责怪自己没有将我"时刻准备寻找爱情"的建议当真,以致错过了这么好的候选人。

销售界的顶级高手永远不会停下自己观察市场的眼睛——无论是牙医诊所、复印店还是比萨饼屋。我有个卖保险的朋友,他在健身俱乐部的按摩浴缸里遇到一个裸体男人,后来此人从他那里购买了数千万美元

6. 意中人未必只会在朋友聚会或单身俱乐部里出现。

的公司保险。就像一首老歌所唱的,你可能"在一个五美分杂货店里遇到一个百万富翁"。

技巧 2　心理上保持"时刻准备爱"的状态

狩猎高手在猎物现身之前,就会将捕兽夹放好;渔夫在鱼群游过来之前就撒下了渔网。如果你每天一起床就将心理调整到"时刻准备爱"的状态,那么下一个猎物就难逃你的情网。

现在,你的身心都已经做好了恋爱的准备。下一个问题是:"如何让意中人一见到我就心乱如麻?"

让我们从引发一见钟情最有效的工具开始,这个工具就在你的鼻子上方。很多人都发誓说:"我看着意中人的双眼,立刻就坠入了情网。"

7 如何在初遇时就令对方一见倾心？

男人有许多种，有的迷恋胸部，有的迷恋臀部，还有的迷恋长腿。至于女人，尽管可能不少女人都不赞同，但绝大多数女人确实都喜欢注视男人的臀部。这绝不是无聊的猜测，一份来自英国的研究证明，这些部位是人们视线最喜欢停留的地方。[13]

研究人员证实，每个人都是视觉动物。在少年时期，当你不情愿地与陌生人见面或被介绍给陌生人的时候，你的父母很可能会教导你："直视着对方的眼睛。"然后，他们还会用毫不含糊的口吻告诉你，上文提到的几个身体部位都属于严禁注视的地方。

强有力的目光接触能让人迅速产生强烈的情感，这个结论早已被一项名叫"互相凝视对激发浪漫爱情的作用"的研究[14]证实。研究人员让48名互不相识的男女进入一个大房间内，指导他们与自己的实验伙伴随意交谈，并需要做到一定的目光接触。实验结束以后，研究人员询问了每一位参与者对不同聊天对象的感觉，结果是什么呢？

> 那些长时间注视聊天对象的眼睛，并同样得到对方长时间注视的参与者，他们的感受比其他参与者明显深厚许多……也就是说，那些互相凝视的参与者之间迅速产生了强烈的感情。
>
> ——《人格研究杂志》[15]

7. 和你的意中人进行密集、意味深长甚至带有威胁性质的目光接触,是让他(或她)爱上你的第一步。

让我们用不那么学术的语言将实验结果描述一遍：紧盯着充满魅力的陌生人的双眼，可以让你们之间的爱火熊熊燃烧。

为什么目光接触具有如此神奇的作用呢？人类学家海伦·费舍尔认为这是一种基本的动物本能。直接的目光接触触发了"人类大脑中一个原始的区域，并引发了人类两种基本情绪中的一种——接近或退却。"[16]

持续的目光接触会带来一种与恐惧相似的极端情绪状态。当你直视朋友或某人的双眼时，他（或她）的体内就会分泌出苯乙胺之类的化学物质，让人产生置身情网的感觉。因此，和你的意中人进行密集、意味深长甚至带有威胁性质的目光接触，是让他（或她）爱上你的第一步。

人们对于喜欢的事物总是不禁多看几眼，对于厌恶的事物则会立刻移开视线。在舒适的壁炉面前，我们可以连续慵懒地盯着火焰，一看就是几个小时；但在看到一个恶心的电影场景时，却会下意识地用双手捂住眼睛。看人也是一样的道理。我们喜欢深情地凝视爱人，但对于那些猥琐、丑陋和呆板的面孔，却总是飞快地转移视线。如果我们对某人感到厌烦，首先决定逃离的身体器官就是我们的眼睛。

我在演讲过程中对这个现象深有体会。每当我就某个论点讲得太久的时候，有人就会埋下头开始记笔记、有人开始全心全意地欣赏自己的指甲、还有人甚至打起了瞌睡。当我终于回到正题的时候，他们的眼睛就会立即亮起来，好像经历了暴风雨的蝴蝶终于找回了阳光。

还有一个因素会对良性的目光接触造成干扰，甚至可能导致截然相反的结果，这个因素就是羞怯。某人对我们造成的压力越大，我们越倾向于躲开他的目光注视，比如职位低的员工经常将视线从上级的目光中移开。如果我们看到某个英俊、美丽或成功的人，我们也倾向于做出这样的反应。

演讲的时候，我总是竭力与每位观众进行目光接触。但是，如果人群中有一张格外英俊的面孔，我就发现自己会竭力避免与他直视。我会看着每个人的眼睛，但他的除外。后来，当我发现自己这种行为以后，就强迫自己直视那些英俊男人的眼睛，结果我的心跳立刻加速。有时候，我甚至会思维混乱，说话也开始结巴。

目光接触的力量，真是不容小觑。

多少目光交流才能令对方发觉你的爱意？

一位英国科学家指出，在交谈中，人们注视对方的时间平均只占谈话时长的30%至60%。这远远不足以发动一见钟情的引擎。

著名心理学家齐克·鲁宾还在密歇根大学读研究生的时候，就对如何衡量爱情如醉如痴。后来，在哈佛大学和布兰迪斯大学，这位浪漫的年轻研究人员创立了世界上第一个爱情心理测量表，用来测量恋人们对彼此的爱情有多深。这就是著名的"鲁宾爱情量表"，直到今天，许多社会心理学家都用它来衡量人们对恋人的感情。

在他名为《浪漫爱情度量》的研究中，齐克·鲁宾发现，热恋的情侣在谈话中深情凝视对方的时间比普通人要长得多，受到打扰时从对方身上转移视线的速度也比普通人要慢一些[17]。他通过一个巧妙的实验确定了这个结论。他先向几对恋爱中的情侣提了一系列问题，这样他就能评估这些情侣之间的爱之程度。接下来，他将这些不知自己已被暗中评估了的情侣送到一个等候室并说："实验者很快就过来和你们做实验。"但这些情侣们并不知道自己早已进入试验。藏在墙里的摄像头记下了情侣们在等待时的反应，尤其是他们互相对视的时间长短。在第一轮测试中评分越高的情侣，互相凝视对方的时间越长；不太相爱的情侣所做的目光接触就没有那么多。

为了让你的意中人从潜意识里感觉你俩已经相爱（一种自证预言①），聊天的时候，请大幅度增加目光接触的时间。如果你希望苯乙胺

---

① 一个社会心理学术语，意思是说，当一个人对人或事抱有某种期望的时候，就会不自觉地根据期望去调整自己的行为，从而造成期望的实现。

充满他（或她）的血管，请将目光接触提高到你们交谈时长的 75% 甚至更高。

凝视对方时比平常多出几秒钟，虽然表面上不动声色，却能表达出无比丰富的含义。对于一位女士来说，对方长久的凝视意味着："美丽的女士，我为你倾倒，你说的话让我痴迷。"而男士则会将女士漫长的目光接触解释为："我渴望你，我迫不及待地要扯下你的衣服，疯狂地做爱。"

但是，如果你想激起一见钟情的感觉，就必须直视意中人的眼睛——不是眉毛，也不是鼻梁，而是直视他们碧蓝色、棕色、灰色或绿色的眼珠，仿佛你正在欣赏眼球后面的视神经。

音乐剧《国王与我》里的老人曾说过这样一句智慧的话："唱一首快乐的歌，你很快就会快乐起来。"同理，向你的意中人传达你们已经热恋的信号，对方就会产生爱的感觉。

技巧 3　悠长的凝视

和意中人聊天的时候，请大幅度增加你们的目光接触。寻找他（或她）的视神经，用你的视线死死锁住对方，制造那种你们已经相爱的暧昧气氛。

但是，除了深深凝望对方的眼睛以外，还有其他注意事项。你必须让自己的眼神温柔而动人，用一双死鱼眼呆呆盯着对方绝对不会引发爱情。

如何练就一双"电眼"？

并非只有电影明星才有幸拥有诱人的"电眼"，它并不是影星贝蒂·戴维斯[①]和克拉克·盖博[②]的专利。其实，我们每个人都拥有以眼神吸引人的天赋，这是人类在进化过程中传下来的本事，人类学家甚至把它叫作"交配眼神"。目光接触在性爱中起着非常重要的作用。举个例子，和人类基因最为相似的灵长类动物矮种黑猩猩在交配之前，会多次深深凝望对方的眼睛。

没有目光接触的性爱对于某些灵长类动物来说是不可思议的。几名芬兰研究人员将几只雄性狒狒介绍给几只雌性狒狒，借助遮挡设施，他们将雌雄狒狒的不同身体部位轮流遮住。当雄性狒狒第一眼看到的部位是雌性狒狒的生殖器时，在之后的试验中发生了5次射精；但是当它先看到对方的眼睛然后再看其生殖器的时候，却发生了21次射精[18]。（男人们，在前戏中增加目光接触并不能保证你有21次射精，但却绝对可以增进爱人对你的感情。）海伦·费舍尔甚至做出这样的极端论断："也许，眼睛才是激发浪漫爱情的器官，而不是心灵、生殖器或者大脑。"[19]

是什么让你的眼神性感而且撩人？很简单，巨大的瞳孔。顺便说一句，如果你观察贝蒂·戴维斯和克拉克·盖博的老照片，就会发现他们的瞳孔简直大到夸张的程度。毫无疑问，这是后期修片时特意加工的结果。但是……

瞳孔测量学之父埃克哈特·赫斯博士用一个实验证明了大瞳孔更有吸引力。他将同一名女性的两张照片给一群男人看。两张照片本来是一模一样的，但赫斯将其中一张照片上女人的瞳孔修大了几圈。实验证明，男人们对"大瞳孔"的反应要比"小瞳孔"强烈两倍。然后赫斯做了对应的实验，将两张男性的照片（除了一张照片的瞳孔被修大以外，两张照片一模一样）给一群女士看，女性实验者对"大瞳孔先生"也做出了同样的积极反应。

赫斯博士早在20世纪60年代就证实，虽然我们不能有意识地控制

[①] 美国著名女影星，曾两度荣获奥斯卡最佳女主角，代表作为《女人女人》《红衫泪痕》。
[②] 美国著名男影星和奥斯卡影帝，代表作为《一夜风流》《乱世佳人》。

瞳孔的尺寸，但多少能对它施加影响。他将一个鲁布·哥德堡[①]式的设备和男性受试者连在一起，来测量他们瞳孔的变化。首先，他将一系列不同的照片拿给他们看。当男人看到风景画、婴儿或合家福的时候，他们的瞳孔略有变化。但是，赫斯博士事先在那叠照片中偷偷插入了一张女性裸体照；当受试男性看到那张照片以后，瞳孔"嗖"的迅速放大了。这证明当我们注视充满诱惑的刺激物时，瞳孔的尺寸就会变大。

下面的方法可以让你的瞳孔放大得像诱人的深潭，让你的意中人心甘情愿地跳进去。当你们聊天时，只需凝视对方面部最吸引人的部位即可。她是否有个小巧可爱的鼻子？他的酒窝是否充满魅力？当你的眼睛享受这愉悦风光时，瞳孔就会逐渐放大。不要再看那只长满黑毛的痦子，否则，你的瞳孔就会像金鱼藻的叶子一样紧紧闭上！

技巧 4　电眼

和意中人聊天的时候，凝视他（或她）脸上最有魅力的地方，这样你的瞳孔就会自动放大，你的眼睛就变成了"电眼"。

同时，心里想着美好可爱的事情，比如：专注于你的意中人有多么美丽、和她在一起你感觉多么舒服，或者和他一起淋浴有多么快乐。

还有，你必须将羞涩、怀疑、拘谨或任何让你瞳孔缩小的负面想法从脑子里驱逐出去，只想意中人那些温暖、舒服的特征，好让你的凝视更加温柔。

[①] 美国著名漫画家，其代表作《发明》描绘了多种利用复杂工具来完成简单功能的发明创造，后来这种风格的机械被人们称作"鲁布·哥德堡式设备"。

如何让你的意中人心旌摇荡？

现在让我们谈谈那个激发浪漫爱情最重要的器官的第三个功能，它能让你的意中人心旌摇荡，立刻陷入那种原始而不安的爱情感觉。

在人们的谈话过程中，当一句话结束或中间停顿的时候，人们都倾向于将眼睛移开一会儿，除非他们被讲话者吸引得如醉如痴（或者两人正在热恋）。那种"他简直不能将视线从她身上移开"的说法，具有非常现实的根据。相爱的人们谈话时不仅喜欢做较长的目光接触，而且即使在谈话结束以后，也不愿将视线从对方脸上移开。如果当你结束讲话以后，对方的眼神仍然在你身上流连，你的心中就会燃起熊熊的火焰。

几年前，我雇佣过一位木匠杰里，让他给我的办公室装一扇窗户。杰里既不是特别英俊，也不是个思想巨人；但出于一些无法解释的原因，我觉得他非常有魅力。杰里的身上有一种难以定义的神秘特质，原始、性感，让人不安。

但是我没有让自己这小小的迷狂继续下去，也许我觉得引诱一名为我工作的木匠既不识时务、也不合时宜，也许杰里的其他特质和我的爱情地图并不吻合。但在之后的几个星期里，杰里一直是我性幻想的对象。

那件事已经过去好几年了。在这本书的写作过程中，我觉得自己需要几个书架来盛放众多的研究资料，所以我给杰里打了电话。他来到我家门前，看上去比以前胖了十磅、老了三岁，但却和三年前一样性感。拜我最近的研究所赐，与他聊了五分钟以后，我就明白了当年他为什么会让我痴迷。

每次我在交代事情的时候，杰里都会紧盯着我的双眼；当我讲完以后，即使两人一句话都不说，他的眼睛仍然黏着我的眼睛。我意识到，正是这种特质让当年的我觉得杰里原始、不安并且如此性感。

在讨论书架工程的进展时，我进一步发现了为什么杰里与人进行目光接触的时间总是长于普通人。他并非故意卖弄性感,也没有因我而感到迷醉,一切只是因为,他无法将视线从我身上及时移开。因为杰里不是特别聪明,所以当我说完"我希望书架有 11 英寸宽"以后,他需要比别人更长的反应时间才能把这句话的含义刻入自己的大脑。

现在我们就把这个无心发现的秘诀变成一种技巧,来唤起你意中人心中那种怦然心动的感觉,并带给他(或她)一次新的震撼。

技巧 5　眷恋的眼神

每次和意中人聊天的时候,将你的视线在他(或她)的脸上多停留一会儿——即使在谈话间的沉默时段也如此。

恋恋不舍地凝视,能激起对方心中原始而略带不安的感觉,也能诱发那种"战"或"逃"[①]时所分泌出的化学物质。这些物质冲进我们的血管,让我们心醉神迷。

当我们必须将视线移开时,请表现得依依不舍。要非常非常缓慢,好像你和对方的眼睛被温热的太妃糖粘住了一样。

淘气的眼神是如此重要

现在我们讨论通过眼睛让意中人的血管中充满化学物质的最后一种方法。男女在恋爱过程中,有一些必须经历的步骤,否则爱情就不会产生。

这些必不可少的步骤之一和我们的眼睛有关。当男人和女人互有好感,爱情的不安开始在他们的身体中蔓延以后,一种奇妙的现象就会发生。刚开始,他们的目光深情地在彼此的面孔上流连,慢慢滑过脸颊、头发和眼睛;然后这目光愈发勇敢,试探着向下探索彼此的肩膀、脖子和上身……一种梦幻般的感觉弥漫在两人之间。

---

① "战"或"逃"是人类面对压力时的两种原始反应,身体会高度紧张并分泌出肾上腺素等多种化学物质。

为了将你和这位认识不久的意中人推进亲密关系的另一个阶段，请使用我称之为"视线之旅"的技巧。随着交谈的深入，将你的视线从对方的鼻子下移到嘴唇，在嘴唇上轻轻地温存一两秒钟；然后向南进军，探索一下脖子；如果一切进展顺利的话，就继续向南。

技巧 6　视线之旅

和意中人交谈的时候，让你的视线来一场旅行——但开始的时候，仅限一些安全的区域。先用视线对他（或她）的面庞做个整体扫描，重点集中在对方的双眼。如果他（或她）看起来很享受你的视线抚摸的话，就朝下再走一小步，到达对方的脖颈、肩膀和上身。

淑女们，在这个领域的探索，你有比男性更为自由的护照。绅士们，请谨慎一些。你已经驶进一片危险海域，如果你的视线向"南方"走得太远并且在那里停留过长的话，很可能会遭遇翻船事故。

以上四种有关眼睛的技巧——悠长的凝视、电眼、眷恋的眼神和视线之旅，经科学证明都能激发爱情的产生。将它们运用到你的意中人身上，很快就会看到效果。但是，不需要科学证明你就能明白，如果你不将自己介绍给意中人，就无法和对方坠入情网。当然，如果你采用那种将熟人变成恋人的方法，就不用借助自我介绍了。将自己介绍给意中人，俗话叫"搭讪"。当然，一些"政治正确"原则的拥护者会反对这个粗俗的词汇。但是，作为"政治正确"的拥护者之一，我本人对搭讪却没有恶感——只要搭讪的发生是以一种恰当的方式进行的，或者说它适合当时的情境，也适合它所涉及的人。

现在，就让我们讨论搭讪的基本法则。我们会探索在没有第三方帮助的情况下，如何将泛泛之交变成意中人。

❤ 初次接触

搭讪的艺术（男女通用）

生物学家们观察到，动物求偶的时候会一遍遍地重复相同的仪式：它们先是注视着对方，嗅闻对方的气味，发出低沉的声音或朝对方轻声嘶吼，摩擦对方的鼻子，最后交配。这种试探和进犯的模式会一成不变地反复发生，如果模式中的某个环节被打破，最后的交配行为就不会实现。

人与动物具有相似的求偶模式，但我们却人为增加了很多障碍进去。与相爱中的动物不同，我们总是让大脑干扰自己的本能。换句话说，我们想得太多了。我们向自己以及周围的人们问了太多的问题："他会不会认为我太主动了？我应该采用欲擒故纵的策略吗？我看起来自然不自然？我的领带歪了没有？我是不是应该去洗手间再涂一遍口红？"羞涩常常让我们紧张万分，陷入无法做出任何决定的瘫痪状态，仿佛一只被车灯照射后惊呆的梅花鹿。

而兔子却不会产生任何羞涩或紧张的反应。所以在寻找配偶时，我们也不应该这样做。我们在寻找他（或她）的时候，必须严格遵循研究人员的指示，按照正确的步骤行事。

男猎手，请迈开第一步……速战速决

绅士们，当你看到一位女士并愿意让她成为你未来伴侣的时候，你应该做什么？答案是没有争议的。你应该接近她，并且要非常快。那句"犹豫不决者必坐失良机"的老生常谈在单身的森林里，仍然是一条绝对的铁律。

一次我和一个男性朋友菲尔（我们在初中时代就互相认识，但没有任何恋爱关系）在一家饭店吃饭。菲尔发现身后的酒吧里，一位美丽惊人的女士正独自坐在桌前，他回头对我说："那就是我此生要娶的女人。"

"恭喜！那么你准备如何与她相识呢？"我问他。

"让我想想。"他沉吟道，"也许我会直接走到她跟前说声'你好'。"但他马上否定了自己的想法："对于我未来的新娘来说，这样的开场白未免太平淡了。也许我会走到她面前，请她喝杯酒。不，缺乏创意。"接着他又开玩笑说："我会走向她，直接说我已经热烈地爱上了她。不，那太过直接。我是不是可以告诉她，我想让她做我未来孩子的母亲？不，这句话有点操之过急。"

当菲尔还在就搭讪方式随口胡诌的时候，我的目光越过他的肩膀，看到一位英俊的男子直接走到那位女士的面前，并在她身旁的空椅子上坐下。当菲尔转头去看的时候，新来的男士和那位女士已经开始热烈交谈。菲尔的"一见钟情"变成了"一见面就永别"。而这种事对于那些犹豫不决的猎手来说，其实经常发生。

当你看到一位充满魅力的淑女时，最好的策略是什么？那就是让你的身体说话。首先请使用你的眼睛。看着她的双眼并延长你们之间的目光接触。她很可能会转移视线，你要对此做好心理准备。女性从小受到的教育就是，当发现男性盯着自己看时便垂下眼帘，但这并不意味着她对你不感兴趣。一个关于调情类型的科学分析告诉我们，如果一名女士在转移视线以后的45秒钟以内重新抬起眼睛的话，就说明她对你的关注持欢迎态度。

绅士们，拿出你的秒表开始计时。当她狡黠地假装对房间里的其他事物感兴趣时，请计算从此时起到她再次看你一共用了多长时间。如果不超过45秒钟，请按照下面的步骤继续前进。

朝她微笑并微微点一下头，请将这看作是在一个私家饭店里订位的邀约。如果你吸引了某位女士的注意力，也就意味着你得到了与她交谈的独家权利。将以下的想法全部抛开："如果她觉得我太主动或节奏太快怎么办？"如果你不去和她结识，那么跟你有关的任何事情，她都不会去想。任何女性，如果你不赶快去和她结识，她都可能迅速离开。

技巧 7　迅速行动（献给男猎手）

"迅速行动"的意思并不是径直走到意中人面前，对她进行骚扰，而是立即向她发出你对她感兴趣的信号。以下是经过实验证明效果最好的几个办法：

进行目光接触。和她保持持续的目光接触，并尽量延长一点。

对她微笑。确保你的笑容温暖而友善，千万不要露出阴险或淫荡的笑容。

向她点头。如果她在45秒钟内回应了你的凝视，就对她轻轻点头。点头的意思是说："我喜欢你。我能找到和你谈话的机会吗？"

走到她的面前。最关键的一步是走到离她足够近、近到可以谈话的距离。

现在你准备与她谈话。第一句应该说什么？将"开场白"这个字眼从你的脑子中彻底抛开，再俏皮的开场白也无非是——开场白。每次我做完情爱演讲，都会有许多羞涩的男猎手向我请教："怎么才能找到精彩的开场白？"男人们竟然对这个问题如此执迷，我觉得甚为有趣。

有一次，一个极端内向的小伙子参加了我的恋爱讲座。他从衣袋里拿出一本卷了角的旧书，书名叫《如何跟女孩搭讪》，显然他不是第一个寻找此类指南的人。这本书出版于 25 年前，至今已经售出 200 万册，主要营销手法就是在男性杂志做广告。书中提供了许多机灵的开场白："不要告诉我，像你这样漂亮的女孩今晚竟然没有约会。""你是个模特吧？"这种俏皮话在我们父母那个时代也许管用，但在当今这个资讯过剩的时候，女性很容易对这种开场白感到厌烦。其实，你的外表以及讲话方式比开场白重要得多，不管你说的内容是什么。

绅士们，你的第一句话应该和那位淑女或当时的情境有关联。比如，问她现在几点钟，赞美她的手表或衣服，向她问路，询问她和聚会主人是如何相识的。事实上，你的开场白越朴素，效果就越好，因为在恋情的初期，她最关注的并不是你的言谈。她在仔细观察你，她的大脑在高速运转，评估你的仪态举止。她明白，不管你说什么，其实都是用来接近她的借口。如果她对你有好感的话，这种行为她是可以接受的。

尽管你不用背诵任何开场白，但从你双唇之间吐出来的第一句话却一定要慎之又慎。正如你对意中人最初的凝视应该取悦她的眼睛一样，你对她说的第一句话也要取悦她的耳朵。记住，你对意中人说的第一句话是迄今为止她借以评估你的最重要的依据。如果你张口就是抱怨，在她的印象中，你就会成为一个牢骚满腹的人；如果你第一句就透着自负，她就会给你贴上自大狂的标签；但如果你的第一句话吸引了她，她就会觉得你是个魅力十足的人。

绅士们，你也许会奇怪为什么非要让自己显得低调？为什么初次见面必须如此微妙，让自己端庄内敛的同时却又要明确无疑地表达自己与她结识的愿望？一切都是因为人类的天性。女性有一种根深蒂固的本能：只要她注视某个男人，就会下意识地判断他是否有可能成为她未来的伴侣。她希望看到你既被她深深吸引，但又能控制住自己的动物冲动。那样的话，你在现实中就可能是个人情练达且积极有用的生活伴侣。

女猎手,请迈开第一步……先发制人

女猎手们,你们也许以为搭讪的责任理应落在男人肩上。但令人惊异的是,研究证明,大约有三分之二的浪漫邂逅是由女性发起的。

其实这也是大自然的精妙设计之一。在动物界,恋爱中的动物们通过嘶喊、啼叫或狠跺地面的方式来吸引对方,它们比人要直白多了。发情的雌性黑猩猩看到心仪的雄性以后,"会直接走到对方的面前,将屁股撅到对方的鼻子下面,吸引其注意;然后它将雄性拉起来,开始交配。"[20] 这种行为叫作"雌性主动性"。雌性主动性(与之相反的概念是雌性被动性)在人类社会中也大量存在,但是我们表现得(我希望可以这样说)没有那么明显。

女性是如何发起邂逅的呢?跟孩子们的做法一样,跟鸟儿、蜜蜂或上帝创造的精彩动物王国里的所有物种都一样:使用一种能够吸引对方注意力的工具。

淑女们,假设你在迪厅跳舞的时候看到一张桌子旁坐着一位英俊先生,或者在健身房里发现旁边的跑步机上有一位气喘吁吁的美男,此时你该怎么做呢?通常的情形应该是这样的:看到那位男士以后,女士会将目光和他短暂地接触半秒钟,接着立即转移视线。大胆的女士则会嫣然一笑,再转移视线,然后期待他主动来接近自己(毕竟,她不想显得太过主动)。

正如一朵蒲公英随风飞出的五万颗种子只有一颗能够落地生根,如果你只用上述策略的话,你和那位英俊男士陷入情网的概率大约也只有五万分之一。你需要在对视和嫣然一笑之外再做些别的事,接下来的故事由上天决定。

8. 研究证明，大约有三分之二的浪漫邂逅是由女性发起的。

女性如何有效发起进攻？

请阅读下面的研究，看看到底什么最管用。一位名叫莫妮卡·摩尔的研究人员在听说三分之二的邂逅由女性发起以后，决心探究她们到底采用了什么样的方式。于是她启动了一个研究课题，在聚会上观察200名女士的举动，并详细记录了她们主动发出的信号——也即科学上所称的"非语言诱惑信号"。

下面以数量递减的顺序显示了莫妮卡·摩尔的发现结果。每行右边的数字指的是莫妮卡在实验中发现该举动所带来的成功邂逅的次数[21]。需要我详细解释吗？女猎手们，以下就是在聚会中让男士走过来与你搭讪的秘诀。

女性如何成功发起第一步进攻

朝他露齿微笑	511
飞速地看他一眼	253
随着音乐独自跳舞	253
直视着他并抚弄自己的头发	139
长久地凝视他	117
看着他，转过头，然后再看他	102
"不小心"撞在他身上	96
对他点头	66
指着一张椅子，邀请他坐	62
歪着头抚摸自己裸露的脖颈	58
与他进行目光接触时舔自己的嘴唇	48
对镜打扮并不时与他进行目光接触	46

夸张地扭着屁股走到他身边	41
请他帮你做某件事	34
敲打某件物品，引起他的注意	8
拍他的屁股（不推荐这样做！）	8

姐妹们，当你准备发起第一步进攻时，千万不要犹豫。如果你需要更多的勇气，不妨这样想：雌性主动性其实是进化授予女性的一种特权，让她们借此选择最好的配偶来实现自己种族的延续。当你公然吸引英俊陌生男人的时候，你只是凭着直觉在完成自己的使命。

仍然觉得害羞？你是不是觉得，如果你对他露齿微笑或者"不小心"与他撞个满怀的时候，他会觉得你太过主动？不会。让我们庆幸的是，男性的自尊会将这件事……反过来理解。十分钟以后，他甚至会忘记那个主动示好的人并不是自己。研究员摩尔说，许多男人在回应女性做出的非语言示好行为时，总会认为是自己发起了恋情的第一步。

我想用自己的亲身经历来证实莫妮卡的这个研究成果。最近的一个星期五，我在纽约州奥尔巴尼市无处不在的某家"感谢上帝，总算星期五啦"饭店①独自就餐。次日上午我要给一个单身俱乐部做演讲，于是我一边吃饭，一边在脑子里思考演讲大纲。在演讲中，我设计了一个关于"微笑"的环节，告诉女士们对着魅力十足的男人微笑有多么重要。

我在心里对自己说："莉尔，你这个虚伪的人。明天上午你将告诉女士们，要勇敢地对陌生人微笑。可是你自己却没有勇气这样做！"胡思乱想间，我看到距我几张桌子以外，一位英俊的男士刚吃完晚餐正在看书。我想："嗯，莉尔，鼓起勇气，我们试试吧。"于是我对那位英俊的陌生人嫣然一笑。

那位可怜的小伙看起来颇有些震惊，迅速将鼻子重新埋进了书本。过了一会儿，他又抬起头来，我又对他笑了一下，他的鼻子再次迅速埋进了手里的读物。几分钟以后，那个英俊的陌生人站起来，走过我的桌

---

① 一种休闲餐馆，周五晚餐有娱乐内容，以示欢迎周末的到来。

子去了洗手间。当他经过我身边时，我强迫自己又朝他笑了一次。那个家伙的脑子彻底乱了，开始挠自己的头皮。

接下来事情变得有趣起来。他从洗手间回来的路上，经过我桌子时步子变得非常缓慢。再一次，我抬眼看着他，并且——你懂的——对他展颜一笑，那英俊的陌生人终于停下了脚步。经过一系列微笑的狂轰乱炸之后，他终于被我降服了，与我搭讪也成了顺理成章的事。他坐在我的桌前，和我喝了一杯咖啡。

然后呢，我邀请这位绅士——他的名字叫山姆——参加我次日的演讲，他欣然赴约。在演讲中，为了让"微笑"这一节更加生动，我给听众们讲了这个故事（当然，隐去了山姆这个名字），让大家知道我如何用笑容鼓励一位独自就餐的人前来和我说话。

演讲结束以后，山姆满脸困惑但又充满真诚地对我说："你知道，莉尔，我觉得你那个小故事说的就是我，但是……我觉得是我主动与你搭讪的。""当然是了，山姆。"我迅速地回答他。

姐妹们，我告诉你们，男性自尊是一件非常神奇的事。请鼓起勇气对他明白地微笑、点头、指着一张椅子请他坐下，或使用莫妮卡·摩尔的任何其他策略；之后他会忘掉你的这些主动行为，并认为是他自己发起了你们恋情的第一步。

技巧 8　第一步（献给女猎手）

女猎手们，当你发现潜在的猎物时，不要苦等他来接近你。大自然告诉你必须发起第一步。使用上文提出的任何已被证明有效的策略，这几乎相当于拿着一支装满苯乙胺的注射器，直接朝他的臀部扎针。

9 初遇时你的身体语言

让你的身体说话

科学证明，在恋情早期，男女双方的身体语言对恋情能否继续都有着举足轻重的作用。在情爱领域最敬业的研究者之一是蒂莫西·佩佩尔博士，此人曾用了两千多个小时，坐在单身酒吧的凳子上，认真观察那里的男男女女以及他们在求爱过程中的一举一动。

正如追踪仓鼠求偶习惯的研究者一样，佩佩尔博士也在单身酒吧这个实验室里发现了反复发生的求爱模式。一夜又一夜，他坚定地坐在自己的位置上记笔记、画图表，对男女搭讪的行为模式做出各种假设并进行验证。然后，遵照多年来的严格科学训练传统，他将陌生男女认识过程中的身体语言交流分为五个具体的步骤。

佩佩尔博士的研究结果揭示，如果男女双方在五个阶段都明显符合一定行为特征的话，最终结果就是一起离开酒吧或者敲定下一次约会。但是，如果任意一方打破进程——即使并非出于故意，这两个男女就不会变成一对儿。

很多寻爱者都会参加一些社交舞课程，希望借此遇到自己的意中人。他们费力地学习狐步、华尔兹、恰恰和伦巴。但是关于人生最重要的"舞蹈"，即佩佩尔博士称为"亲密之舞"的那种"舞蹈"，他们却一无所知。

"亲密之舞"怎样才能跳好？其实，这种"舞"也像田纳西华尔兹之类的舞蹈一样，有着清晰的步骤。如果你想和意中人发展亲密关系，就必须按照步骤走下去。请密切关注以下五种下意识的身体语言，因为你一旦走错任何一步，意中人就会对你失去兴趣，转身回到那片广袤的单身森林。

亲密之舞

步骤一：非语言信号。当男女两人处在可交谈距离之内时，其中一位会以微笑、点头或者注视的方式，让另一位知道他（或她）的存在（本书前面章节已经阐述）。

步骤二：交谈。其中一方开始说话。一方也许对另一方点评或者提问，哪怕只是简单说个"你好"都可以，但至少两个人开始进行有效的交谈了。

步骤三：转身。现在事情开始变得有趣。当一方发出语言信号以后，接收方至少该将头部转过来，正面对着那位发话人，表示收到了此人发出的语言信号。而如果他（或她）没有转过头，发话人一般都不会继续尝试。

但是，如果接收方确实将头部热情地转向发话人，两人就会开始交谈。接下来，一种关键的身体转动开始发生。脸对脸会逐渐变成肩膀对肩膀；如果两人互有好感，接下来他们会将上身也转过去朝向对方；然后是膝盖。最后，在这场成功的会面中，两人整个身体都开始相对。

这种从脸对脸、肚子对肚子到膝盖对膝盖的过程，可能只需几分钟，也可能耗费几个小时。身体的扭转每深一层，两人的亲密就更进一步；而每一次身体转向相反方向，两人的亲密也会减少。

步骤四：轻微的身体接触。在交谈和身体逐渐正面相对的过程中，会随之发生一种具有威力的动作：轻微的身体接触。他把椒盐饼干递给

9. 请密切关注五种下意识的身体语言，因为你一旦走错任何一步，意中人就会对你失去兴趣，转身回到那片广袤的单身森林。

你的时候轻抚你的手,她帮你摘线头的时候轻轻拂过你的外套……这种触摸非常短促,几乎感觉不到。

你对他(或她)的这种微小接触如何回应,是决定两人互动能否继续的关键。如果他(或她)轻抚你的夹克,结果你的肩膀变得僵硬,对方就会自然而然地将它解释为拒绝——尽管这常常是种误解,但已经太晚了。

佩佩尔博士告诉我们,当男女之间的关系进展到这一步的时候,已经很难看出两人之中到底谁是猎人、谁是猎物。如果初次触碰发生、被接受甚至得到回应,那么两人从此以后——至少在今晚剩余的时间里,就会成为一对儿。

在这个阶段,还会发生另一种情况:两人的目光接触开始升级。早在 1977 年,就有研究人员发现,在这个阶段中,两人从普通注视变成相互凝视对方的眼睛,然后目光逐渐开始在对方的脸上、头发上、脖颈上、肩膀上乃至身体上四处游移[22]。这就是我们前文讨论过的视线之旅。

步骤五:同步。亲密之舞的最后一个步骤看起来非常有趣。仿佛是为了确认刚刚萌发的感情,情侣们开始与对方同步进行一些行为。

举个例子:男人和女人可能同时伸手去拿桌上的杯子或者同时将杯子放回桌面;然后两个人会不知不觉同时挺直自己的身体,随着音乐同时晃动身体;当外面传来干扰声时同时转头望向窗外,再同时回过头来凝视对方。

佩佩尔博士写道:"一旦同步现象发生,两人就会一直同步下去,一直到酒吧打烊,或者两人酒足饭饱起身回家,或者末班地铁到来的时刻——不管他们要去什么地方,或者换句话说,一直到外面的干扰闯进来,打断两人之间的互动。"[23] 然而,一旦两人中有一方在任一步骤中不太配合(比如,不和另一方产生同步行为),蒂莫西·佩佩尔及其研究助理们就会知道,这对男女的恋情已唱起了挽歌。

不久前,我有幸近距离观察了一对明显彼此深爱的男女。当时我在一家餐馆吃饭,一对年轻的情侣坐在吧台的前面。两人的身体完全朝向对方并向对方倾斜,简直要从椅子上掉下来了。在交谈中他们不断地对彼此点头微笑,不断轻抚对方的手背,而且在拿起和放回酒杯的时候完全同步。他们一起大笑,一起皱眉。即使外面的噪音偶尔闯入他们的私密世界,也难以切断两人的目光接触;他们短暂地转头看看,然后迅速将目光收回,重新四目交缠。人们很容易就能看出,他们深处恋爱之中。

我付账的时候,服务员注意到我一直在观察那对佳偶。她朝我开心地一笑说:"其实我也一直在观察他们,俩人挺黏糊的嘛。"

"是的。"我赞同,"他们看起来深深相爱。"

"哦,不,"她说,"他们俩才认识十分钟!"

我想,这两人一定都读过佩佩尔博士的论文。或者正如安妮·奥克利在音乐剧《安妮,拿起你的枪》中所说的那样:"只是追随着心灵的声音!"

当别人追求你的时候

亲密之舞需要男女双方的参与。即使你是被追求者,也必须记住它的具体步骤。但不幸的是,许多恋情之所以触礁,只是因为被追求者在无意之中用自己的身体语言将追求者赶跑了。

与猎捕梅花鹿和狗熊的猎人不同,猎取爱情的猎人和猎物都深受一种疾病的困扰,这种病的名字叫"不安全感"或者"羞怯"。当猎人凝视你的时候,你必须向对方表达你的意愿,并严格根据亲密之舞的步骤来行动。

一次,我和一个叫戴安娜的女性朋友一起参加聚会。一个魅力十足的男人对着戴安娜微笑了一下,她羞得立刻将眼神转向别处。然后,她对我坦白说:"那边有个英俊的男子对我微笑。"

"不错。"我说,"你也对他笑一下。"

没过多久，那个小伙子就来到我们身边。我不知道是因为羞怯还是想玩欲擒故纵的把戏，总之戴安娜没有转过头与他交谈，相反却忙着和我聊天。几分钟以后，我们发现那个帅哥和另一位女士进入了密切的交谈。戴安娜很受伤，她对我说："哦，我觉得，他在近处看了我以后，觉得没必要跟我说话了。"

"不，戴安娜。"我说，试图将她从误解中唤醒，"他发起了第一步，但你却没有正确回应。"她在爱情的基本舞步中，第一步就踏错了步子——她本应该转向他，表达自己对他的接受态度。

这种错失良机的事情，每时、每刻、每地都在发生。那些哭着喊着想要爱情的人，在亲密之舞中却常常让机会白白溜走。

能够挽救爱情的词汇

当你和刚认识的意中人交谈时，忽然感觉到："这个人真的很特别。我们之间不仅是身体上的吸引，这个人有可能和我展开恋情。"不到30秒钟，你的心脏开始加速，喉咙也忽然变干。这是否会成为你们俩轰轰烈烈爱情的开始呢？

这时候，你的大脑不仅没有命令你的身体按照步骤一步步做出正确的举动，相反，它突然开始猜测对方对自己到底有什么印象。你的呼吸变得急促，你头昏脑胀，感觉似乎要窒息。不幸的是，以上现象都是大脑在分泌爱情激素苯乙胺时必然产生的副作用。

小心！如果你被拘谨不安的情绪压倒，就无法展示光彩照人、活力四射的真我风采。这时候，你已经没有时间静心回想佩佩尔博士的准则，你试图弄清轻微的身体接触是否发生在同步行为之前，或者转身应该放在轻微的身体接触之前？在这些高度焦虑的瞬间，你需要一种简单的技术，让你的身体严格遵照佩佩尔博士的指示，然后认真倾听你那精彩绝伦的意中人到底在说什么。

男猎手们，以下章节对你尤其有用，因为男性总是忘记时代已经发生了巨变。在原始社会，男性必须借助自己的肌肉或行动速度给女性留下美好印象，让她相信你可以冲进森林，成功猎捕一只野猪或野兔作为晚餐。然而，当今许多女性都已经有钱购买猪肉饼，或者在一家漂亮的餐馆里，给端来兔肉的服务员支付小费。因此，两性游戏已经改了名字，不再叫"给她留下深刻印象"，而是叫"告诉她，她给你留下了多么深刻的印象"。

女猎手们，我们中的大多数都在刚断奶的时候就知道如何迎合男性的自尊心。也许人类母乳中的某种化学物质，让我们终生都对生命中所有的男性卑躬屈膝。五岁的时候，我们已经会这样说："哦，爸爸，你真棒。我知道你会给我买芭比娃娃的。"后来，发生了一件大事：我们长大了。我们中的某些人变成了女性主义者，就像将孩子同洗澡水一起泼掉一样，她们在扔掉破旧的芭比娃娃时，也抛掉了对男性那种"哦，你真棒"的态度。

现代女性认为自己要展示能力并表现出自己的独立和超高智慧。错了！在以后的日子里，你有足够的时间向男性展示这些素质；而且如果你想得到一种相互尊重的优质恋情，你也必须向男性展示这些素质。但并不是现在！现在你需要做的是让男性感觉到，你认为他非常非常"棒"！

无论男性还是女性，都会对那些立刻喜欢上自己的人产生好感。在某些研究项目中，研究人员募集了一些互不认识的男女参与实验，然后故意对他们胡诌，说某个异性搭档喜欢她（或他）。接下来，当研究人员问他们在一群异性中最喜欢哪一个的时候，所有被试者都选择了那个据说"喜欢"他们的异性。不幸的是，并没有研究人员对着你意中人的耳朵，告诉他（或她）你多么喜欢他（或她），所以必须由你自己来说。鉴于直接说"我爱你"有点太突然，你最好将这任务留给你的身体，让它来替你表达心声。

与他（或她）交谈的时候，时刻想着这个词：软化（SOFTEN）。这个词是一句秘诀的首字母缩写，请确保你的身体语言符合这句秘诀的规定。有了它，你就能保证自己在亲密之舞中不至于太过离谱。

技巧 9　软化（SOFTEN）意中人的心

S 代表微笑（smile）。当你倾听意中人讲话时，让一抹温柔且肯定的微笑停留在你的双唇之上。

O 代表开放的（open）身体。将身体彻底转向对方，鼻子对鼻子、肚皮对肚皮，双臂保持一种放松而好客的姿势。

F 代表身体前倾（forward）。将身体向你的意中人倾斜，站着或坐着的时候，将身体稍微向意中人挪动一点，表示你已被对方吸引。

T 代表触碰（touch）。温柔地甚至"不小心地"碰一下意中人的胳膊，或者将一根线头从他（或她）的衣服上摘下来。

E 代表目光（eye）接触。别忘了使用我们以前讲过的四种目光接触技巧。

N 代表点头（nod）。无论意中人说什么，都轻轻点头表示回应。

"但这是多么简单！"

读过这一章以后，你们中的某些人可能会说："这个建议如此简单！为什么在探索真爱的微妙旅程中，你竟然建议我们使用如此普通的举措，并且胆敢把它们叫作技巧？"

原因有两点，我的朋友们：第一，我有一些优雅摩登、聪明绝顶的朋友仍在这些简单的步骤上不断犯错；第二，这些举措非常重要。研究证明，以上这些步骤对于初次相遇并想坠入情网的人们而言，确实非常管用。

现在，让我们探索聪明女人和男人经常犯错的另外两个重要领域：初次交谈和初次约会。

10 初次交谈

交谈就像两个人一起弹奏美妙的音乐

交谈就像音乐。你与意中人的初次交谈可以像一场琴瑟和鸣的音乐会，所有的音符都准确无误，并将快乐与和谐带入彼此的心。或者，你也可能在不经意间发出一些不和谐音，结果意中人调整音符，打断了这首可能的恋歌。

在前面的章节中，我们讨论了让意中人对你产生兴趣的舞蹈（身体语言及其步骤）。现在，让我们开始探索求爱过程中的音乐（语言和节奏）——也即你们的初次交谈。

设想一下，如果你们的初次交谈是一次试镜，想象你在意中人未来的生活中即将扮演什么角色——如果有机会的话。在恋情后期，即使你偶尔演出枯燥的幕间短戏，也可以侥幸逃脱，但现在不行。如果你想点燃一段美好恋情，初次交谈就必须顺利平稳、充满魅力。

令人心醉神驰的交谈到底是什么样？也许对于一个人来说，指的是讨论运动、话剧和芭蕾。但对于另一个人来说，也许是讨论哲学、心理学或者核裂变。迄今为止，许多人都认为，谈论自己的房子、汽车或者自己的家人、宠物狗或者小鹦鹉是最吸引人的话题。你需要一些技巧去发现意中人的兴趣按钮，好让你们的初次交谈成为他（或她）难忘的回忆。

10 初次交谈

交谈就像做爱

与新伴侣第一次做爱时，你会温柔地问："我现在这种姿势你喜欢吗？你还想要我做些别的吗？"但是你却不能向新的意中人直接发问："这场交谈你喜欢吗，甜心？"

当你俩开始亲密时，在最初的几次性爱中，你并不知道她希望你爱抚哪些部位或者他喜欢你如何碰触他。他（或她）到底希望多么猛烈或者多么温柔？你只能从细节中观察。你观察她的身体、他的表情，你倾听她轻柔的呻吟、他不经意的喘息。也许你会发现，每次你亲吻她的耳垂，她就会如痴如醉；因此，你自然越来越频繁地亲吻那个部位。当你轻咬他的大腿时，他试图悄悄逃避；那么，以后你再也不会咬那个柔弱的地方。

和新的意中人交谈的早期，请务必像在性爱中一样敏感。你们早期的语言沟通与最初的几次性爱一样重要——也许更加重要，因为如果早期交谈进展不顺，你们的早期性爱就永远不会发生。

交谈就像推销

在交谈的时候，请观察意中人对你言谈的反应，尤其要留意对方无意识做出的面部表情、头部动作、身体转动情况、手势甚至眼神变化。顶级的销售人员需要学习如何解析顾客的每个身体信号，并由此制定下一步的营销计划。除了那些专门学过骗术的人，一般人在沟通的时候根本无法掩藏自己的感觉。你的意中人也许不会用言语告诉你，他（或她）对你的言谈有什么感觉，但他（或她）不经意间发出的许多信号却能清晰地暴露一切。

在一个营销座谈会上，我向大家传授了一种我称之为"眼球营销"的技术。时刻观察，弄明白什么东西让顾客兴奋、什么让其厌倦以及什么让其无动于衷，是做成或搞砸一桩销售的关键。同理，弄明白什么东西让意中人兴奋、什么让他厌倦以及什么让她无动于衷，是决定你恋情成败的关键。

假设在一个聚会上，经人引荐，你结识了一位充满魅力的陌生人，然后你们开始交谈。

观察意中人的脸。在交谈的整个过程中，他（或她）的表情会不断地变化。有时候意中人的脸会突然亮起来，而这有时会在你谈到某个自以为很普通或很无聊的话题时发生。

还有一些时候，虽然你在谈论一件自以为非常有趣的话题，但他（或她）却面无表情、无动于衷。这些信号能告诉你许多宝贵信息，仔细观察信号，并让你的话题符合对方的兴趣。如果意中人的表情忽然生动起来，就多问几个有关的问题让话题继续，你很快就会发现，与对方的交谈如鱼得水。

当意中人的表情忽然变得呆板，这意味着你该悄悄改变话题了，去找个能让他（或她）的眼睛重新发亮的话题。那些不够敏感的猎人总是不知趣地在一个无聊话题上盘旋，直到把这次交谈变成一场灾难。很快，他们的猎物就会挣脱这枯燥的猎网。

观察意中人的头部动作。当意中人对你感觉厌倦时，就会将脑袋拉回到距你较远的位置。从厨房传来的一声噪音、新客人走进房间、听到屋里其他人提到他（或她）的名字……任何干扰都会让他们将视线从你脸上移走。

但是，如果意中人觉得你或你的话题引人入胜，他（或她）的视线就不会移开。即使托盘上的所有玻璃杯都在你的脚下一一打碎，意中人的视线仍会紧紧停留在你的脸上。密切关注对方头部动作。当意中

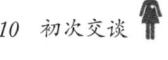

人的脑袋开始朝远离你的方向转动时,这就是另一个提示你改变话题的暗示。

探索意中人的身体位置。如果你不小心置身一场枯燥的交谈之中,早在你以明确借口逃离之前,你的身体就已开始为此做准备。你向后退了一步,躯干也微微旋转,不再正对着对方。

如果你在与新认识的意中人聊天时发现对方后退一步或微侧身躯,请务必小心,这可能意味着你那刚刚萌芽的恋情已经开始在对方的脑子里枯萎。但是,你可以瞄准靶心,再做一次补救的尝试。停止你那滔滔不绝的演讲,立刻切断这独角戏;叫出意中人的名字,然后问一个跟意中人密切相关的问题,将谈话的焦点拉回到他(或她)的身上。这会重新将意中人的注意力拉回,而且如果你们的恋情还没有糟糕到无法拯救的程度,此举会给你们的恋情重新增加营养。

相反,如果意中人给了你一种直面、开放和接受式的身体语言,顶级的销售人士就知道是时候采取进一步的行动了。你也应该这样做。这时候你可以和对方敲定约会,向对方索要电话号码,或者建议两人一起去其他对方就着一杯咖啡或美酒,继续你们的畅谈。

观察意中人的双手。有时候意中人的双唇可能说谎,但他(或她)的双手却会不小心揭露真相。交谈中,时不时地扫一眼对方的双手,可以发现一些对方试图掩藏的想法。

你说话的时候,他是不是伸手去拿桌子上的回形针或壁炉架上的火柴?她是否用一根手指不断摩挲茶杯的外壁?这些动作都表明他们在沉思,正在琢磨你说的话到底是什么意思。请将这些动作看作是一种提示,告诉自己暂停谈话,用一小段沉默为自己的言谈增加节奏感。如果你对完全的沉默感觉不太舒服,至少可以放慢自己的语速,慢到让意中人能够不紧不慢地思考。

上举的手掌是个非常重要的手势。男猎手们,如果她的手掌面对着你,就说明她喜欢你,她在你面前感觉安全,也许还欢迎你采取进一步的行动。手掌上举是典型的"我投降"的手势。如果合适的话,现在你可以冒险做出两人之间第一次轻微的身体接触,或者碰一下她的手掌、或者拍一下她的胳膊。

女猎手们,请格外留意那些向上的手指。当你的意中人在讲话时,是不是将一只手指在空中晃动?将这只上举的手指看作一只勃起的小型男性生殖器,说明交谈中的某个细节让他非常兴奋。如果他讲到某个论点时晃动一只手指,说明他对这个话题非常认同。将这个动作看作一个暗示,此刻你该做的就是对他的观点真心表示赞同。

观察意中人的眼神。如果你发现意中人的眼神游离,这并不一定意味着对方的拒绝,很可能只是因为你此刻的话题太枯燥。

当你变成一个真正的眼神分析专家,就可以根据意中人瞳孔的尺寸来判断自己的表现有多好。如果对方的瞳孔收缩,就意味着警报器开始高叫:"真枯燥!"相反,如果他(或她)的瞳孔开始增大,就等于有一只内在的喇叭在宣告:"我很感兴趣,再说点、再说点。"

技巧 10 眼球会谈

不要只顾滔滔不绝,你要多留意对方的反应。像顶级推销员一样,密切观察你的潜在客户并因此决定下一步的行动。那样的话,你的意中人会对你的行动产生更多好感。

如何发现意中人喜欢的话题?

好不容易遇到一位充满魅力的陌生人,但你们的交谈却仅限于陈词滥调的场面话,真是令人沮丧。你的心中发出无声的呐喊:"天哪,我喜欢你,我希望你也喜欢我。此刻我们在一起废话连篇,我真希望我们的聊天能更加有趣、更有意义。你最想让我聊什么？"

对此我有妙计。我早已开发出一种技巧，能将这种无意义的闲聊迅速转向更靠近意中人心灵的话题。我把它叫作"摘樱桃"。当你和意中人闲聊时，密切关注任何与众不同的词语——奇特、异常、离题的词汇，或者偶尔提到的地点、时间和人物。将那个词拣出来，因为它是通向意中人心灵的钥匙，通过这个词你可以发现意中人真正喜欢谈论的话题。

绅士们，假设你下班步行回家的时候，忽然下起了暴雨，于是你冲进最近的一家咖啡馆去避雨。你走进门、抖落身上的水珠、正要在桌前落座，忽然发现旁边的椅子上坐着一位美丽的陌生女子。你清了清喉咙，决心冒险一试。

"哇，"你说，"外面的雨下得可真大。"

她转头看着你，貌似对你很接受的样子。"对。"

你竭力找出更多废话来继续聊："嗯，你经常来这里吗？"

你的意中人似乎被你的开场白逗笑了，但却没有因此丧失对你的兴趣。"不，不经常来。"她微笑着说，"我只是进来喝杯热咖啡，顺便躲雨。"

你继续大胆说道："看，雨似乎越来越大了是吧？"嗯，这句话并不怎么聪明，但至少能让你们的交谈继续进行。

"嗯，是啊。"意中人耸耸肩，"至少对植物有好处。"

你们俩朝窗外望了一会儿，然后收回视线看着对方。你朝她微笑一下，你的意中人也挤出一个微笑。接下来，你们俩一时都想不出别的聊天话题，于是双双将视线收回，低头紧盯咖啡杯。一桩本已萌芽的爱情眼看就要走到尽头。

真可惜！刚开始的时候多么顺利，你们的开场白相当愉快。你的意中人面带微笑，身体向你微倾，说明她对你持有接受态度。但是当最初的闲谈结束、应该开始更有趣话题的时候，你们的舌头却打了结。

请做一个小测试：在之前你们的谈话中，其实有一个新话题的切入点——我叫它聊天中的"樱桃"，但是你漏掉了。美丽女士的话语中有个词，如果你能将它拣出来并展开详谈，就能将一场枯燥的闲聊变成迅速吸引她的尽兴畅谈。你看出是哪个词语了吗？

答案是：植物。

让我们回到你们聊天气时不太有趣的那一段。就在你为"下一句我该说什么？"而苦恼时，她说："至少对植物有好处。"那些心思敏感的猎手会立即觉察到，这里有个暗示。也许你根本不知道黄水仙和蒲公英有什么区别，但植物显然是你新认识的意中人生活中的一部分，否则她就不会提起这个词。也许连她自己都没有觉察到，当时她在潜意识中大喊："我真的很想谈谈植物。"

技巧 11　摘樱桃

如果你能找到"谈话中的樱桃"，就永远不会让自己与意中人的聊天陷入废话连篇的僵局。倾听并寻找所有略感异常的词语，它们就是樱桃的种子。将它们种进土里，让它们生根发芽，让你们的初次交谈开出令意中人难以忘怀的花朵。

在她抛出那枚樱桃以后，你应该问："噢，你家有个花园吧？"也许她有个蔬菜种植园、屋顶花园、几个挂在墙上的花盆或胜利菜园[①]；也许，她什么花园也没有，只是非常喜欢植物。虽然你现在还不知道答案，但你却明确知道，植物是她世界的一部分；不然的话，这个词不可能从她的口中吐出。

现在，假设她没有说"至少对植物有好处"而是说"我觉得这场雨就像一场热带雷暴"，那么，你的意中人给你的樱桃就是"热带雷暴"，由此开始谈话吧。

你可以这样说："噢，你去过热带地区吗？"她可能去过，也可能没去过，但至少对热带地区有一定了解，否则这个词语不可能从她的潜意

---

① 第二次世界大战时期，英美等国的民众通过在自家花园里种植蔬菜、水果和粮食的方式来减轻前线战场的物资供应压力，这种园子被叫作"胜利菜园"。

10. 如果你能找到"谈话中的樱桃",就永远不会让自己与意中人的聊天陷入废话连篇的僵局。

识中涌出。"热带"这个词对你来说也许只是描述雷雨的一个普通词语，但对于说这话的人来说，却可能和其他东西有着更加密切的联系。请学习做一个词语侦探。

假设她说："下这么大的雨，我的狗狗就不能出去散步了。"或者"是呀，大雨把我的泳池弄得满是落叶。"在这些情况下，"狗狗"和"泳池"就是带你进入与这位女士亲密交谈的门票。

如何让意中人相信你们已经相爱？

如果你在聚会上偷听一对男女谈话，也许只用一分钟，你就可以判断出他俩的亲密程度：是刚认识没多久？只是普通朋友？还是处在热恋之中？

你甚至不需要听到他们称呼对方"亲爱的""达令""小甜心"，也不需要仔细观察他们的身体语言再判断其亲密程度。他们谈论的话题甚至他们的语气，你都不用管，但你仍能轻易判断出来。

怎么判断呢？根据他们交谈的级别。根据人们亲密程度的不同，交谈可以划分为以下几个奇妙的级别：

级别一：陈词滥调。

两个刚认识的人开始谈话时，总会向对方抛出一些陈词滥调。让我们假设，他们聊的是全球公认的最枯燥的话题——天气。这两个陌生人会说："今天天气真不错。""老天，开始下雨了，对吧？"这就是谈话的最低级别：陈词滥调。

级别二：事实。

那些互相认识但并不太熟的人，聊天的时候经常谈论事实。"你知道的，乔，去年有 242 个晴天。"或"嗯，我们终于决定建造一座游泳池来对抗这里的高温。"

级别三：感受和个人化的问题。

朋友之间的聊天，常常是讨论彼此的感受，即使是在谈论天气这样无聊的话题。"天啊，山姆，我真喜欢这样的大晴天。""你觉得呢？你喜不喜欢阳光？"

级别四："我们"表达法。

这是非常亲密的朋友或者爱人之间才会享受的沟通方式。他们绝不会谈论陈词滥调，而且聊的也不仅限于"事实"，甚至比"感受"还要丰富——这就是"我们表达法"。谈论天气时恋人们会这样说："如果这种好天气持续下去的话，我们应该出门旅行。"

> **技巧 12 提前使用"我们表达法"**
>
> 即使你和意中人才认识几分钟，你也可以在两人之间创造一种亲密的感觉。在聊天中，跳过一两个级别，甚至直接跳到级别三或四，从而在他（或她）的心中播下亲密的种子。

根据这种现象，我给你提供一个小技巧。利用它，你可以让新认识的意中人在潜意识里感觉你们已经是一对儿、已经合二为一、已经处在热恋之中。我把这种技巧叫作"提前使用'我们表达法'"，因为你需要跳过一两个谈话级别，直接进入级别三或四。同时使用不同级别的信号，把对方的感觉搅乱。用那种与朋友聊天时的语气，问你新认识的意中人对某事有什么感受；使用只有恋人或在非常亲密的关系中才使用的"我们"表达方式。

假设你在聚会上和一位新认识的意中人聊天，用和好友聊天的方式,让对方误以为你们已经很熟。"你喜欢这个聚会吗?"

然后继续向前,到达恋人级别——"我们"表达法。"对,假期聚会这么多,我们真的需要很多力气才能把它们玩遍,对吧?"

一般来说,在恋情的早期,人们常常会觉得还不到说"我们"的时候。但是当聪明的男猎手或女猎手提前使用"我们表达法"以后,意中人就会在潜意识中感觉两人已经亲密了很多。

以分享私人秘密的方式来增进亲密感

这里还有另一个增进亲密关系的技巧。一般来说,人们和陌生人谈话时总会提高警惕,不愿意披露过于私人的信息。

但是,当我们和别人逐渐熟稔以后,我们会将自己的私人信息一点点透露给别人,仿佛是送给对方的亲密礼物。我们也许会告诉朋友或恋人,我们费了很大努力才戒除咬指甲的恶习;或者不那么难以启齿的问题,比如我们的头发是如此油腻,以至于每天都要洗一遍。

我们把诸如此类的小毛病向好朋友坦白以后,他(或她)的反应很可能是哈哈大笑说:"啊,你真的以为那是很严重的事吗?我的双手曾经出疹子出得我几乎疯掉。""你头发的油不算多。我去美发店的时候,美发师总会问我是全部剪掉还是给头发换一次油!"友谊就是这样培养起来的。

这种自我披露式的对话能在朋友之间营造一种亲密的联系。通过分享一个小秘密或做一些适当的坦白,你向意中人表达了自己不设防的态度,你将自己脆弱的一面向他(或她)袒露出来。

但是,在尝试这种"自我披露"的技巧之前,请确认你们的关系已有一定的基础。如果你觉得他(或她)还没有培养出对你的尊重,这种技巧就会弄巧成拙。一项有趣的研究揭露,一个能力很高的人如果在社交中犯了个愚蠢的小错,大家会更加喜欢他(或她);但如果一个资质普通的人在社交中犯这种错误，人们对他（或她）的好感就会降低[24]。

坦白自己的一个小缺点会引发别人的爱怜，但重大失误却达不到这种效果。比如，在一段恋情刚开始的时候就告诉对方你离过两次婚，或者你刚被吊销了驾照，或者一家名牌法学院拒绝了你的申请，这样做会让你的意中人迅速对你失去好感。"真是个窝囊废！"她会暗自这样腹诽。

其实，跟你人生的其他光辉成就比起来，这些失误也不算太大的缺陷。你从未违法犯罪，你以前的婚恋关系都很正常，你的学业非常优秀。但在这段恋情刚萌芽的时候，她还没有机会了解这些事情。如果你早早披露自己的重大失误，她会本能地怀疑："下一步会是什么呢？刚见面他就爆出这么可怕的事，那么他没说的事情应该更加恐怖吧？一大堆前妻？明确在案的犯罪记录？墙上贴满了别人的拒绝信？"

因此，请务必锁好你的心门，那些阴暗的秘密以后再择机宣布。现在的任务是强调你的优点并弱化你的缺点。不过，别忘了坦白几个无关紧要的小毛病，这样意中人会立刻对你产生爱怜并觉得你俩的距离更近了一步。

技巧 13 尽早使用自我披露

如果你觉得与新认识意中人的关系正在顺利进展，就可以坦白自己的一个小毛病，它会让你们更亲密。选择那些无关紧要的小问题，坦白地说出来，但请确认那个问题确实无关紧要。

让你的生活方式"契合"意中人的爱情地图

也许有些人并不赞同莎士比亚"世界是个大舞台"的名言，但当一位漂亮的陌生人问你（通常是在刚认识的五分钟内）："那么，你做什么工作？"几乎所有人都认为他（或她）是在试探是否可以将你变成朋友。你如何回答这个问题，将会在很大程度上决定你在这位新认识意中人未来生活中所扮演的角色：你会变成他人生里的明星还是只逗留一小段时间的过客？

你准备好了吗？演员在试镜之前，会准备一些上台表演的独角戏；歌手们会准备几支拿手歌，随时准备试音。那些经验丰富的娱乐圈从业者知道，只准备一首歌或一段独角戏根本不足以应付所有的试演。同理，对"那么，你做什么工作？"这个问题只准备一个标准答案，也无法满足所有意中人的考验。在回答之前，你必须先对这位意中人进行仔细观察，然后使用我叫作"核心简历"的技巧。

如果你希望这位新人爱上你，在回答问题之前就必须先考虑以下三个因素：

1. 你希望自己听起来是他（或她）喜爱的那种人；
2. 你希望自己听起来充满自信，热爱生活；
3. 你希望自己的回答是个"话引子"，那样意中人可以就这个话题和你继续交谈。

一、"我就是你喜爱的那种男人或女人。"

我知道，当你和那位充满魅力的陌生人初次邂逅时，你对他（或她）了解甚少，但请努力让你的工作或业余爱好符合他（或她）的爱情

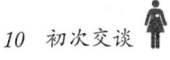

地图。比如，也许你感觉到这位新意中人喜欢高度职业化的人，那么就让你的工作听起来很重要、越重要越好。

也许你的新意中人浑身洋溢着自由精神，那就强调你工作中的创意成分。他（或她）是个工作狂？那就强调你对工作的热情程度并讨论每周你要在工作上投入多少个小时。

当你弄清意中人属于哪种类型以后，就使用那些你认为他（或她）会喜欢的说法来谈论工作。

二、"我热爱我的工作。"

所有人都会被自信且热情的人深深吸引。女性尤其喜欢自信的男子。

一次，我为某家男性杂志撰稿，内容是"女性最想要男性具备什么优点"。当时，我没有请教心理学家，也没有查询科研资料，而是直接打电话询问我的几个闺蜜："你最希望在男性身上找到什么特质？"她们的回答如出一辙，男性压倒一切、最让女性动心的特质是"自信"。"我喜欢自信的男人，"一个闺蜜说，"哪怕他是一只火鸡，只要是一只自信的火鸡就可以。"

男性同样也喜欢自信的女子。我的朋友菲尔约会回来以后，我经常问他："怎么样？你喜欢她吗？"菲尔是那种典型的说起婚恋就张口结舌的男人，他的回答通常是嘟哝一句："还可以吧。"

"你喜欢她吗，菲尔？"

"嗯，当然，但我不会再和她见面了。"

"为什么？"

"嗯，她似乎还没有把自己的生活弄清楚。"

换句话说，她对自己的人生没有明确目标，缺乏那种自信干脆的感觉。男性常用这种说法来表达对个性不够成熟的女性的抱怨。

下次，如果有个漂亮的陌生人走过来问："那么，你做什么工作？"请确保你的语气热情欢乐，对朝九晚五的工作充满自信。

三、"我们继续聊吧。"

假设你刚刚结识一位可能成为人生伴侣的人。你说:"我是个秘书。""我是个律师。""我是个核物理学家。"

嗯,这些都不错。现在,他应该说什么呢?对于"那么,你做什么工作?"的回答如此简短、简短到只有一个词语,常常会让对方哑口无言,不知如何继续。你会如何向核物理学家发问呢?"呃,天啊,你最近都轰炸了什么地方?"

永远不要只说职业名称,然后让意中人的沉默将你们的交谈彻底结束。把你的工作向他做个介绍,这样他就能抓住某个细节继续发问,你们的交谈也不至于山穷水尽。

你是一位律师,但不要只说"我是个律师",而是就此稍微展开一下。比如说:"我是个律师,我们的事务所专注于劳动法。事实上,我现在代理的案子中,一位妇女因怀孕不得不缩短工作时间而被公司解雇了。"这样你就给对方投下了继续交谈下去的诱饵。如果你不这样做的话,他可能就会很快游走,去寻找那些他觉得更加聪明的人们交谈。

那位漂亮陌生人迟早要问的另一个问题是:"你老家是哪里的?"不要只把一个地理名词扔给对方,而是找出你故乡的一个有趣之处,好让对方接住你的话茬。

比如,我的老家是华盛顿特区。每次别人问起,我都告诉他们,我小时候那里的男女比例是一比七,因为大量的外地女子涌入政府做服务工作。(所以,你知道我为什么离开家乡了吧?)如果意中人对艺术很有研究,我就告诉他华盛顿特区的设计者和巴黎市区景观的设计者是同一个人。这样,我们的交谈很快就从华盛顿转入了城市景观设计。你抛出的诱饵越多,通过交谈打动这位新认识的意中人的概率就越高。

10 初次交谈

技巧 14 核心简历

无论你做哪种工作,无论你去哪里,都不要将生活中最重要的那场面试搞砸:"那么,你做什么工作?"

让你的回答符合意中人的爱情地图,确保自己乐观自信,并恰如其分地抛出一些细节信息以使得你们的交谈继续。

11 初次约会

以热忱的态度开始这个"游戏"

当你和新认识的意中人准备第一次约会时,应该以热忱的态度开始你们爱的舞蹈,但此刻这种游戏比往常更加危险。你们初次约会时,他(或她)几乎是以奥运会裁判的目光盯着你,你说的每句话、你做的每件事都会为你加分或减分,并决定你最终能否拿到金牌——恋人的芳心。恋爱比奥运比赛压力更大,因为如果你初次约会表现不佳,就不会有第二次机会。

滑冰运动员在参加奥运会之前,会为自己的梦想进行好几年的密集训练。等他们终于到赛场一展风姿时,每个动作都一气呵成,似乎毫不费力。你的恋爱也应该这样放松,不刻意。我会告诉你一些经过科学验证的具体步骤,帮你在爱情的竞技场上大获全胜。努力练习这些技巧,和意中人在一起时,让这些技巧变成你的第二天性,你的举止就会轻松自如、浑然天成。

"我应该何时开始第一步行动?"

每当我的某个演员朋友说起她获得一个新角色时,我都会从她的声音里判断出她是如何获得该角色的。

11 初次约会

表演学中有个传统叫"类型表演",也就是因为你长得像某个角色的样子,就让你在戏剧或电影中表演那个角色。演员争取角色的传统程序是先试镜,如果制片人喜欢就会给你打电话,安排第二次试镜。如果是非常重要的项目,演员可能还要经历第三甚至第四次试镜才能得到这个角色。

无论男演员还是女演员,都希望导演是根据自己的才华给自己分配角色,而不是因为自己看起来像某个角色。在婚恋问题上,人们的想法也大抵如此——尤其是女性。

问:我和新认识的意中人认识多久以后,才可以提出这个问题:"你愿意和我出去约会吗?"答:在意中人感觉他(或她)已经吸引了你的兴趣以后。

绅士们,让那位美丽的女士先告诉你她那敏锐的商业洞见,然后你才能建议两人一起吃个午餐并讨论如何合作(找个借口和她约会)。淑女们,让他尽情向你讲述他在创业过程中经历了多少艰难险阻,然后你才能邀请他和你以及你的叔叔共进午餐,讨论叔叔雇用他的可能性(诱使他开始和你交往)。

让意中人感觉到,他(或她)是通过自己的聪明才智、迷人个性、卓越天赋等独特的素质吸引了你的注意,你才对他(或她)有了兴趣。接下来他(或她)就会越来越重视和你在一起的时间,因为你们的恋情是他(或她)以某种方式自己争取来的。让你新认识的意中人努力通过第一次试镜,然后你才能将今晚浪漫故事的主演一角交给他(或她)。

绅士们,还有另一个原因让你不能立即邀约她。在她决定从自己珍贵的时间中拿出一晚与你共度时,她必须确保自己也能享受乐趣。女性在恋情中往往需要投入更多的东西,她需要更加全面地了解你。在"约会还是不约会"的决策过程中,她不仅要考虑你的相貌,更要了解你的个性、你的才智、你的锐气……你一切的一切。多和她交谈,向她敞开心扉,尽可能多给她一些信息,这样她在决定是否与你约会时,就可以做出比较理智的判断。

如何让你爱的人爱上你
How to Make Anyone Fall in Love with You

技巧 15　让你的意中人先通过试镜

男猎手们,不要太早约女性出去,不然她会认为你感兴趣的只是她的外貌。如果一位女性发现你能欣赏她美貌以外的其他素质,就会对你更加珍惜。

女猎手们,你的行动可以比男士略微快点。男士并不介意被人当作恋爱对象,事实上,有些人还挺喜欢!

"欲擒故纵——什么时候应该?
什么时候不应该?"

有多少次你坐在电话旁边,心里发誓说只要他给你打电话,你愿意做出巨大牺牲,哪怕将自己第一个孩子送到修道院也在所不惜。上帝,让他打电话来吧,现在就打,求求你了。

然后电话铃响了:"喂?"

是他!是他!仁慈的上帝。"星期六晚上你愿意和我出去约会吗?"他的声音柔美动听。

你抑制住自己先做两个后空翻再做出以下回答的冲动:"愿意愿意愿意,我非常愿意和你约会!"你决定斟酌一下自己的措辞,矜持一点,这样就可以使用欲擒故纵的战术。你沉吟了几秒钟,好像在考虑对方这个邀请,然后淡淡地说:"为什么不愿意呢,好吧。"

这种做法对吗?欲擒故纵战术是否有效?答案可能会让你吃惊。

让我们到实验室看看。四名德高望重的社会科学家兼思想先驱都坚定地认为,男性更喜欢那些较难追到的女性,这也是大众的共识。毕竟,每个人都会用自己付出的努力程度来衡量工作成果的价值,不是吗?但是,为了确认这个说法,他们发起一个名叫"欲擒故纵:理解一种难以解释的现象"的研究课题[25]。研究人员让一群男同事进行现场投票,说明自己是否喜欢那些难以追到的女性及其原因。结论在意料之中:"嗯,当然喜欢。如果她很难追到,说明有很多人追。""是的,如果一个女孩受人欢迎,就有资格挑挑拣拣。""我的朋友会羡慕我跟一个很难追到的女士出去约会,我会感觉很骄傲。"

这时候研究人员忽然觉得这种实验其实没有什么价值,因为人们早就有一种思维定式,认为难到手的东西就更好。但作为充满责任感的科学家,他们对这个理论进行了检验。他们雇用了一群在征婚网站注册会员的年轻男女,让男士给女士打电话要求约会。研究人员对那些受试女士说,在一半的电话中她们应该停顿三秒钟再接受约会邀请,即使用欲擒故纵策略;剩下的一半电话邀请,她们应该立即答应而且充满热情,也即表现得很容易被追到。

后来,研究人员向受试男士询问他们对那些女士的印象,结果让他们很震惊。虽然被询问时男人们总是难逃成见,但事实上他们并没有对矜持的女士多喜欢分毫。看来那个理论不怎么正确。

研究人员用五种不同的方法对那个假设进行反复验证,五次的结果都一模一样。就像当年科学家们打破了"地球是平的"和"大石头比小石头坠落得快"这些想当然的理论一样,科学再次打破了另一个"定律":欲擒故纵并不能让男人更喜欢你,至少在刚开始的时候如此。

技巧 16　我是很难被追到的(但对你例外,宝贝……)

准备使用欲擒故纵的策略?不要……至少不要在他面前使用。他问你是否愿意和他约会时,你要立即充满激情地说:"哦,我愿意!"但是,在以后的某个时间,以一种微妙的方式告诉他其他男人很难追到你,一定要以非常微妙的方式。

科学证实最好的初次约会

许多男猎手在终于将意中人约出来以后会忍不住想:"我应该将她带到哪儿呢?"许多女猎手被问到喜欢去哪儿约会时,都会简单地说:"找个饭店吧。"这也是我自己多年来的选择。在吃饭的过程中,你可以慢慢了解这位意中人,并让对方有机会探索你迷人个性的每一个精彩侧面。

但如果你的目的是让意中人爱上你,饭店并不是最佳选择。有大量的证据说明,如果你将意中人带到一个能激起对方强烈情绪或能让对方敞开心扉的地方,他(或她)就会更加喜欢你。

研究人员早已证实,情绪唤起和性吸引之间有着强烈的联系[26]。他们将女性研究助理和男性受试者带到一个景区进行实验。那是一个热门旅游地,受试者低下头就可以看到脚下深不可测的大峡谷。峡谷上空建有两座吊桥,一座是供游客使用的,结实而安全;另一座看起来既危险又吓人!吊桥在峡谷上空晃来晃去,一副摇摇欲坠的样子只有极少数胆大的人才敢踏上它的桥面。

实验中,研究人员随机安排男性受试者走过其中一座桥,无论他们走的是哪座,都有一位女性研究助理在桥对面迎接。

走过桥以后,不管是安全的那座还是摇摇欲坠的那座,女性研究助理都会让受试者看一幅女性照片,然后让他写个小故事。接着女性研究助理向受试者道谢并留下自己家的电话号码,然后漫不经心地告诉对方,如果他想就实验继续讨论,可以打电话给她。

这个实验的目的是什么呢?研究人员想要弄清,经历哪种情况后写出的故事含有更多性幻想的内容,以及哪些男人会将女性研究助理的话当作是邀请他打电话的暗示。

走过那座危险桥的男士写的故事更加情色,而且走过危险桥的这群男人——你已经猜到了——更喜欢主动致电女性助理,来讨论那天的创伤体验。实验证明,令人焦虑的情境更加易于唤起人们的爱欲。

为什么呢？回忆一下我们之前讨论过的化学物质苯乙胺。恐惧也能激发这种物质的分泌，因此在恐惧和迷恋的早期，我们的血液中涌动着同样的东西。

如何在初次约会时就让意中人怦然心动？

建议意中人走危险吊桥显然不是一个靠谱的主意。但科学告诉我们，如果你在初次约会时引发了对方的情绪波动，他（或她）就会对你产生强烈的感情。

男猎手们，你可以带她去骑马或冲浪。如果嫌这些体育运动太累，就找一种耗费感情的活动——看演出、恐怖电影或者音乐会。拿我自己举例，每次看完一场美丽的芭蕾舞演出，我都会心醉神驰。也许你的恋人会被音乐感动，也许她喜欢歌剧，也许他喜欢斗狗比赛。

分享焦虑并讨论当前的压抑情境，能让情侣们更加亲密。很多办公室恋情都是在两人共同面对同一个挑战时产生的。在电影、戏剧和童话里，都充满了男女主人公一起打败坏人，从此过上幸福生活的故事。

为了以另一种方法测试这个实验结果，同一批研究人员将一群男性受试者带到实验室[27]。他们对部分受试者说，接下来他们将接受一系列痛苦的电击，同时又告诉其他受试者，接下来的电击很轻微，并不怎么疼痛。在每位受试者等待的时候，研究人员都会将一位年轻女性（研究助理）介绍给他，让他认为她也是该实验的受试者。他们简短交谈后，研究人员让男性受试者填一个问卷，对刚才邂逅的那位女士进行评估。

结果，那些充满焦虑的家伙（认为自己即将接受强烈电击的人）对女士的评分比那些较为放松的受试者更高。这再次证明，如果人们产生剧烈的情绪波动，就很容易对别人生出爱意——即使情绪波动并非由对方引发。

技巧 17 初次约会就让对方心乱如麻

在计划一场约会之前，先研究一下什么让你的意中人感到紧张，然后策划一场唤起情绪的体验。你们不必冒着失去生命或一条胳膊的危险，只需尽早分享一些焦虑，就可以感觉柔情在两人之间奔涌。

当然，接下来你们就可以一起吃饭了，顺便讨论你们共同的创伤体验。

播下"知己"的种子

在以后的章节中，我们会讨论"相似性"的感觉在促使意中人爱上你的过程中有多么重要。在初次约会的时候，正是播下"知己感"种子的最佳时机。尽管这个技巧对男女都有效，但对女性更加重要；因为女性通过交谈变得亲密，而男性增加亲密感的方式是一起做事。

许多女性忘掉了这个重要区别。在第一次约会中，女性总喜欢建议到一个可以说话的地方，好让两人互相了解。这是女性朋友增进亲密的方式，但如果你真想让他迅速爱上你，其实有更好的方式。像个男人一样建议两人一起参加某个活动，反而会让你们更加亲密。女猎手们，你只需知道他对什么活动感兴趣，再建议你俩一起参加即可。他立即就会从潜意识中感到："这个女子很适合我的生活方式。"

观看棒球比赛、拳击赛或赛马的时候，你也许会觉得无聊至极，但如果这是他的激情所在，而且你希望自己成为他的另一项激情，你的最佳策略就是坚持看下去。

技巧 18 初次约会就建立亲密感（献给女猎手）

为了播下"知己"的种子，在初次约会的时候，建议两人一起做他最感兴趣的事。

记住，对男性来说，亲密感并不意味着坐在饭桌对面深深地凝视你的眼睛并倾诉衷肠，而是一起做事。

初次在饭店里约会的技巧

无论你为初次约会选择了什么活动，很可能都会涉及吃饭——活动之前、之后或者就是以吃饭为主体。许多男人都为选择饭店而深感头痛：他应该一掷千金地取悦你、然后让自己的钱包迅速瘪掉，还是带你去他最喜欢的汉堡快餐店？

你可以让这事变得很容易，同时让他知道你不是一个败家女。如果他征询你的意见，你只需找一家好吃的小馆子（有情调但又不贵）即可，他一定会感兴趣的。

技巧 19 "我知道一个不错的小馆子。"（献给女猎手）

通向男人之心的道路是胃——同时也路过钱包。每位女士的黑皮小本子上，都应该记下一两家漂亮、充满情调且价格不高的饭馆。

男性当然也可以选择一家情调十足但不太昂贵的餐馆；但请注意，如果你选择一家华丽的高档饭店，许多女人会迅速对你产生好感。关于初次约会男性是否应该带女性到昂贵饭店——不仅仅为了展示自己的信用卡金卡会员资格——一直是众说纷纭。但是，如果你真的带她去豪华饭店，你会得到很好的回报。

证据在这里：研究人员将同一批男女在不同环境下的照片发给受试者[28]。后者认为，处在饰有精致图画和华丽窗帘的明亮房间时，那些男女看起来都更加漂亮。这说明，人们会把愉悦环境带来的好感传递给环

11. 每位女士的黑皮小本子上，都应该记下一两家漂亮、充满情调且价格不高的饭馆。

境中的人，无论处在环境中的人是谁。

技巧 20　找个好饭店（献给男猎手）

如果你初次约会时准备带那位女士去饭店，饭店的气质应该与你准备留给对方的印象类似：优雅？高档？酷异？充满艺术气息？气氛是很重要的，因为她会将自己对环境的感觉投射到你的身上。

绅士们，还有另一个贴士：请将你的淑女带到一个华丽的聚会场所而不是一个拥挤喧闹的舞厅。一项名为"又热又挤：人口密度和温度对人们情感行为的影响"的研究已经说明了一切[29]。

男猎手，请关注自己的举手投足

绅士们，我已经听到了你的抱怨："你真的准备用礼仪规则来破坏爱情的美好感觉吗？"是的，男猎手们，我这样做是为你好。因为礼仪在女性心中非常重要。

她进门时你起身欢迎并温柔地帮她拿下外套、进入饭店时为她把住门或者在服务生帮你叫到出租车以后适度支付小费，这些举止在女性的心里都像温柔的甜吻一样美好。当你在饭店里轻啜一口葡萄酒并用法语对服务员柔声说"这位女士想要一份橙汁鸭胸"而不是嚷嚷"她想吃鸭子"的时候，你的淑女会感觉像被爱抚一样对你充满渴望。

女猎手们，男性对这些微妙的东西不太敏感。除非一根面条挂在你牙齿上，或者你将一整杯红酒泼在他昂贵雪白的夹克上，他对礼仪上的小错一般都会视而不见。

技巧 21 社交礼仪

> 男猎手们，请阅读艾米·范德比尔特或其他礼仪专家的著作。认真阅读，就像你阅读《如何每一次都让女人满足并乞求更多》一样；因为一旦你按照那些规则去做，就能满足女人身体构造中两个最重要的器官——她的心和她的大脑。

绅士们，我建议你立刻去当地的图书馆借一本艾米·范德比尔特的《社交礼仪全书》或"礼貌小姐"[①]的《千年之交的礼仪指南》。如果读这种书让你觉得不好意思，就拿一只棕色纸袋将它拎回家去研究。

如果礼仪成为你的第二天性，在过马路时你就会优雅地握住她的手并淡定地拉着她避开人行道上的狗屎而不是大惊小怪地抱怨，你的淑女会在心中暗自说道："这个男人真有风度。"

女猎手，请忽略男性的小缺点

女猎手们的策略却恰恰相反，如果他不那么优雅知礼，请不要小题大做。让那位男士继续陶醉在自我感觉良好的神话中，认为自己行礼如仪并且没有任何令人尴尬的生理机能。如果他不小心放了一个响屁，而你做出眨眼、爆笑、尖叫或任何表示你发现他尴尬生理功能的举动，他就会用一个愤恨的笑容来回应你的羞辱。在他的心里，你已经在这场恋爱游戏中拿到了零分。

如果吃饭时他做出不合礼仪的举动，你应该玩一种我们小时候叫作"海伦·凯勒"的残忍游戏。对他打翻的杯子视而不见，对他的喷嚏、咳嗽和饱嗝听而不闻。无论你的"上帝保佑""没关系"或包容的笑容

[①] 美国著名专栏作家，原名朱迪斯·马丁。她写过大量社交礼仪方面的文章并出版多部专著，2005年获得美国国家人文勋章。

多么充满善意，都不会有人喜欢别人提醒自己闹了尴尬的笑话。

我有个朋友叫作吉尔，他出身寒门，现在是个收入很高的文案撰稿人。他在纽约布朗克斯区长大，父母是俄罗斯移民，全家多年来一直在为生存挣扎，因此他对自己能赚这么多钱并买得起生命中最好的东西颇感自豪。

吉尔喜欢约会漂亮的女人。一次我和他见面的时候，他觉得自己爱上了斯蒂芬妮——一位美丽而优雅的女士。他之所以对斯蒂芬妮印象深刻，是因为她出身富裕，对一切他渴望拥有的好东西都熟稔至极。

技巧 22　永远不要说"笨手笨脚"

> 聪明的女猎手对恋人的小错、口误、笨拙举动以及不合社交礼仪的行为，都会视而不见。她们能够本能地忽略恋人发出的打嗝声以及其他表现人类弱点的生理动作。成功的女猎手（以及男猎手）永远都不会抱怨恋人"笨手笨脚"。

一天晚上，吉尔带她到纽约最豪华的饭店吃饭。领位员带他们入座，吉尔向侍者点了鸡尾酒，然后两人准备享受这个由愉快谈话和美食佳肴组成的亲密夜晚。

吉尔拿起桌面上叠好的餐巾放在膝上，接着倾身向前、告诉斯蒂芬妮在烛光中她显得美丽无比。但回答他的却是她艰涩生硬的脸，直到侍者走来之后她的脸色才缓和起来。服务员走到斯蒂芬妮跟前，从餐桌上拿下餐巾，打开放在她的膝上。

吉尔说自己在社交礼仪上没有任何问题。事实上，他一直以开放的心态在积极学习这些东西。但斯蒂芬妮发现他竟然不让侍者伺候而亲自动手铺餐巾后对他大为不满，结果让这天的晚餐蒙上了一层压抑的空气（顺便说一句，无论是等侍者给你铺餐巾还是自己铺餐巾，都是符合礼仪规则的）。

吉尔试图以轻微取笑斯蒂芬妮的方式来拯救气氛。他问："嘿，斯蒂芬妮,你是不是喜欢每吃一口都让服务员给你擦嘴并告诉他'给吉尔也擦一下嘴吧,侍者先生?'"斯蒂芬妮没有笑,那个夜晚的气氛以及他们的恋情都急转直下。

女猎手们,不管对方在社交礼仪上多么无知,都不要批评那个你想要与之陷入情网的男人。让他继续那些可爱的失误,一辈子都视若无睹。因为即使你的恋人对社交礼仪非常敏感,你也可以拿你出生时就衔着的那只银匙子打赌,他对自尊比对社交礼仪敏感得多。

初次约会时的着装礼仪

人靠衣装的说法对吗?无论男女都必须靠衣服取胜吗?当然不是。但衣服确实能戏剧性地影响意中人对你的印象。请记住,初次约会以后,他们(或她们)决定是否和你继续交往,唯一的依据是对你的印象。

刚开始研究理想的恋爱服装时,我以为穿衣打扮对女性更加重要(也许你此刻也这样认为)。其实不然。男性"在大脑中将她脱光"的本能总让女性怀疑,将上个月的工资全部拿出来买套范思哲高档洋装是否值得。

多么有趣啊,女性在约会之前要花几个小时来考虑穿哪件衣服,而男性却将在黑暗衣柜中摸到的第一件衣服直接套在身上。如果科学不撒谎的话,事实上,我们要做的恰恰与此相反。若想恋爱成功,男性的衣着比女性要重要得多。

"我没有合适的衣服穿！"

（淑女们，不要为这个担心。绅士们，请在这方面多费心。）

在锡拉库扎大学的一个研究中，工作人员给一群受试男女展示了一组异性的照片[30]，照片上的部分男女穿着昂贵的高档服装，其余人的衣着则不那么昂贵，从平价到劣质都有。实验结果怎样呢？

工作人员向在场的女士们提出了六个问题，包括"你愿意选择哪个男士结婚？"以及颇有以科学名义窥人隐私嫌疑的"你愿意选择哪个男士进行一夜情？"等。男性的衣服在女性心中有极端重要的作用。许多女人都拥有一种奇异的才能，可以隔着一间拥挤喧闹的舞厅，发现四分之一英里外的一双古奇名牌皮鞋。男性穿得越好，他在六个问题中的得分就越高——包括一夜情伴侣在内。

信奉进化论的科学家告诉我们，即使在挑选短期性爱对象的时候，女性也总是下意识地听从基因的召唤。如果男性的衣服昂贵优雅，就说明他有能力抚养她的子女。即使她考虑"今晚是否应该和此人共度"的时候，"你能在怎样的程度上照顾她那未出生的孩子"这个问题也会出现在她的意识深处。不要谴责女人，她们不过是根据大自然的规律做出了本能的选择。

技巧 23　穿得好一点（献给男猎手）

虽然经过了数千万年的进化，男女两性在寻找爱情的过程中仍然体现出了明显差异。即使是在寻找一次性亲密关系的时候，也不要让衣服像没整理的床单那样邋遢，要穿得仿佛是去参加一场竞争她丈夫角色的试镜一样。

即使你知道李维斯包臀牛仔裤让你看起来活力四射，但如果你穿着三件套的西装在酒吧里和她搭讪，成功率立刻会大幅度提高，哪怕这会让你看起来是酒吧里唯一精心打扮的人。绅士们，这并不意味着你不可以穿休闲装，但绝不要穿廉价邋遢的那种。一件里昂－里奥伍德－比恩牌的格纹户外衫会让你显得很酷，但从凯马特连锁超市买的方格涤纶衬衫（在你看来，这两者没什么区别）却不能让她对你产生太多好感。

啊，如果女性知道男性对她们服装的看法是多么简单就好了。到商场买一套名家设计的优雅新装，想象着初次约会就让他惊艳莫名，想起来真让人兴奋。但女猎手们，不幸的是，他几乎不会注意你那套昂贵的衣服，除非他是个吃软饭的小白脸。

你无法相信他竟然不会被你的奥斯卡－德伦拉塔牌的全新套装征服？相信我，同一批研究人员已经证实女性的衣服有多么不重要。他们将一些女性的不同照片给受试男性观看，根据大多数人的审美观，她们的相貌分别属于极美、较美和不美等三种。受试男性表示，他们愿意与极美和较美的女性联系，不管她们的衣服有多么廉价；那些不美的女子无论穿得多么高档，都没有男士表现出兴趣。因此女猎手们，请将昂贵的衣服留着，用来和女性朋友竞争或面试时取悦你未来的老板。对于男人来说，你的举止风度、你的头发、你的指甲、你的妆容、你的相貌以及你的友善个性才是最重要的东西。

技巧 24　穿得漂亮点（献给女猎手）

淑女们，下次当你觉得"我没有好衣服可穿"的时候，不必担心。任何衣服，只要能让你显得好看就可以穿出去，反正他会在大脑里迅速将你脱光。

甜美的微笑、精致的妆容以及和善宜人的身体语言，都比你最昂贵的衣服重要得多。

男猎手们、女猎手们，至此我们已经将双脚浸入情爱的河流，接触了所有最重要的第一次：第一次目光接触、第一次搭讪、第一次认识、第一次交谈以及第一次约会。

现在，让我们继续深入探索潜意识的深水区。但是，在开始这场旅行之前，我要求你做一件小事。请放下你以前所有关于恋爱中什么该做、什么不该做的想当然的观念。你以前听到的做法也许能让你的恋情稳定且温暖，但并不是我们现在的目的。我们的目的更加微妙：必须先让某个人爱上你。为了这个目的，我们需要遵循一些非常微妙的技巧。

我想要个和我一模一样的恋人！

II. 相似的个性，互补的需求
Similar Character, Complementary Needs

如果人们在自己周围建立一个蚕茧，并和那个对人生的看法与自己一致的人在那里共同居住时，就会觉得那个混乱的世界终于有了秩序。

恋人们希望两人之间存在一些不同的特质，他们选择那些能够给他们带来新体验、表达新观点、学习新技术、丰富自己生活并能弥补自己不足的人。

12 "宝贝，我们一起对抗这个疯狂、疯狂的世界。"

我们都听说过那句陈词滥调："异性相吸。"爸爸妈妈也一定对你说过："物以类聚，人以群分。"两种说法听起来正好相反，对吧？在神奇疯狂但又符合科学规律的情爱世界里，这两句话是可以共存的。

所有的科学研究都告诉我们，人们经常被那些与自己拥有相似价值观、人生观、生活态度和兴趣爱好的人所吸引。在这个飞速发展的世界，每天都有无数的刺激物轰炸着我们的注意力，让我们头晕目眩。我们不时地问自己："对那件事我应该怎么看？我应该相信什么？"太多真理和谎言随时在我们的大脑中盘旋飞舞，我们忍不住发问："到底什么才是对的？"

于是，当我们终于找到那个与我们拥有相同价值观的人的时候，顿时觉得卸下了千钧重负，觉得与这个人非常亲近。在爱情的浪漫语言里，这种亲近感就变成了这样的表达："宝贝，我们俩一起对抗这个疯狂、疯狂的世界。"

如果人们在自己周围造一个蚕茧，并和那个与自己一致的人共同居住在那里时，就会觉得这个混乱的世界终于有了秩序。他们在一个温暖的窝巢里共度每一个夜晚，外界那些无法解释的力量和错综纷纭的价值观再也无法侵入他们的生活。相似性让这些恋人感觉安全。

但我们寻求相似性，却不只是为了安全感。如果人们想要一个长期关系，就会知道寻找相似的人是个明智的决定。研究表明，相似的伴侣走向结婚的概率比相异的伴侣要高得多。在最初的激情降温以后，相似的价值观能让爱情之火燃烧得无比悠长。

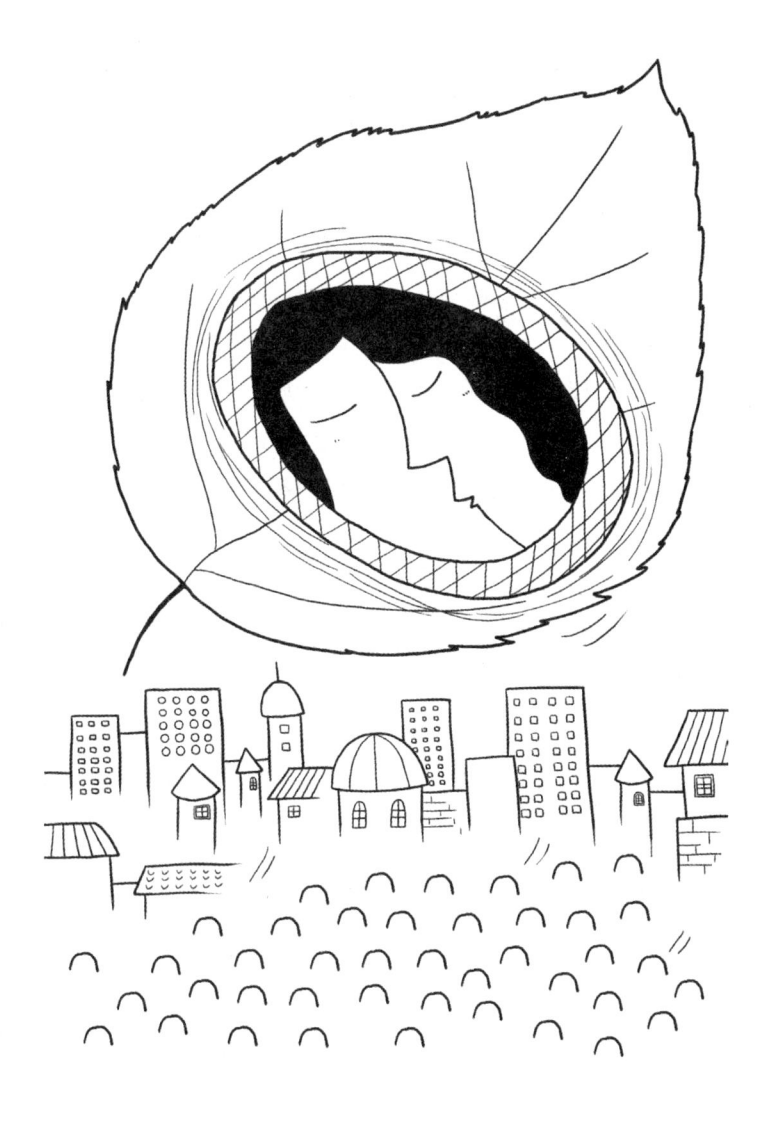

12. 如果人们在自己周围造一个蚕茧，并和那个与自己一致的人共同居住在那里时，就会觉得这个混乱的世界终于有了秩序。

相似的个性……以及一点点的差别（只要一点点哦）

相似性让人感觉安全。但是时间长了，太多的相似总会让人厌倦，因此人们也要寻求一些差异。需要注意的是：他们只追求少数几个方面的差异。

恋人们希望两人之间存在一些不同的特质，这些特质能让他们的恋情活色生香，但又不能相异到干扰各自生活方式的程度。他们选择那些能够给他们带来新体验、表达新观点、学习新技术、丰富自己生活并能弥补自己不足的人。

同时，他们也在伴侣身上寻求与自己互补的素质。互补的意思是"能让你完整或更加完美的东西"。比如，内向的男性常常被健谈的女性吸引，认为她们能够弥补自己的羞怯个性；涉世不深的少女总会对成熟世故、充满主见的男性留下深刻的印象。恋人们并不是刻意在伴侣身上寻求相反的东西，而只是寻求那些与他们不同但又适应他们现有生活并使之更加完美的东西。

有时候你听说有些男女热切地寻找与自己完全相反的伴侣，这种事有时会发生。举个例子，一个出身富裕、家教严格的男子可能会走到一条截然不同的狂野之路上，找个深谙世俗的女子谈恋爱；那位女子也许正渴望香车华美、仆役簇拥且有女佣可以随意使唤的生活。虽然这两位当事人都相信自己找到了想要的东西，这种恋情却往往不会长久，这种关系很少会通向持久稳定的幸福婚姻。

那么，你如何使用"恋人们喜欢寻求大量相似性和一点差异性"的常识，让意中人爱上你呢？不幸的是，当你和意中人初次相遇时，你对他（或她）了解得并不多。虽然你们有不少相似的地方，但你并没有足够信息去证明，对方就是那个差异到让你的世界趋于完美的人。因此，你必须从你现在的感觉出发,仔细观察你的意中人,然后开始强调你俩的共性。如果这方面进展顺利,接下来的时间你就专注于研究什么样的"差异性"能让他(或她)的生活更完美。

所有关于初期吸引的科学研究都确定了这样一个事实:对陌生人是否产生好感,由当事人能够感觉到的相似性的数量来决定[31]。"感觉"是这里的关键词。除非接受前额叶切除手术,不然你根本无法改变自己的人生观、价值观、情绪构成以便让你和意中人真正相似。你甚至对这位新认识的意中人还没有太多了解,根本就不知道怎样才能表达你们拥有相同的价值观、暗示你们拥有类似的信念或者接近的审美情趣。但是,你可以通过一些微妙而有趣的小技巧,让你的意中人"感觉"你们非常相似。

在接下来的章节中,我会教给你一些语言和非语言的技巧,让你的意中人感觉你俩拥有许多共同语言。有些技巧是针对潜意识的,非常微妙;有些则简单而直接,但两种技巧都非常管用。

13 如何让对方感觉一见如故？

如何让意中人迅速产生"相见恨晚"的感觉？

你是否有过邂逅一个人并立即感觉"此人和我有许多共同语言"的体验？吸引力迅速产生、触电感觉瞬间出现、亲密感也在顷刻之间萌发，你立刻喜欢上了那个人。

与此相反，你也可能遇到一个人并觉得："这个人好像来自另一个星球！"然后对此人兴趣顿失，疏远和冷淡立刻占领了你的心，你霎时就对这个人充满排斥。

每当你初遇一个人，产生的感受都会位于以上两个极端之间。你不知道为什么自己会产生这种感觉而不是那种感觉，它们就是那么自然地发生了。

也许你不在意，但这些人如何遣词造句确实在很大程度上影响了你对他们的印象。同理，你对措辞的选择也让自己的很多个性特征在意中人的眼前暴露无遗。我们的语言揭露了我们的思想，我们的措辞将我们放进了不同的社会阶层。我们说出的话能够暗示出我们的职业地位、思想倾向、兴趣爱好乃至对人生的看法。我们说话时使用哪些语句，看似漫不经心，实际上却揭示了我们感受世界的方式。

在某些欧洲国家，人们常常会讲五到十种语言或同一种语言中的多种方言。如果两个讲相同方言的人在故乡之外的某地相遇，就会热烈地拥抱在一起以表达他们对相同背景的认可。

为了建立相似性的感觉，你可以使用一种潜意识里的语言技巧，虽然简单却直击要害。只需巧妙选择措辞，你就能让意中人感觉你是他（或她）故乡的一部分。

能让意中人产生相似感觉的词汇

相似的人使用相似的语言。家人和朋友之间使用同样的词语互相沟通，公司同事或俱乐部成员说起话来也风格一致。你遇到的每个人都有自己的语言，并在潜意识中以此为标准来区别自己人和外人，将家人、朋友和同事划入自己亲密的圈子。

也许你没有注意，但你的意中人却拥有一种独特的讲话方式，将其与亲朋好友、职业圈子以及人生态度紧密联系起来。为了让你的意中人在潜意识中觉得你们俩是一类人，你可以采用"回声"的方式重复他们常用的词汇。你需要做的只是一点专注的倾听。

同样的词语对不同的人有着不同的含义。从小学时候起我们就知道，词语的直接含义是指它字面的意思，引申含义则是指它在不同语境中的具体含义——即这个词给我们带来的感觉。为了让意中人对你感觉亲密，你就得使用和他们一模一样的语言。

绅士们，假设你的朋友刚刚将一位魅力十足的离异女士介绍给你。在初次会面中，她谈到自己孩子时用的词可能是"孩子""宝宝""学步娃娃""小家伙"或"小东西"。也许她们家每个人都使用同样的词汇，因此你和她聊天的时候，请务必使用和她一样的词汇来指代那位小朋友。当你重复她的常用词汇时，她立刻会在潜意识中萌发一种亲密——仿佛你已经成了她家庭的一员。

我的医生是位年轻的母亲。我们刚认识的时候，在一次聊天中她提到自己的新生儿。我知道"新生儿"的意思，但并不经常使用；事实上，我从不在日常对话中使用这种专业术语。但我问她："你去上班的时候，谁在家照顾你的新生儿呢？"她对我报以一个微笑。我感觉到，当我使用她的词汇"新生儿"时，她立刻与我产生了一种温暖的连接。

淑女们，假设你在聚会上与一位绅士聊天。他在谈论自己的工作、事业、项目或者使命。举个例子，如果他是个律师，他用的词应该是"事业"。如果你用"差事"这个词与他聊天，他就会对你产生反感。但是，如果和你畅谈的那个帅哥是个建筑工人，你却用了"事业"来称呼他的工作，他也许会觉得你在讽刺他。

当不同的意中人在谈论自己的工作场所时，都会使用不同的词汇：律师们去"事务所"工作，主持人在"台"里上班，建筑师去"设计院"，出版界人士喜欢谈论他们的"出版社"。在与对方谈论工作或兴趣爱好时，"回声"的技巧非常关键，因为如果你使用了错误的词汇，就会立刻给自己贴上"外行"的标签——一个与他（或她）的世界没有任何联系的闲杂人等。当人们遇到对自己生活一无所知的人，一般都会本能地扭头离开。鉴于你的措辞能揭露你对他们世界的熟稔程度，所以不要在不经意间使用了错误的词汇。

"活儿"或"单"也可以用来指代工作。绅士们，如果你正和一位时装模特交谈，你最好使用"单"这个词，这样才能让那位美女保持对你的兴趣。淑女们，如果和你聊天的是个流行乐手，你最好使用"活儿"这个词，不然那家伙就会觉得你很土气。只要你用错一个词，就会濒临出局的命运。

还记得我的发小菲尔吗？一次我们俩参加一个聚会。他站的地方距我不远，因此他和一位漂亮女演员聊天的内容被我听得清清楚楚。那位演员正在快乐地讲述自己刚刚参与的一部演出，我听到她告诉菲尔她真的非常喜欢彩排。听起来他们聊得很开心。

"哦，"菲尔开口道，"你多久训练一次？"

哎呀呀！因为我有不少做舞台剧演员的朋友，所以我知道他们并不

13. 刚刚萌芽的恋情就像一朵正待绽放的花蕾。说错一个字就可能让整株植物立刻死亡，再也没有开花的机会。

爱听"训练"这个词。果然那位漂亮女演员听完这个问题后不久就离开了菲尔。我的朋友,那个专业术语叫作"彩排",不叫"训练"。

技巧 5 "回声"技巧

在恋情刚刚萌芽的阶段,你对意中人的了解还非常少,并不清楚对方的价值观、人生态度或兴趣爱好,但你可以暗示对方,你对他(或她)的一切都很喜欢。仔细倾听对方言谈中随意选择的词汇,并将它们一遍遍重复。

有时候确实毫无理由。演员在上台之前当然需要训练,但这些舞台工作者却从不使用"训练"这个词,他们只说"彩排"。如果菲尔对她的世界了解如此之少并且还使用"训练"这样的门外汉词汇,那么那位演员又能对他产生多少兴趣呢?

没过十分钟,菲尔又进入了畅谈状态,这次是和一群人聊天。一位容貌酷似克劳迪娅·西弗[①]的美女正在兴奋地讲话,说自己最近在山间买了一座滑雪度假屋。"不错,"菲尔说,"你的小木屋在什么地方?"

她的笑容登时消失了,同时消失的还有她对菲尔的好感。

我简直目瞪口呆,本想以后再提醒他的打算也不得不提前:"菲尔,你为什么要用将'度假屋'称作'小木屋'的方式来羞辱她?"

"你这是什么意思?"菲尔问,满脸的迷惑不解。"小木屋是个很可爱的词。我的父母在科德角有个非常漂亮的小木屋,所以每次说起'小木屋'这个词,我就觉得非常亲切。"好吧,但那位身材窈窕的滑雪健将并不喜欢这个词。(也许,现在菲尔也不喜欢这个词了。)

刚刚萌芽的恋情就像一朵正待绽放的花蕾。说错一个字就可能让整株植物立刻死亡,再也没有开花的机会。

---

① 德国超级名模,身高182厘米,她不仅是全球身价最高、上杂志封面次数最多的模特,而且拥有全球最大的超模经纪公司。

"连我们俩的（身体）语言都非常相似。"

虽然绝大多数的人都不能做到在交谈中显得既优雅又自在，但交谈中却有无数确凿无疑的信息可以泄露你的文化背景。

一般来说，只消几分钟的聊天，人们的背景就会暴露无遗。成长于不同家庭的人当然拥有截然不同的言谈方式，穿衣打扮也大异其趣。但你有没有注意到，其实人们连举手投足都是大相径庭的呢？

在全美各州做巡回演讲的时候，我多次遇到一位叫作吉尼·波罗·塞勒斯的女士。吉尼是个精力充沛的褐发美女，常年举办一场名为"如何嫁给有钱人"的虽有争议却魅力十足的演讲。（上帝保佑我们的言论自由！）

吉尼给我讲过一个故事。一次，某电视台的记者随她去拉斯维加斯采访，途中对方无休无止地问她，如何判断别人是否有钱。"哦，很容易的。"她自信地回答。

"好！"记者挑战道，"请找出这个赌场中最有钱的那个人。"

吉尼立刻用她敏锐的目光开始扫描各个赌桌，没过多久，她那迅捷的目光在一位身着牛仔裤和半旧格子衬衫的年轻人身上停了下来。就像直觉敏锐且经验丰富的猎犬一般，她立刻伸出修长的红指甲指着他："这个人非常有钱。"

记者大吃一惊，不可思议地继续问她："为什么呢？"

"他的动作一看就是出身贵族家庭。"

是的，男女猎手们，根据人的动作，你确实可以分辨出谁是老牌贵族、谁是暴发户以及谁是穷光蛋。为了捕获意中人的芳心，请按照他们的行为方式来规范你的举止。

早在大学时代，我就发现不同身份的人们有着不同的举止。那时我的舍友是个电视迷，永不停息的电视声常让我心烦意乱。后来实在没办法，我就给她买了一副耳机，希望借此换来专心学习或享受安宁的时间。但那不断闪烁的电匣子却仿佛有股魔力一般，我的眼睛总是不由自主地被吸到那安静的小屏幕上。鉴于我无法听到声音，所以对人们的动作就更加关注，很快我就敏锐地发现人们走路和做事的姿势各有不同，甚至不同的人在坐下时都有区别。

比如，如果演员扮演的角色是个出身高贵的女士，她会微微屈膝，随后优雅地将身体降低，落在椅子的前缘，再将身体滑向椅子稍后部位；而来自贝弗利山的女孩则会大大咧咧地一屁股坐进沙发的中央。

对某些人来说，"出身"是他们爱情地图上的重要内容。这里我们不讨论这种偏好是对是错，也不研究我们的时代将会如何变化。《圣经》说"爱你的邻居"，很多人都说，只要这"邻居"和他们住在同一阶层的社区，他们就会遵从《圣经》的指示。

而对某些人来说，不住同一社区的邻居才会成为他们的爱人。但他们从来不打算结婚，因为他们毕竟还是和来自相同背景的人相处更为自在，这些人都是聪明人。科学研究显示，背景相似的男女缔结的婚姻比跨阶层婚姻更加持久，也拥有更多的幸福感[32]。

大学刚毕业的时候，我决定以别人付款的方式进行旅行，同时开阔自己的眼界。于是，我在一家跨国航空公司做了一名乘务员，那时旅客将我们称为"空中小姐"，我们则回敬他们为"空中流浪汉"。我最好的女朋友桑德拉也是泛美航空的空乘，她活力四射、充满魅力。工作一段时间以后，我们发现许多空中流浪汉其实并不像人们想象得那么"坏"。

我们俩都喜欢在头等舱工作，因为在长途飞行中，头等舱确实更加舒服。我和桑德拉经常站在走道里或坐在宽大的座椅扶手上，与乘客们一起聊天。一次，两位非常高雅的单身绅士乘坐头等舱飞往巴黎。他们问，到达巴黎以后我们是否愿意和他们一起去当地某个顶级餐馆共进晚餐。

"愿意！"我说。

但桑德拉却迟疑了。她走向卫生间，并示意我也跟着去。

"桑德拉,你为什么不愿意呢?"我关上卫生间的门问道,"他们看起来挺不错的。"

"嗯,"她解释道,"我和那种人在一起感觉不太舒服。"

"哪种人?男人?"我问。

"不,你懂的,"她说,"有钱人。"桑德拉接着解释说,跟他们聊天她觉得很自在,因为飞机是她工作的场所,但跟他们去高档餐厅吃饭却让她觉得害怕。

我震惊了。虽然不是从小吃着鱼子酱、喝着香槟酒长大,但我以为至少大家都愿意尝试一下。我错了!许多人只有和背景相似的人谈恋爱,才会觉得舒服。

顺便说一下桑德拉后来的故事。婉拒了"上流社会"的邀约后没几个月,她就从泛美航空辞职了,嫁给了纽约皇后区某家快餐店的一名厨师。

此外,上次我和她通电话的时候,她仍然非常非常幸福。

技巧 26 模仿对方所属阶层的行为举止

男女猎手们,追求地位高贵的意中人与在森林里追捕野猫相比,方式自然大不相同。穿马球衫裤的人和身穿保龄T恤并喝啤酒的人,具有截然不同的身体语言。

观察他如何走路、她如何入座、他如何转身以及她如何举杯,然后将你的举止训练成跟意中人相似的样子。

14 如何在对方的意识中建立起相似性？

三种关键的意识相似性

与意中人建立稳固的潜意识相似性以后，你就该在三个关键方面展示你俩在意识上的相似性了。下文讨论的三个相似性，将出现在你的恋情从新生到成熟的不同阶段。

第一个相似性明白直接、确定无疑而且很容易营造，那就是你们俩共同的兴趣爱好。你们都喜欢的娱乐活动或健身项目是什么？你爱听什么样的音乐，你欣赏哪种类型的电影，你经常读的是什么书？

第二个相似性会随着交往的深入逐渐被你的意中人认识到，那就是你们俩的价值观、人生信念、行为模式和世界观。这些东西非常深刻，也非常重要。

第三个相似性非常微妙且难以捉摸，意识到它往往需要好几年，而且常常在明白以后才发现为日已晚。它是最危险、最莫测并在长期关系中给恋情带来最大问题的那个因素；它深藏在两人关系的深处，披着精巧的伪装，而且几乎从不主动现身。为了将它发掘出土，你必须将锹镐磨得更加锋利，并坚持不懈地向下挖。它就是你们俩对"爱情和婚姻应该或不应该是什么样子"所存有的内心期待。

让我们详细探索每一种相似性。然后我会教你一些实用技巧，让你的意中人感觉你们俩在三个方面都非常合拍,堪称天造地设的灵魂伴侣。

第一个相似性:"我们喜欢一起做事吗?"

女猎手们请注意:对于男人来说,这个因素比你想象得要重要得多。

在本书的后半部分,我们会冲进两性之间的幽深沟壑,深刻探索男女的区别。但现在让我们面对这个老生常谈但颠扑不灭的真理:女性通过交谈来加深感情,男性则通过一起做事来加深感情。女性总是渴望有个能理解她的男人,互相倾诉衷肠;她希望在艰难时刻能有个结实的肩膀让她依靠和哭泣,并有一双耳朵能够耐心倾听。当然,男性也需要高质量的语言交流,但没有女性那么重视。

男人希望女人跟他一起做事,并在动手的过程中分享欢乐。他喜欢两人一起打网球、欣赏棒球比赛、看电影或者肩并肩坐在沙发上看电视。女人也有和男人一起做事的需要,但男人的这种需要更加强烈。幸运的是,对女猎手来说,让意中人感知到这种相似性非常容易。在恋情刚刚萌发的阶段(通常是第一次交谈)你就可以让对方相信,你和他拥有相同的兴趣爱好。

我的发小儿菲尔说起最近在聚会上结识的一位女士——她好像挺喜欢他,甚至暗示可以和他出去约会。当两人聊天的时候,他处心积虑寻找约她的机会。他特意提到自己对爵士乐的兴趣,希望接下来两人可以一起离开聚会,去某个爵士俱乐部私聊。

"哦,"她说,"以前我也去爵士俱乐部,但大学毕业以后我对那些东西就没有兴趣了。"

这个话题没法继续了。

然后菲尔又说,某个艺术影院正在播放经典电影《卡萨布兰卡》。"哦,"她说,"那电影我看过了。"

两人的交谈没法继续了。

那位女士也许精通爵士乐和电影,但她对男性心理的了解确实不算多。不要一开始就让他们感到和你无话可说。事实上,女猎手们,当你知道对方的兴趣爱好时,最好暗示他你也"好那口"。许多男人约女士出去,只是因为她们能与他们一起享受某个活动。

我有个朋友叫德里克,非常英俊,住在佛罗里达的奥兰多。可怜的德里克最近愁绪满怀:他热爱滑水,每周末都要出去滑,同时他也喜欢美女;而他的业余时间非常有限,所以必须在两者间做个选择。

德里克抱怨说,他几乎找不到一个可以与他一起滑水的女性。可以肯定,如果有一位女士对他说"哦,滑水,我一直想尝试"的话,那她一定会轻松获得他的约会邀请,并顺利迈出获取他好感的第一步。

如果你的意中人喜欢集邮、放风筝或欣赏相扑比赛,那就告诉他你对邮票、风筝和相扑运动员的热情。许多男人在拥有许多嗜好的同时仍然喜欢美女,但很少有人能兼得两种乐趣。

技巧 27 适应意中人的波长(献给女猎手)

将你的波长调成与意中人相似的数值。和他一起开摩托车、骑马或打高尔夫球;告诉他,你喜欢穿滑雪防水裤、潜水湿衣、运动衣裤、空手道服或者徒步短裤,或者只是沙发上那只绒毛熊——那样你就可以经常与他一起欣赏电视中的足球赛了。

女性希望做爱以后,能与自己的爱人谈谈心;男性希望做爱以后,能与自己的爱人做做事。

第二个相似性:"我们拥有相同的价值观吗?"

男猎手们,这一条对于女性来说比你们想象的更加重要。

在某个大学的研究中,研究人员将几对年轻男女互相介绍给对方,并让他们一起去"喝杯可乐"[33]。在见面之前,研究人员私下告诉部分男女,即将和他们相亲的人拥有与他们非常相似的人生观;其他男女则被告知对方与自己的人生观相异——其实这两种说法都是假的。但约会结束后，当研究人员询问他们是否喜欢相亲对象的时候，之前被告知价值观相似的几对男女（尽管事实并非如此）彼此间的好感远大于价值观"相异"的那几对。这个实验说明，人们偏爱价值观与自己一致的人。

通过"回声"和"模仿对方所属阶层的行为举止"这两个技巧，你已经和意中人建立了潜意识上的相似性。适应意中人的波长，可以让对方感觉你与他拥有共同的兴趣爱好。现在让我们拿出直击对方自尊"命门"的绝招：他们心灵深处对人生的基本态度。如果男女双方对政治、宗教、金钱和其他财产拥有相同的观点，两人恋情的进展就会非常顺利。让新认识的意中人感觉你们俩拥有一致的价值观、信念、人生态度、情绪倾向等，这件事极其重要。在让任何人都爱上你的巨大工程中，对共同价值观这个珍贵因素的探索一定越早越好。

女性对这个因素尤其敏感。事实上，绅士们，只要你和她在某个价值观上有强烈共鸣，你们之间就能擦出爱的火花。我的朋友露西亚清晰地记得她与未来丈夫陷入情网的那一瞬间。那是他们的第三次约会，她和戴维刚刚结束了周日短途旅行，正驾车行驶在回家的路上；天色已经不早了，而且戴维晚上还要去公司开会，于是汽车开得很快。

动物是露西亚的最爱（在认识戴维之前她就是如此）。她在一家动物收容所工作，并积极参加动物权利保护运动。露西亚告诉我她和上一个男朋友分手的直接原因就是他说了那样一句话："哦，我也喜欢动物——尤其是猪肉块儿和大排骨。"

戴维驾车在西风凛冽的道路上疾驰，露西亚忽然发现路边躺着一只小狗。那只可怜的小东西头上血迹斑斑，显然是被某辆汽车撞伤了。但露西亚知道自己时间有限而且那个会议对戴维非常重要，于是她痛苦地闭上眼睛，一句话也说不出来。随后她感觉汽车慢了下来，然后停在了路边，她睁开眼睛，发现戴维正满脸心疼地盯着狗狗看。就在这一瞬，她知道自己爱上了戴维。当他提议带狗狗去看宠物医生的时候，露西亚彻底沦陷了。

研究证明，能在男女之间制造强烈亲密感的，并非两人共同价值观的数量,而是质量。只要两人有一两种价值观产生强烈共鸣就可以。露西亚并不介意戴维在其他许多方面与自己的分歧,因为他对动物权利的态度让她觉得两人非常亲近。

绅士们,千万不要错过这个绝好机会。寻找对那位心仪女士非常重要的话题,随意提起它,然后认真倾听她的观点并表示无条件地赞同。事实上,最好能暗示你比她对这个论点更加认同。如果你能和女性深入探讨她非常关心的话题,就很容易激发她的爱意。

让意中人感觉你们非常相似,不一定非要通过深刻的畅谈才能实现。你可以采用身体语言这种微妙的方式,在随意的聊天中暗示对方,你们俩在人生信念上拥有许多相似性。

我们的身体会对不同的情绪产生不同的反应。悲哀让我们的身体沮丧下垂,兴奋时我们忍不住摩拳擦掌;陷入沉思的时候,我们会下意识地抚摸下巴或用手指摩擦玻璃边缘。前文说过,以研究单身酒吧而著称的蒂莫西·佩佩尔博士证明,由陌生人变成情侣过程中的最后一步是"动作同步"。即使你对意中人的想法并不是特别清楚,但当他(或她)的身体姿势变化时,立即随之调整自己的身体就能暗示对方,你与其想法同步。

无论男人还是女人,都希望伴侣能够和自己拥有共同的价值观。然而,当男女首次相遇时,男性想得更多的是短期关系(我们能拥有一个快乐的约会吗?她会和我上床吗?),而女性大脑深处却埋藏着渴望长期关系的基因。"同步反应"的技巧对于男女猎手都有用,但男性应该格外注意。无论你想要的是短暂激情,还是通向婚姻的约会,都需要你对外界刺激的反应与意中人一致。

技巧 28: 同步反应

为了俘获意中人的芳心,请倾听他(或她)的信念,并表示自己心有戚戚。观察意中人对外界事物的反应,然后表现出相同的情绪反应——震惊、厌恶、幽默或同情。

14. 爱不是两个人互相凝视,而是朝着一个方向共同展望。

假设你在酒吧看到一个大傻瓜从高脚凳跌到了地面,观察意中人对此有什么反应。他狂笑不止?她吓了一跳?他视而不见?她冲上去将那个醉鬼从地上扶起来?

做出与他(或她)相同的反应。

第三个相似性:"爱到底是什么?"

许多情侣或夫妻从不讨论这个问题,而他们一旦开始讨论,却常常发现为时已晚。这个东西非常狡猾,因为只有在恋情出现问题的时候,它才会露出自己丑陋的脑袋。

这头吞没恋情的怪兽到底是什么?它就是男女双方对"爱情和婚姻应该或不应该是什么样子"而存有的期待:应该有多少亲密?多少距离?多少独立?多少依赖?多少给予?多少奉献?

有些人认为,爱就是百分百的亲密和相伴。有些人认为,爱是亲密的共生。有些恋人同意法国作家让·阿努伊[①]的说法:"爱首先是给自己的礼物。"其他人则同意另一位法国作家——《小王子》作者安东尼·圣埃克苏佩里——的意见:"爱不是两个人互相凝视,而是朝着一个方向共同展望。"

关于爱情,我们这些丰富多样的观点都是从哪里来的呢?恋爱中的人们应该听从哪一个?你对爱情的期待源于你以前对于爱的体验,你父母相爱的方式,前任恋人爱你的方式以及你对这些方式喜欢的程度。

科学将你对爱情的期待命名为"比较水平"。研究人员早已证明,你在婚恋中是否感觉幸福,在很大程度上取决于婚恋现状和你的比较水平之间存在多大程度的差距。如果对你来说,爱情就是亲密无间和时刻相伴,那么个性淡漠的伴侣就会让你发疯。你越想将伴侣向自己拉近,对方就越想逃走。

相反,如果你认为理想的爱情就是两个相爱的人仍然保持独立感,

[①] 20世纪法国剧作家,代表作有《安提戈涅》《排演,或被惩罚的爱情》等,作品充满创新精神,风格荒诞戏谑。

那么太过黏人的恋人就会让你窒息。你将对方推得越远，你们的关系就越冷淡。

所有的恋情都需要在亲密和独立之间保持一种微妙的平衡。如果这种平衡被打破（无论对于哪一方来说），恋情就会出现问题。大部分人在理智上都不知道这些差异带来的危险，但他们常常拥有一种第六感（直觉这件事非常重要）。人们倾向于和那些与自己拥有同样爱情观的人坠入情网。

让意中人爱上你的下一步策略就是，找到他（或她）对爱情的看法，然后以其期望的方式去爱他（或她）。而不是以你喜欢的方式去爱。

> 决定婚恋幸福的最重要和最有力的因素，是对方如何爱你与你希望理想爱人如何爱你之间的区别。
> ——罗伯特·J. 斯腾伯格《爱的三角》[34]

在恋情刚萌芽的阶段，就开始留意意中人希望你如何爱他（或她）。男猎手们，这个任务对你来说比较容易，因为女性喜欢讨论婚恋话题。如果你俩已经很亲密，就直接问："对你来说，理想的爱情是什么样的？你希望男人如何爱你（这里指的不是性生活）？"

她想要的是百分百的亲密和互相依赖的生活，还是更喜欢恋人之间保持一定的距离？她希望你关注她的一举一动还是想要自己的空间？这些问题的答案大都处于两个极端之间，请在其中找到那个精确的数字，并探索她对"理想"爱情其他方面的偏好在两个极端之间所处的位置。

但是，如果你俩还不是一对儿，或者你担心她不喜欢谈这个问题，那么可以将其作为一个哲学话题来谈论。你可以问她："你如何定义爱情？""你对理想婚恋的看法是什么？"

技巧 29： 爱是什么？（献给男猎手）

男猎手们，以直接或哲学讨论的方式询问你的意中人，征询她如何定义理想的浪漫关系。

然后以她概念中理想伴侣的方式去爱她，而不是以你喜欢的方式去爱她。

绅士们，如果她连哲学讨论的方式都不能接受的话，那就将这个计划推迟一两周的时间。世界上有一些女人非常独立（而且这个数量在持续增长），她们喜欢"以男人的方式思考"或男人所擅长的理性思维方式思考。那么，你可以使用下面我要教给你的一般用于女性对付男人时所采用的技巧。

谈谈我们的恋爱关系吧
——千万不要这样做！

一些当代婚恋咨询师鼓励恋人们以开放的心态经常讨论他们的恋情，他们建议大家以小测验、练习题和证明题的方式来反复讨论。这种方法可能给人很多启发，也可能给恋情带来好处。但这种方式只有在男女双方都喜欢讨论婚恋问题并且双方对"爱情应该是什么模样"的看法一致时才可能奏效；如果两人对爱情的期待存在差距，这种方法就可能会弄巧成拙。

我有个朋友叫琳达，她认为爱情是两个人之间最圣洁、最深刻的一种承诺。她的父母相爱一生，深刻地融入了彼此的命运；他们活着的目的，就是让对方和孩子们幸福。如果琳达的爸爸出门买菜，就会告知家里每一个成员他要去哪家超市以及什么时候回来。

几年前，琳达在一家滑雪场邂逅了自己的未婚夫乔治。乔治和她以前见到的男人很不一样：他独立自信，靠打工赚来的学费读完了法学院，现在已是某家律师事务所的合伙人之一。自然而然地，乔治对自己白手起家的奋斗历程非常自豪，他从不向任何人求助——也不回应任何人的求助。

琳达和乔治迅速陷入了热恋。他们似乎是彼此理想的婚恋对象：他们喜欢同样的运动，都是优秀的滑雪健将；他们对生活中的许多重要事情拥有同样的价值观——他们都想要孩子，他们对上帝的看法完全一致，他们对如何理财、去哪里度假以及其他诸多问题都达成了共识。在订婚之前，他们已经明智地将这些问题全部讨论了一遍；但是，他们忽略了一个问题，而这导致了他们婚约的毁灭——来自破碎家庭的乔治对理想婚姻的看法与琳达非常不同。

婚礼两个月前的一天，我接到琳达的电话，她痛哭着说他们的婚礼取消了。我难以置信地问："发生了什么事，琳达？"

"嗯，"她抽咽着说，"乔治工作非常努力，只希望周末跟我见面。"她曾努力说服乔治，让两人见面频繁一些，他也同意了这个建议。然而在周内的约会中，乔治长时间地沉默，什么也不说。

"还有，"她哀叹着说，"乔治出门在外的时候，从不给我打电话。"她也曾劝说乔治出差途中给她多打电话，但他做起来的时候总是显得极为勉强。

琳达担心两人的恋情出了问题，就将自己的感受直接告诉了乔治。他抗议说："不，没问题，一切都很正常。"他爱她并对即将到来的婚礼充满了期待。但她仍然觉得乔治和自己开始疏远，于是就提议两人去向婚姻咨询师求助。"什么？"乔治吼道，"绝不！"

琳达震惊了，他以前从未对她如此失礼。她决定以自助的方法解决两人的婚恋问题，于是就从邮购目录上购买了一些婚恋管理方面的磁带。她仔细听那些磁带，它们向人们承诺，只要拥抱内心的小孩就能让婚恋更加幸福。她告诉乔治那些磁带有多么精彩并建议两人一起听。

"什么？"他吼道，"我绝不会在百忙中抽出时间赶到你家，点上蜡烛，盘起双腿，听里面的某些小流氓告诉我在恋爱中犯了什么错误。不，以前我还觉得我们的恋情完全正常。琳达，你做得实在太过分了。"

第二个星期，乔治建议推迟婚礼。我真为他们遗憾，因为乔治和琳达在其他方面都如此合拍。如果他们对"爱情是什么"看法一致的话，本可以相亲相爱过一生的。如果乔治对婚姻的期待与琳达相同并愿意跟着磁带做"爱的练习"的话，那些磁带确实可以让两个人的关系更加亲密。相反，如果琳达对婚恋的观点与乔治接近的话，她就会暂时放开，给乔治多些空间。

一般来说，男性谈起婚恋问题不像女性那么舒服自在。因此，女猎手们，谈起此事时你们必须格外谨慎。意中人公开谈论恋情的时候常常会觉得尴尬。如果和你交往的男人属于乔治这种类型，那么直接询问他对恋情的感觉只能将他推得越来越远。

这里教你一个比较安全的技巧，你可以借此轻易获取你需要的信息。让这个问题听起来并非针对他，那样他就不会有大大压力，也就容易打开心扉并坦诚说出自己对恋情的期待。

技巧 30 我应该如何讨论"爱是什么"的问题？
（献给女猎手）

女猎手们，你必须明白意中人对"爱到底是什么"这个问题的明确看法。

为了让你的问题显得不那么咄咄逼人，你可以告诉他，你的一个年轻朋友或亲戚（或许是你的侄女或侄子）问你理想的爱情应该是什么样子。你不知道如何回答，于是就向他请教："你觉得，对于理想爱情的含义，我应该怎么说，嗯？"

接下来，倾听他的回答认真倾听。

女猎手们，请对他的思考表示感谢并将他的想法死死刻入你的心底。

还需要注意询问问题的时机：不要在你们恋情还很稚嫩的时候询问

这个问题，等你们已经建立一定程度的亲密关系以后再问。否则，意中人就会起疑，觉得你问得别有用心。等意中人已经对你发展出温柔情愫的时候，你再问这些问题，他（或她）就会很喜欢。

但这并不意味着在提问之前，你不能思考"两人的共性"这个关键问题。保持警觉并探索他（或她）对爱情的期待，这种事越早越好。每当意中人谈论前任恋人、父母、朋友或任何其他关系时，请格外留意并解析里面的弦外之音。

最后，我们迎来了一个重大挑战：随着恋情的进展，你必须竭尽所能，让意中人感到你对他（或她）的爱意——不是按照你所希望的爱的方式，而是完全按照对方所希望的"被爱的方式"。

在本书的最后两部分，你会找到许多具体方法，包括你应该使用哪些确切词汇，来完成这个重要而微妙的任务。

15 如何建立互补性需求？

"亲爱的，你想要的一切我正好都有。"

我记得自己还是个小女孩的时候，曾问妈妈为什么要嫁给爸爸，结果她为我唱了下面这首童谣：

> 杰克·斯普拉特不吃肥肉，
> 他的妻子不吃瘦肉。
> 于是他俩吃饭的时候，你会看到，
> 夫妻俩把盘子舔得干干净净。

在其后好几年的时间里，我都觉得大人们只会爱上与自己截然不同的人。从表面看来，我的观察很有道理。研究证明，男女都倾向于寻找与自己相似的人做伴侣。正如我在前文所述，人们喜欢寻找与自己拥有相似世界观、价值观和兴趣爱好并对爱情持有相同期待的人。这是爱情的深层心理需求。

然而，在众多相似性之上，常常存在一个大异其趣的表象。人们期待找到能给自己带来别样新鲜感的恋人来帮助自己达到完满。有些人专门在恋人身上寻找自己不具备的素质：连鸡蛋都不会煮的男人想找一个烹饪高手做老婆；不认识发动机风扇皮带的女性，希望恋人对汽车铁壳

15. 时刻保持警觉状态,让你的爱情雷达随时接收有用的信号,很快屏幕上就会出现精彩画面。

下的一切了如指掌；常因平衡支票簿而头疼的男人发现那甜美女子竟能看懂股票走势曲线图时，一定会由衷萌生爱意。意中人总会欣赏你那些能够弥补他弱点的素质。

也许。

你必须像侦探一样敏感，观察到底是哪些互补性素质让意中人欢喜，哪些素质让他（或她）无动于衷，哪些让意中人妒忌甚至对你产生敌意。

如何才能达成这个目标呢？你可以假装随意地问起意中人以前的恋爱经历。"你喜欢吉姆的哪些特质？" "是什么让你和秀变成恋人的？" "丹最大的特长是什么？" "贝蒂擅长什么东西？"

你听到的答案种类之丰富，经常让你难以置信。"吉姆的手特别巧，什么东西都会修。" "秀每天都读报纸，让我知道世界上发生了什么事。" "丹非常开朗，我们在一起的时候总是朋友成群。" "贝蒂是个讨价还价的高手，所以不管买什么东西我们都能拿到最低价。"

时刻保持警觉状态，让你的爱情雷达随时接收有用的信号，很快屏幕上就会出现精彩画面。如果你恰好拥有意中人需要的素质，你的好运就来了。如果你的某个特长正好是他（或她）希望自己拥有的，哈！这就是意中人在长期婚恋关系中渴望的互补性需求。

技巧 31 你想要的一切我正好都有

时不时地，你要随口问问意中人最希望恋人具有什么样的素质。

再过一段时间，等意中人已将你这个问题忘掉以后，你可以在某次约会中暗示对方，自己在这些领域中是怎样的一个高手。

恋人们，请注意：不要太快展露你的互补性素质。研究证明，恋人们只在恋情比较成熟的时候才探索这些需求，在他们确信双方拥有必需的相似性以后[35]。在你借助前面章节提供的六个技巧在你俩之间建立共性以后,这个互补性需求会成为关键的一钉,将你俩死死钉在一起,成为完美的一对儿。

现在我们开始探讨另一个俘获恋人芳心的无敌法宝。在接下来的章节,我们会烹制一些特殊的菜肴,来喂养恋人体内那头叫作"自尊"的怪兽,让它对你提供的食物慢慢上瘾终至欲罢不能。

你是如何爱我的？让我如实告诉你

III. 自尊

Ego

意中人理想中的自我形象，是你滋养他（或她）的自尊并俘获对方的心的关键。让你的意中人感觉你就是那个慧眼独具的人。你得到的回报，是他（或她）心悦诚服地爱上你。

16 我的心上人啊，地球真的是围着你转的

在西方世界，无论男女都拥有一个共同信念，他们坚信："我与众不同，我很独特。无论我外表看起来多么普通，但在心灵深处，我深知自己是个独一无二的奇迹。"

有些孩子非常幸运，他们在长大成人的过程中，得到了父母无条件的爱。但很多人都没有这样的好运，人群中最多的是这样一种人：他们以为自己在无条件的爱当中成长，后来却发现这些爱附加了太多的条件，爸爸妈妈的爱并不是无条件的。

因此许多人在成年以后，都会用几乎整个下半生来绝望地寻找帮自己实现童年未竟梦想的那个人。他们告诉自己："某一天，某个地方，那个人就会出现。这个特殊的人会在平庸的人海中发现我的独特之处。他（或她）爱的不是我的外貌，也不是我的金钱，而是我这个人。"

让你的意中人感觉你就是那个慧眼独具的人。你得到的回报，是他（或她）心悦诚服地爱上你。

你可以让意中人感觉你能够给他（或她）无条件的爱，但你必须以一种微妙的方式来实现。操之过急或分寸不当的赞美，只能让意中人心生厌恶。

16. 他们告诉自己:"某一天,某个地方,那个人就会出现。这个特殊的人会在平庸的人海中发现我的独特之处。

自尊按摩是一门技术含量极高的手艺

　　熟练的自尊按摩不是盲目的赞美，而是对意中人的自我定位进行全盘的考察和理解，然后对其进行支持。意中人理想中的自我形象，是你滋养他（或她）的自尊并俘获对方的心过程中的关键。

　　并非每个人都希望自己是个成功人士或绝色佳人。有些人对自己的定位是干净先生、花花公子、萝莉、甜蜜小公主或狂放不羁的天才……人们自我形象种类之丰富，简直数不胜数。因此，赞美的秘诀不是那些常见的陈词滥调，而是巧妙支持对方眼中理想的自我形象。

　　从你俩的第一次交谈开始，就密切留意意中人的弦外之音，探索他（或她）到底如何看待自己。你的眼睛就像一片湖泊，如果能够映出他（或她）最多的理想形象，那位男士或女士就会情不自禁地坠入你的情网。

　　滋养意中人的理想自我形象对维持你们的恋情非常重要，但它也像用鲜肉喂食一头饥饿的狮子一样危险。一定要注意避免那些不真诚或者偏离了目标的赞美。一次无心的错误，可能就会让你那刚刚萌芽的爱情立即阵亡。

　　一套高段位的自尊按摩包括四个优雅的步骤。首先，你要让对方知道，你已被他（或她）的魔力迅速吸引；接着，在你们交谈的过程中，你必须让对方感觉到你真心流露出的无限理解和认同。

　　从第三步开始，将你的认同不断点缀到日常生活之中。现在，随着意中人越来越多地向你展露自我，你要不时抛出含蓄的赞美作为回报。在这个过程中，你们可以制造出私密的笑话，并借助其他技巧，让他（或她）感觉自己非常独特。最后，当意中人感觉你已经完全理解了他（或她）有多么独特的时候，就是你抛出杀手锏赞美的时刻了。

　　技术高超的赞美具有一种强大的磁力。人们对赞美通常会有强烈的反应，尤其是初识之人的赞美。一个关于分手的研究证明，新结识的崇拜者的赞美，其影响力比现任恋人的赞美强大得多[36]。如果你现在处于恋爱之中，就面临着极为激烈的竞争压力。意中人对你的许多赞美早已拥有免疫力，而且一旦你的赞美使用不当，反而令他（或她）更加厌倦。如果一对一单挑的话，新认识的爱慕者那种直奔目标的赞美显然更加有力。

同样的研究还显示，来自现任恋人、配偶或朋友的羞辱，比来自陌生人的羞辱更具杀伤力。鉴于现任恋人不仅容易失去意中人的好感，还要对付新任崇拜者的压力，所以他们在恋爱游戏中面临着双重危险。当然，如果你是那个新任崇拜者，这对你就是个好消息。抓住这个机会，趁热打铁。如果你的意中人现在正处于一段千疮百孔的恋情中，你的赞美就会像按摩他（或她）颓废精神的香膏，令他（或她）立即将注意力转向你，来获取一个全新的自我形象。

接下来我们探讨一些可执行的具体计划，让意中人感觉他（或她）已经找到了那个人，并将在长期关系中获得无条件的爱。

第一步：无声的赞美

用身体语言赞美他（或她）

一位智慧的哲人曾经说过："爱就是一种不可抗拒的渴望，渴望别人能够无可遏止地渴望你。"初次邂逅意中人的时候，你的身体想要大声呼喊："我无可遏止地渴望你。我的理智大约还不明白这件事，但我的身体已经开始对你产生反应。"

你的第一句赞美应该是无声的。你只需表现出悦纳而温顺的身体语言，就能不发一言而起到赞美意中人的效果。第一次见面的时候，你甚至可以微妙地采用眼神恋战的方式，先看意中人一眼再迅速转移目光，然后将视线拉回来看对方，仿佛眼神自己有了生命一般。

交谈的时候，请使用"悠长的凝视"技巧与意中人建立深沉的目光接触，并使用"电眼"技巧让你的瞳孔在欣喜中放大。使用"眷恋的眼神"让意中人感觉你无法将视线从他（或她）身上移开，即使在交谈陷入沉默的时候。确保你的身体朝向意中人，别忘记微笑，将身体向对方倾斜，并不时点头表示认同（"软化"技巧）。

简言之，使用那些前文讲过的身体语言。在与意中人初次交谈这个关键事件中，请确保你的姿态一直自信坦然，将"我这是在干什么？"这种思绪驱逐出自己的头脑。你全部的注意力都应该放在意中人身上，并全心全意探索他（或她）有多么优秀。你的行为应该表达出这样的意

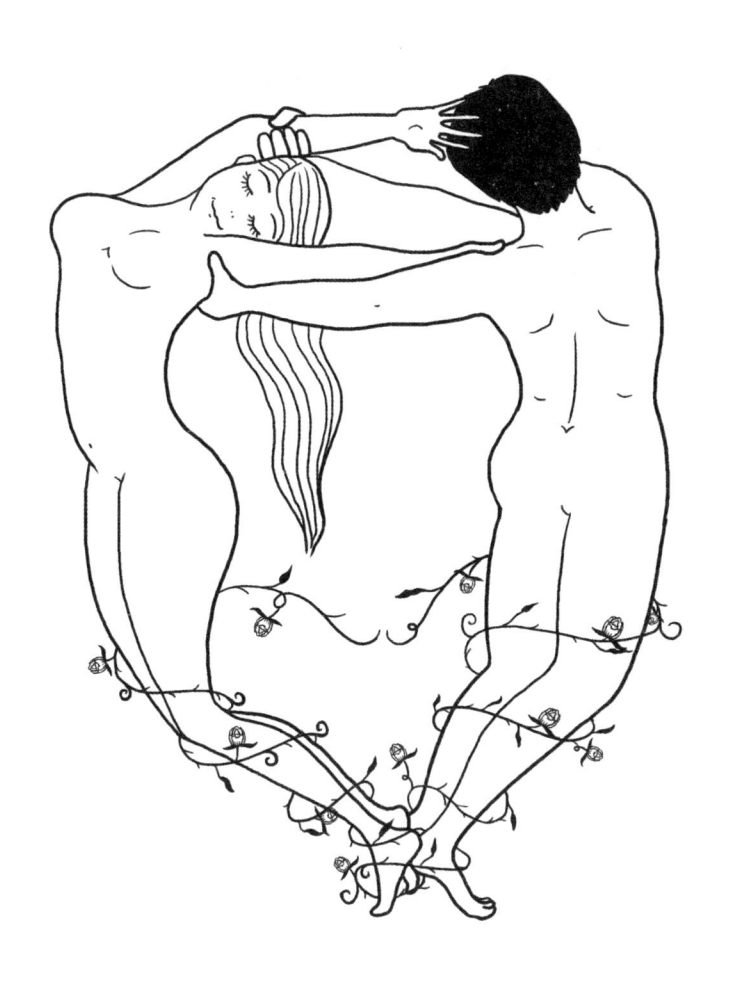

17. 一位智慧的哲人曾经说过:"爱就是一种不可抗拒的渴望,渴望别人能够无可遏止地渴望你。"

思:"我一切都好,但是你精彩至极。"

技巧 32　用身体来赞美

和意中人见面的时候,用身体语言告诉他(或她)的潜意识,你已经无法遏制地被其吸引了。

从本书前面的章节中挑选几个关于眼神交流等的身体语言技巧,来表达他(或她)有多么吸引你。

18 第二步：共情

"我完全理解你的感受！"

你下一步要做的就是在意中人说话的时候表示热情的支持，让意中人知道你理解并同意他（或她）说的每一句话。在你们的交谈中，注意随时插入表达认同、理解和共情的声音或短语，偶然还要插入意中人的名字。

你可以只发出简单的声音，比如"嗯，嗯"或更轻柔的"唔，唔"。或者，你也可以使用表达支持的短句，如"我明白你的感觉""我完全理解你的感受""我简直感同身受""可以想象"或"如果我处在你的位置上，一定会做出同样的反应"。要不失时机地叫出意中人的名字，让它成为谈话中的标点和拉近你们俩感情的潜在工具。

下面是一段对话，虽然略有点夸张，但你可以看到共情和适时呼唤意中人名字这两种技巧是如何使用的。

意中人："不，我已经好几年没有打过网球了。我喜欢网球，但我的两根手指在一次车祸中不幸折断了。"

你："噢，真让人伤心（共情技巧）。你一定非常想念打网球的日子（又一个共情）。"

意中人："是的，我真的很想念。以前我每周都打网球。"

你:"嗯,我明白你的感受(共情)。非常想做某件事却又做不了,感觉真的很糟糕。你找到能替代网球的运动了吗?"

意中人:"事实上,我找到了。我现在最喜欢玩的是直排轮滑,我非常喜欢那种飞驰感。"

你:"啊,那太好了,约翰(呼叫意中人的名字)。我完全理解你的感受,因为我也喜欢速度感(又一个共情)!"

显然,你没必要像上面这位过度紧张的猎手一样,几乎每句话都使用共情技巧。但是,在谈话后适当插入一些共情语句,能安抚意中人的自尊并鼓励他(或她)更多地袒露自己。

一句忠告:你肯定不希望自己显得卑躬屈膝或曲意逢迎。所以,熟练的身体语言是避免那种结果的安全策略。请确保你对意中人做出那些表达共情的身体语言时,仍让自己的身体保持镇静和自信。

技巧 33 使用共情的语句

在与意中人聊天的过程中,不时插入共情的短语。第一次交谈时就使用"我明白你的意思""是的,你说得对""我可以想象"和万能的"我理解"。

许多男性都认为,在恋情早期,他们应该对意中人多讲些关于自己精彩、独特或是别具一格的事情。他们试图用好玩的故事、奇异的事件或滑稽的笑话来抓住对方的注意力。即使在今天许多男人依旧认为,自己应该表现出更深刻的思想或更丰富的知识,来提高自己在恋爱中的地位。

没必要,绅士们。如果你的目标是让她爱上你,那么在恋爱早期,显示出你对她的一切充满共鸣反而是更为有效的方式。一般来说,和男性首次聊天时,女性更倾向于将重心放在自己身上。如果你将镁光灯一直照在她身上,意中人就会觉得你非常独特(不用担心,绅士们,你有

18. 把你和意中人的交谈想象成一个巨大的镁光灯。每次将镁光灯照在意中人身上时,他(或她)就会充满兴奋。

机会发光的。女性的本能会让她将温暖的光芒笼罩在你的身上）。

在刚刚结识的时候，很多人都会觉得有关自己的最微小的琐事比对方生活中最惊人的故事更加重要。随着你们关系的深入，这种状况会发生变化。但现在，如果你将注意力的重心放在意中人身上，他（或她）就会觉得你非常可人。

技巧 34 把镁光灯让给你的意中人

把你和意中人的交谈想象成一个巨大的镁光灯。每次当镁光灯照在意中人身上时，他（或她）就会充满兴奋。如果镁光灯转到你自己或其他人、其他事情上面，意中人就会觉得你们的交谈变得乏味了。

恋人之间特有的亲密细节

在《我的人生》这本书中，每个人都是自己的明星。每个人都觉得"我很独特""我做的每件事都可圈可点"。这里有个秘诀：人们都觉得和自己见解相似的人非常可爱，魅力十足。

我从小读着南茜·朱尔[①]系列侦探小说长大的。这位少女侦探的人生非常激动人心、充满魅力、浪漫至极。我的少女时代想要却没有的一切，她都拥有。系列故事中的每一部，都以这样忧伤的句子开头："南茜，她的长发在风中飞舞，她跑过荒野，直觉祖母的房子里发生了一件蹊跷的事。"哇！

白日做梦的时候，我会用小说虚构自己的人生："莉尔，她的手镯在阳光中闪烁，她冲进厨房，发现妈妈放在炉子上的一锅汤溢了出来。"

[①] 美国小说家卡洛琳·基恩在20世纪30年代所创造的一个少女侦探形象。此后，曾有多位美国作家续写南茜的故事。迄今为止，她已经破获了300多个案件，并成为多部电影、电视剧和游戏的主人公。

嗯，我将煤气灶关掉的经历确实不如南希·朱尔的破案故事那么吸引人，但这是我的生活，因此，我同样觉得非常激动人心。

每个人都是这样想的。每天早晨你的意中人在刷牙的时候，都会面临许多重大决策，包括早餐吃什么东西、今天穿哪双鞋、是否有时间用牙线洁牙等。

夫妻或情侣总是会在一起共度许多时间。"你早餐想吃什么，亲爱的？你今天不会穿那双鞋吧？你记得用牙线洁牙了吗？"

显而易见，与新认识的意中人第一次见面的时候，你无法通过询问她早餐吃什么、他是否忘了洁牙来引发彼此之间的兴趣。但你却可以立即制造出另一种亲密感，你只需记住她生活中的一个细节并表示兴趣即可。

聪明的猎手们会通过我称之为"追踪"的技巧，来满足意中人想要成为明星的渴望。就像空中交通管制员通过雷达屏幕来追踪航线一样，聪明的猎手们也会密切追踪意中人说话时的语流。如果意中人在聊天中说到自己早餐喜欢吃膨化米花糖，你可以在不久以后的另一次聊天中提到它；如果她在谈话中说起某天穿的鞋子和衣服不搭配，以后你可以找个机会玩笑地提起这件糗事。这种行为显示出，在你见到的由千万张面孔所构成的星河中，她是令人难忘的一颗明星。长此以往，这些微不足道的小卵石就会累积成巨大的亲密岩石。

在恋爱的过程中，聪明的恋人会在脑子里放一本小小的黑皮书，记录恋人最后一次担忧、最后一次欢笑以及你们最后一次交谈的细节。他们将意中人去了哪里、说了什么、上次通话时在干什么等都记得清清楚楚。等两人再次交谈的时候，无论是在电话里还是面对面，他们说出的第一句话必然会用到黑皮书里的内容："是乔吗？嘿！你的会议开得怎么样？""你好琳达，你姐姐的孩子生了吗？""那么，吉姆，我们上次说到的那个四川饭馆，你从那里生还啦？""黛安，你的牙疼现在好了吗？"

如何让你爱的人爱上你
How to Make Anyone Fall in Love with You

技巧 35　追踪

就像空中交通管制员一样，密切追踪意中人生活中最微小的细节，然后在交谈中讨论它们，就像在讨论重大的新闻事件。

每次当你提到别人生活中刚刚发生的事情，无论大事小事，都能确定对方心中一直坚信的一个事实："我是《我的生活》这部小说的主角。"鉴于你意识到了他们的明星地位，他们决定爱上你以示回报。

让意中人感觉到，他（或她）生活中再小的事在你眼里都是值得关注的大事。

恋人之间特有的私密玩笑

还有另一种可爱的方法，可以鼓励意中人的自尊并在他（或她）的心中产生第一滴爱的甘霖。而且，这种方法可以在你还没对意中人发出赞美之前就早早使用。

幸福而亲密的情侣总有一些私密的玩笑。他们对着彼此的耳朵，轻声说出一些全世界都不明白、只有他们才理解的短语。

不用任何冗长的背景介绍，剧作家尼尔·西蒙就能让整个百老汇的观众明白，舞台上的两个人已是老夫老妻或长期情侣。两名演员在舞台上简单说了几句对话，观众觉得这些话毫无意义，两名演员却相视大笑。结果，观众们立刻就明白了：这两人是一对。你也可以使用这个技巧和新认识的意中人建立一种类似的亲密，只需找到一个只有你俩才明白的笑话即可。

下面是具体的操作方式。每次当意中人讲故事的时候，无论是讲给你还是讲给一群听众，你都要认真找出他（或她）最喜欢的部分，然后为此设计一个能让意中人想起那个故事的最佳短语或小笑话。

有一段时间，我曾经和一个叫查尔斯的英国小伙子约会。第一次见到查尔斯是在一个聚会上，那时候他正向一群朋友讲述自己与其他几个朋友攀登雪山的故事。查尔斯告诉我们，他和同伴徒步几个小时以后来到一座小山面前，山峰陡峭，且有不少松动的落石。他们都不想攀登这座危险的雪山，但这些男人（包括查尔斯本人在内）都很虚荣，谁也不愿承认自己胆怯了。

那天查尔斯的背包里正好有一大壶热茶。看着那群勇敢的户外健将半信半疑地盯着山崖，仿佛被吓呆的小男孩一般，查尔德斯忽然向大家提出一个建议，他用明显的英国口音说道："噢，我们先喝杯茶吧。"太好了！大家迅速冲到他跟前坐了下来。接着，大家坐在石头上，一边品茶一边闲聊，最终决定走另一条较为安全的路线。

查尔斯并没有明说，但这个故事暗藏的中心思想是，那天他让大家避免了危险，甚至可能拯救了大家的生命；而这个壮举，只因为他说出的那句话："噢，我们先喝杯茶吧。"

聚会到了深夜，查尔斯建议酒吧主人打开电视，收看当晚直播的英国橄榄球比赛。每个人都觉得这个主意糟透了，我朝查尔斯眨眨眼睛说："噢，我们先喝杯茶吧。"他哈哈大笑，我感觉那是他第一次开始注意我。

就像所有敏感的沟通技巧一样，使用秘密玩笑的时候必须非常谨慎。要点一：只选择意中人深感自豪的那些事件——他（或她）在故事中是个英雄而非小丑。有些人喜欢提起朋友打翻酒杯、丢失钥匙、撞坏汽车，或者脚踩香蕉皮而滑倒的瞬间，这叫作嘲弄而不是玩笑，只能起到相反的效果。要点二：意中人讲过那个故事以后，你需要等待一段时间再讲出那句私密的笑话。等待的时间越长，幽默的效果就越强烈。

私密的笑话不仅能让你和新认识的意中人开始恋情，而且能在之后的相处中软化冲突。在之后的日子里，每次查尔斯提出一个我不喜欢的建议时，我都只需说："噢，我们先喝杯茶吧。"他就会哈哈大笑。查尔斯如此喜欢我的故事，以至于忘掉了我其实是在表达对他建议的反对，于是我顺理成章地得到了自己想要的结果。

技巧 36 私密的玩笑

为了尽早营造出亲密感觉，请在意中人讲故事的时候专注地倾听，随后挑出他（或她）最喜欢的那句短语。在之后的交谈中，将这句话重复讲给意中人，让他（或她）觉得自己非常独特。于是你们就像所有的长期情侣一样，拥有了私密的玩笑。

19 第三步：爱慕

> "啊，亲爱的，你真是太棒了，
> 竟然能把蘑菇丝切得这么完美。"

在交谈的初期，第三步是让意中人相信你爱慕他（或她）。现在，你在表达赞同的时候，应该增加些更有力度的句子，这些小小的感叹词叫作"赞语"。让我们假设，你们的对话现在开始了。

意中人："没错，我真的烦透了那份工作，所以我决定辞职了。"
你："嗯，这个行动真的很有勇气。"（爱慕）
意中人："是的。接下来我又决定去上夜校，温习会计课。"
你："非常明智。"（赞同）
意中人："嗯，我觉得也是。"
你："你有没有找到机会运用新技能？"
意中人："当然了。现在这份工作就是我凭着新技能找到的。"
你："太棒了，约翰（使用意中人的名字）！知道自己做出了正确的决定，感觉一定特别美好。"（共情句）

随着谈话的推进，要不时穿插几个赞语和共情句。谨记，赞语并不是肆意的吹捧，它们只是感同身受的小小赞同，比如："我可以看出，为了那项事业，你真的非常努力。真了不起！""听起来那个情况你处理得不错。恭喜。""你竟然说出了那句话？像你这样勇敢的人太少了。""你真的那样做了？天哪，太惊人了。"

男猎手们，对你们来说，使用赞语可能会比女人困难。男性生来更爱竞争，因此会感觉称赞别人的同时似乎就贬抑了自己。事实恰恰相反，一个讨人喜欢、诚恳可靠的男人更容易对他人表达肯定之意。称赞别人，会提高你的级别。

此外，女人不会从级别的视角去看待赞美。对她们来说，赞美能够增进亲密程度。如果你对女人说出赞语，就会从众多男猎手中脱颖而出。真的，能对初识的女子不吝赞美的男士，是男人中的珍品。

女猎手们，你可以对意中人挥金如土地使用赞语。那些话在你听来可能是厚颜无耻的谄媚，但在男人的耳中，却是合情合理、理所应当。

最近，与我有一半血缘的兄弟拉里娶了个比他年长的美人，名叫蕾吉娜。婚礼几周之后，我邀请他们来我家吃饭。拉里是个优秀的大厨，于是蕾吉娜和我决定当他的助理厨师。我们三个在厨房里忙得不亦乐乎：蕾吉娜剥洋葱，拉里切蘑菇，我向沸水锅中添了一碗凉水。有一刻，我靠着炉子，听到蕾吉娜在我身后对拉里柔声呢喃："啊，亲爱的，你真是太棒了，竟然能把蘑菇丝切得这么完美。你看，每一根蘑菇丝都那么均匀、那么清爽。"

我转身对蕾吉娜绽开了一个宽容的微笑，回应她这句戏谑。但她并不是在开玩笑！她真诚地爱慕他切出的可爱蘑菇丝。拉里才是那个展颜而笑的人——真的是容光焕发，充满自豪。

刹那间我豁然开朗，蕾吉娜真是一个聪明至极的女子，她明白拉里为自己精细的刀工深感骄傲。我敢肯定，我的兄弟之所以钟情于蕾吉娜，甚至有可能与她终生厮守的原因之一就是她可以毫不羞赧地吐出赞语。

19. 称赞别人，会提高你的级别。

如何让你爱的人爱上你
How to Make Anyone Fall in Love with You

技巧 37　说赞语

随着亲密程度的加深，要为你的共情句增添赞许的注脚。在交谈中穿插"干得好！""不错！"及"嗨，太聪明了！"之类的短句。

女猎手们，别怕羞。这些话会令男人甘之如饴。男猎手们，逼迫自己说赞语，这是你们的一项新技能。

20 第四步：含蓄的赞美

"像你这样年轻的人
大都不了解那桩史实，但是……"

恋情初期，柔弱的爱情还无力承受大肆的赞美，但仍有一种方法能够让意中人心醉神迷——谈话时暗示意中人十分出色。含蓄的赞美就是这样的表达："像你这样年轻的人大都不了解那桩史实，但是……""像你这样优秀的人都不会……"你的确在恭维意中人，却绝不直白。

你永远都有选择。你可以把含蓄的赞美埋伏在句子的后半部分，比如："虽然我和你一样聪明，但你不会对这样的骗局信以为真，而我却上当了。""任何一个像你一样谈吐优雅的人都能和对方在电话中轻松自如地交流。"

另一种含蓄赞美的方式是，暗示意中人是杰出人群中的一个。比如："像你这样真正聪明的人通常都会这样想。""毫无疑问，任何一个身材像你一样健美的人都能做到。"

你可以随意使用含蓄的称赞，因为它听起来不像是有意恭维。你对意中人的高度赞誉，嗯，就这样脱口而出。

技巧 38　含蓄的赞美

将含蓄的赞美藏在陈述句的次要部分，由此铺设一条通向意中人的心的幽径。

你也可以暗示意中人是优秀群体中的一员，委婉地展示对他（或她）的青睐。

正中靶心的赞美：
"你引以为傲的地方也是我最喜欢的。"

多数人称赞意中人，是因为他们喜欢对方身上的一些品质。但是，如果你赞扬的恰好是意中人真正引以为傲的地方，那么威力就会强大许多。

谈话早期，就要开始有意识地收集支持材料。精心设计自己的赞美之词，好让它一语中的，径直射进意中人的内心深处。这需要你用心理学家的耳朵仔细倾听。当意中人讲话时，留意他（或她）的面孔，格外关注他（或她）面颊上的红云、闪烁的星眸和浮现的笑意。这些表情都是天赐良机，向你揭示意中人真正醉心的是什么。如果他的面孔忽然生机盎然，就意味着他非常乐于谈论这件事；当她提起一件特别的成就却一脸枯燥时，你就别费劲称赞它了。

最近，我和一个名叫拉尔夫的商务助理共进午餐，他魅力十足却是个沙文主义者，心存许多偏见。就在当天上午，拉尔夫刚刚对一群女性商务精英发表了一场演说。演讲之前，他担心听众中的女性主义者会生吃了他，于是在演说的开头，他眉飞色舞地讲了一个"痛殴男人"的笑话，一举赢得了观众的欢心。在为我讲述这个故事时，他目光灼灼。

在同一场午宴上，拉尔夫还给我讲了一个故事。这个故事真的很精彩，他告诉我他怎样从一名卑微的库管员迅速升为公司总裁。但是在讲

20. 意中人讲话时,留意他(或她)的面孔,格外关注他(或她)面颊上的红云、闪烁的星眸和浮现的笑意。这些表情都是天赐良机,向你揭示意中人真正醉心的是什么。

述过程中，拉尔夫神色乏味、无动于衷。

你觉得拉尔夫最喜欢人们称赞他的哪一项成就？是的，尽管从现实视角看，他的后一项成就尤为可赞，但是，赢得那些可能心存敌意的女性观众的欢心才是拉尔夫最大的自豪。如果你恰好想赢取他那颗沙文主义的心，你可以说："哦，拉尔夫，你用那个笑话作为开场白，真是太聪明了。"

在初次表达对意中人的含蓄赞美之前，先思考一下意中人的自我形象。他对哪些事满怀自负？他最喜欢人们把他视作什么样的人？她喜欢自己绝顶聪明还是美艳绝伦或者空灵圣洁？他喜欢自己是个淑女杀手还是睿智法官或者是浮浪少年？也许她引以为荣的是自己绝妙的幽默感、深沉忠诚的心或者独出机杼的创造力。或者像拉尔夫一样，对自己机智赢取女性芳心的能力深感骄傲。先分析意中人最得意的地方，然后赞美它。

漂亮女人通常更喜欢人们称赞她们的头脑和洞见而不是美貌；成功男人早已厌倦别人恭维他们的智慧，如果你赞扬他们相貌俊朗，一定会得到温暖的回应。你的赞美越符合意中人的理想自我形象，他（或她）的内心就会越欢喜。

各位男猎手及女猎手，称赞意中人的时候，也要考虑时机。赞赏某人最近的微小胜利，效果强于赞扬其辉煌而久远的成功。赞叹某人刚刚买来的外套，是当天最适宜的赞美。拉尔夫乐于听到人们赞扬他因"痛殴男人"笑话而获得的胜利，因为那是当天上午刚刚发生的，而他璀璨一瞬的升职传奇却是数十年前的旧事。

技巧 39 "正中靶心"的赞美

在"射"出第一句含蓄的赞美之前，先问自己："这个人最引以为傲的东西是什么？"然后精确地瞄准靶心。

还要考虑时机。赞扬新近的成就（而非陈年的功绩）能为意中人的心带来更多暖意。

21　第五步：杀手锏

"你是我见过的最美好的人。"

你每说出一句明显的赞美，下一次赞美就会显得不那么给力。仿佛美元一样，在意中人的眼里，太直白的赞美很快就会贬值。因此在恋情的早期，你可以使用共情、表达赞同等方式，向意中人发出含蓄的赞美。但是，请把杀手锏级别的赞美留在最后。

什么是杀手锏级别的赞美？并不是"天哪，我喜欢你的领带"之类的话。杀手锏赞美可以一箭中靶、一语中的，让意中人心荡神摇。

在我的一堂人际沟通研讨会上，我设计让人们对另一名参与者使出杀手锏赞美。一开始，我要求参与者闲谈，相互了解；然后，我指导他们闭上双眼，回忆刚才与他们交谈的人有什么显著的优点。我说："它是你从对方身上观察到的非常私密的优点，那种你看到却不敢告诉对方的优点。"也许他们的聊天伙伴有着十分温暖的笑容，也许对方周身有种空灵的气质。"这种优点可以是身体的，"我告诉他们，"也许与个性有关，每个人都至少有一个优点。"

最后我说："好，现在睁开眼睛，把你们刚才的想法告诉他们。"

"什么，告诉他们？"他们大吃一惊，"真的要把我们对他们的私密看法告诉他们？"

"对！告诉他们。"我提醒他们，我刚说过，要想出一句不好意思说

如何让你爱的人爱上你

出口的赞美。

他们互相赠予了杀手锏赞美，效果看上去真叫人愉快。第一波紧张的笑声席卷人群之后，笑容和温暖的红云四处绽放，大家纷纷结成了朋友。人人都欣然接受了杀手锏赞美，几乎人人都对付出杀手锏赞美的那个人萌生了温情。

他们听到的是怎样的杀手锏赞美？诸如这样的可爱柔情："你有极好的幽默感。""你棕色的眼睛非常清澈，非常幽深。""我猜你是个舞蹈家，因为你的一举一动都那么优雅。""我留意到了你的手，好像钢琴家的手。""我觉得你身上有种唯美的气质。""我喜欢你的牙齿！"

> "如此卖力地恭维一个人，
> 对我究竟有什么好处？"

我敢肯定你现在已经发现，给予他人杀手锏赞美，并不是一件完全利他的举动。当你脱口而出，真诚地赞美别人时，你也会得到丰厚的回报。

最近，我在一场派对上与一名会计聊天，他非常乏味。（向会计们道歉，你们一定会抗议这种不公正的刻板印象，因为会计并不都是无趣、平庸、制服僵硬、纠结数字的人！）我正打算离开这名枯燥的会计，他忽然深深地凝视着我的眼睛说道："莉尔（他使用我的名字），你是我见过的最美好的人。"

哇噢！停！暂停！我双膝酥软（我是不是感觉到一点点苯乙胺冲进了血管？）。"这个男人是谁？"我想。刹那间，这个家伙变得非常有趣。事实上，接下来的那个星期，我和他约会并吃了一顿美餐。

正如后来证明的那样，那个小伙子确实乏味，那段恋情无疾而终。但他的杀手锏赞美却在我们的恋情中将魔力发挥到了极致。

21 第五步：杀手锏

技巧 ㊵　杀手锏赞美

寻觅意中人身上最独特的品质。这个品质如此深藏不露，多数人从不会提及。

然后注视着意中人的双眼，叫出意中人的名字，用这句杀手锏赞美直接击中对方的心。

正如跆拳道黑带高手将拳头视作致命武器一样，杀手锏赞美者也应该将舌头视作自己的致命武器，将猎物一举征服。由于杀手锏赞美是一项杀伤力巨大的利器，它应当有一本用户指南。用户指南会告诉你，应当在深情凝视的时刻，用一句强烈而鲜明的话"射"出这一赞美；如果时间持续太久，意中人会感觉难堪的。把这句话留在离别的时候说出，意中人会当场无语，意乱情迷地呢喃一句："哦，天哪，谢谢。"（别担心，他们会回到你身边的，因为他们想得到更多的赞美。）

显然，在一个月之内，不要给意中人一句以上的杀手锏赞美。否则，你会显得像是在拍马屁。正如一切赞美的法则，一定要确保你赞美的是对方引以为傲的地方。

有一次，我参加一场戏剧演出，饰演八个不同的角色。我洋洋自得地想："我真是个千面演员啊。"那些角色中最不起眼的一个便是百货商场的塑胶模特。在那场小喜剧中，我仿佛一具僵尸，被一个男演员背着满场跑。一次谢幕之后，一群观众涌上舞台摸着我的手说："哦，你在塑胶模特那场戏里的表演我们非常喜欢。"气死我了！你相信吗，我顿时对这些好心的赞美者萌生了仇恨之心。

要确保你的赞美符合意中人的自我形象，否则会适得其反。例如，你对一名演员说："你能记住这么多台词，真是了不起。"或者对一名舞蹈演员说："你穿着演出服真漂亮。"事实上，你辱没了他们的表演。你善意的赞美有如石头，"扑通"一声坠入水底，这种拙劣的赞美根本无助于点燃爱情。

当你用这九种自尊按摩技巧把自己武装起来之后，现在，径直去征服你的意中人吧。可是在使用之前,你必须问自己最后一个问题:"这个人对赞美的承受力有多强?"让我们探究一下。

21. 你善意的赞美有如石头,"扑通"一声坠入水底,这种拙劣的赞美根本无助于点燃爱情。

22 熟练操纵对方的自尊机制

"等一等，是否人人都喜欢甜言蜜语？"

一美元对于百万富翁来说远不如对乞丐那样意义重大。同样，在习惯被赞美的人耳中，赞美的意义也没那么举足轻重。如果你选中的猎物极其美貌或者特别成功，那么你必须更加努力，赞美的方式也要别具一格。这些人习惯了被人仰慕，因此，他们对于轻易得到的赞美反而颇为轻蔑。

一项研究显示，俊男靓女倾向于看淡赞美，而相貌欠佳的人往往格外重视赞美[37]。事实上，他们贪恋你的赞美。每个貌不惊人的女子体内，都囚禁着一个迷人的小妖女，她们哭着喊着想得到你的解救，秘诀就是让她感觉她是个绝色美人；每个面若癞蛤蟆的男人体内，都困守着一位英俊的王子，等候你赞美的一吻。

技巧 41: 条件欠佳？那就专攻赞美吧

美貌和成功人士往往习惯了溢美之词，因此在自由市场上，加诸这一群体的赞美往往没那么宝贵。对于这种万人迷猎物，你的赞美务必要独辟蹊径。

然而，如果你的意中人不习惯被赞美，那么，即使你赞赏的言辞再陈腐平庸，他（或她）也不会介意。

22. 每个面若癞蛤蟆的男人体内,都困守着一位英俊的王子,等候你赞美的一吻。

22 熟练操纵对方的自尊机制

投其所好，用最适宜的赞美喂养意中人的自尊，你就会看到他（或她）对你萌生爱意。

膝跳反射般地迅速赞美：
"你这样做真是太棒了！"

这里有一条百发百中的赞美术，你必须用在每个人身上，无论她姿色平庸、还是貌美如花，无论他是功成名就、还是碌碌无为。我把它称作"膝跳反射般的迅速赞美"。

在某一些关键时刻，如果你没有赞美意中人，他（或她）就会生气。如果意中人刚刚成功地完成了一项任务（比如一份销售大单最终签订、一场演出终场谢幕、一桩生意谈判成功、一顿美餐新鲜出炉……），你一定要确保自己最先说出的几句话与对方的那桩成就有关。在那个时刻，你的意中人心中一定只有一个强烈的疑问："我干得怎么样？"如果你不想在爱情中丢分，就必须给意中人一句即刻的赞美。

一个朋友曾告诉我他在行业大会上发表演讲之后，女朋友的反应让他何等失望。那场演说大获成功，当他穿过掌声、昂首阔步地回到自己最重要的人身边时，她对他说出的第一句话是："快对比尔和苏挥挥手，没想到他们也来了。"砰！真叫人失望透顶。他理应收获的赞美上哪儿去了？片刻之后，她确实说了："你的演讲好棒，亲爱的。"但为时已晚。真是天壤之别啊，如果她先赞颂他的演讲，然后再说别的事情那该多好。

技巧 42　膝跳反射般地迅速赞美

意中人做出成就之后，你要立即给予赞美。你说出口的第一串音节必须是赞美的话，唯其如此才能回答他（或她）无言的征询："我干得怎么样？"

关于立即赞美,还有最后一句提醒。切记,务必要大力恭维。如果心存疑问,就要更加卖力。如果他觉得自己干得好极了,那么他会把"干得好"看成是一句羞辱;倘若她认为自己表现极佳,那么你的一句"表现不错"会让她大失所望。

率先大笑

你也许认为,在喜剧演员看来,你的面孔在俱乐部中只不过是沧海一粟;当他说出一句妙语时,他根本不会注意是谁第一个发笑从而激起一片笑的海洋。

绝非如此!作为一名演讲者,我向你保证,我的每个同行都清晰地记得是谁率先开口大笑,也都精确地知道妙语说出几秒钟之后是谁爆发出第一声笑以及众人的笑声有多热烈。

女猎手们,大多数男人也是如此,虽然他们在讲笑话时,听众只是寥寥几个朋友。

技巧 43 率先大笑(对女猎手尤其有益)

女猎手们,在为你们提供这条显而易见的技巧时,我颇觉尴尬,但是倘若我忘了这一条,那就会出现重大的失误。

当他讲笑话时,你要第一个大笑,而且要笑得最久。在意中人抖机灵时,有些女猎手率先大笑,正是她们轻松赢取了最后的胜利,与意中人携手迈进了婚姻的圣殿。

22 熟练操纵对方的自尊机制

情侣们总是相互使用昵称

迄今为止，你已经万事俱备，足以营造又一个温柔陷阱，与意中人共同制造亲密感，让他（或她）感觉自己像是宇宙的中心。

我们许多人在童年时期都有小名。许多今天名叫罗伯特的人曾被叫作波比，今日的伊丽莎白多是昔日的小贝蒂，许多约翰曾是强尼，而秀都曾是苏西。不知道你有小名吗？反正我有。母亲和所有的小伙伴都叫我"蕾莉"，这个名字一直是我的正式称呼。直到后来我认为它听起来不够可敬，不像我渴望成为的那种青年才俊。于是，伴随着我有意而为的个性改变，我改名了，我执意要求大家叫我莉尔。

我有个发小名叫里克，直到今天他还抗拒我的新名字，仍然叫我蕾莉。无论何时，只要听到电话那头有人说要找蕾莉，我的心就伴着儿时的记忆狂跳起来。一声蕾莉在我心头惹起的万般柔情，俱已转移到里克身上。我敢肯定，我和里克（我叫他里奇）的友谊能持续这么久，原因之一就是他坚持叫我蕾莉。

童年的经历和儿时的名字能引发强烈的潜意识效应。可是，与任何武器一样，这种利器也有可能逆火，导致适得其反的效果。如果意中人童年不幸，听到旧时的绰号，恐怕会唤起他们悲惨的回忆。如果沃尔特的父母总是呵斥他，那么你叫他沃尔蒂，或许会让他抓狂。如果伊丽莎白曾经是个受到虐待的孩子，那么只要你叫她一声莉齐，她就会暴跳如雷。如果你打算称呼意中人的小名，请先进行市场调研和测试。

技巧 44 商讨昵称的使用

如果时机合宜，先问意中人，他（或她）儿时的名字是什么。如果你觉察到意中人钟情那个名字，就说："哦，我喜欢！如果我叫你小名，你介意吗？"

当意中人赞美你的时候

一天,我在书店里搜寻一本关于赞美的书,结果怎么都找不到!但一本又厚又大的书中却有几千条羞辱,声称"适用于一切场合"。其中充斥着貌似搞笑、实则侮辱的插科打诨之辞,比如:"喂,你太丑了,必须把你的 X 光片修饰一下。"或者陈词滥调的老笑话,比如:"我没戴眼镜,所以你看上去漂亮多了。"是的,这些话能为你赢得廉价的一笑,但绝不会让人爱上你。

尽管我们从未想过要以这样俗套的句子凌辱他人,但我们中的许多人仍会在意中人赞美我们的时候,不经意地羞辱他们。美国人在付出赞美——甚至接受赞美的时候,都表现得十分拙劣,这是一种民族性格。他们只会虚弱地嘟哝一声"谢谢",更糟糕的情况是他们回答:"哦,这只是运气。"

这种不冷不热的反应,根本无助于让意中人因赞美你而感觉舒适。此外,如果你嘟哝一声"没那么好"或者将自己的成功归于"运气",那么你就是在婉转地羞辱意中人的洞察力。如果得不到积极的反馈,意中人从此就不会再赞美你。

无论意中人何时赞美你,都不要回答:"哪里哪里"也不要像礼仪专家艾米·范德比尔特建议的那样,只说一句"谢谢你"。要比艾米表现得更棒,把赞美的阳光反射到赞美者身上。温柔地回应一句:"你真是太好了。"或者"你能注意到这一点,真是太可爱了。"法国人常常会这样做。优雅人士不会简单地答一句"Merci."(法语意为"谢谢你"),而是会轻柔低语道:"C'est gentil."(法语意为"你真是太好了")

如果有人掷出一支回旋镖,它几乎会以 180 度的角度返回到投掷者的手中。我把回赞的礼仪技巧称作"回旋镖"。这里有几个回旋镖的例子:"你的家人怎么样?""哦,他们好极了。谢谢你问起他们。""你的假日过得怎么样？""谢谢，你还记得这回事！（展现出你对此事的感受比别人更加刻骨铭心。）我过得非常开心。""天哪，我喜欢你的新发型。""噢，谢谢你注意到我的新发型。是的，我找到一个特别好的新理发师。"

技巧 45 回飞镖

当意中人赞美你或者问及你乐于谈论的任何一件事，请将愉快的感受像回旋镖一样回赠给对方。

感谢他（或她）问起或留意这件事。把幼稚的尴尬抛到脑后，用你明媚的笑容向意中人展示，你多么享受他们的赞美。

当你回赞时，意中人会因为称赞了你而喜悦。人类这种动物始终在追求欢愉的感受，因此，他们会构想出更多与你相关的美好念头，好让自己感觉更好。意中人对你的美好念头越多，他们扔向爱情烈火的干柴就越多。

23 让爱的火焰熊熊燃烧

"我喜欢你大笑时鼻翼皱起来的样子。"

最后一项自尊按摩技巧关乎长久的爱情。它能使得你和意中人持久地沐浴在爱河之中，因为它可以让意中人不断做你喜欢的事。爱情是条双行道，如果你对他（或她）的爱渐渐消退，对方也很难长久地为你痴迷。

本杰明·斯波克先生是著名的育儿大师，于1950年教会了一大批美国父母如何应对孩子。他有关"放任孩子"的教育观念，近年来争议四起，但是这位动机善良的医生至少留给世人一条金玉良言："告诉一个小淘气他很棒，会鼓舞他变得更棒。"

我把这种育儿哲学称作"斯波克法则"。在成年人的世界里，斯波克法则同样有效。告诉你的意中人，你爱慕、赞赏或崇拜他（或她）的哪些地方，这样他（或她）就会继续做那些令你爱慕、赞赏或崇拜的事。

人们陷入爱情的原因有千千万万种，从你的爱情地图中流淌而出的逻辑或许非常奇特。你喜欢她大笑时鼻翼皱起的样子或者你贪恋他抚摸你笑靥的方式；你爱上他或许是因为你第一次邀请他吃饭，他就主动洗了碗碟；你爱慕她直面危难的力量或者钦佩他的忠诚感。

为了久沐爱河，要主动告诉对方你最欣赏他（或她）的哪些地方。

23. 意中人没有意识到那些事物的重要性,所以他们不再皱起鼻翼,不再抚摸恋人的笑靥,也不再刷洗碗碟。于是,在璀璨的爱情灯阵中,有一盏小灯悄然熄灭。

告诉她:"我喜欢你大笑时鼻翼皱起来的样子。"告诉他:"你抚摸我面颊的时候,我真的很欢喜。"告诉他:"信不信由你,我最爱你主动洗碗的样子。"告诉她:"我爱慕你直面危难时的力量。"告诉他:"我钦佩你深沉的忠诚感。"

记得《纽约客》上有一幅甜蜜的漫画,曾让我心酸落泪。画面上一对贫穷、肥胖、满面倦容的夫妻坐在厨房的餐桌旁,端着绽出裂纹的旧杯子喝咖啡。丈夫穿着短袖衫,胡子拉碴;妻子满头卷发器;一根晾衣绳从水管到冰箱临时拉起,上面挂满了脏碗碟和尿布。

再看文字说明。丈夫含笑对妻子道:"我就是喜欢你大笑时鼻翼皱起来的样子。"这对夫妻看上去真的很幸福,尽管家里凌乱不堪,尽管他们一贫如洗、筋疲力尽。如果斯波克法则是他们生活的一部分,那么他们的确是幸福的。

技巧 46 斯波克法则

想想意中人身上那些你最爱的微妙甚至愚蠢的特质。然后,不经意地告诉他(或她),你爱的正是这一点。

你的意中人不懂得读心术。所以,你不仅要告诉他们"我爱你",还要说出为什么。

许多人都忽略了这件事。他们没能告诉自己的意中人,对方哪一点让自己怦然心动(对,在性爱领域亦是如此)。意中人没有意识到那些事物的重要性,所以他们不再皱起鼻翼,不再抚摸恋人的笑靥,也不再刷洗碗碟。于是,在璀璨的爱情灯阵中,有一盏小灯悄然熄灭。

如果其他小灯也陆续熄灭,爱情就会渐行渐远。如果意中人变得不再重要,你们两人就都失败了。请坚持遵循斯波克法则,激励恋人身上那些你最爱的特质,好让爱情历久弥鲜。

这对我有什么好处？

IV. 等价原则

Equity

在自由市场上，每件事物和每个人都具备可以量化的价值。而且，人人都想在爱情和生活中尽力取得最佳收益。

等价理论告诉我们，在一场恋情中，两人的品质越相当便越有可能进入婚姻。

24 亲爱的，人在市场上各有身价

在一场激烈的争吵中，一个我曾爱过的男人对我咆哮："亲爱的，人在自由市场上各有身价。"我大吃一惊："太庸俗了！他怎么可以把人视作商品，尤其是他所谓的心上人？用这种眼光看待亲密关系，真是太可恶了！"

在当年的我看来，爱情美好纯洁，是人类已知的极致欢愉的源泉，是无与伦比的人生体验。在我看来，爱是分享、信任和完全付出自我。从童年起，罗伯特·伯恩斯的那句名言就在我心中回荡："爱，哦，诗意的爱情，半是天使半是飞鸟，纯粹的奇迹和狂野的欲望。"听到自己的恋人将人的品质视为自由市场上的五花肉或黄豆，我觉得非常过分。我冲出房门大怒而去。不久之后，那段恋情也宣告结束。

多年之后的今天，我已经成熟，甚少与人争论，也日渐开明。我开始好奇："莫非他言之有理？"当然，他的表达方式肯定不对。但那句话本身呢？当听到"人人都想在生活中进行最合算的交易"这种话，谁都不会吃惊；了解商业领域中的供求定律，我们不会骇然；听到销售大师鼓吹人类交往中最大的问题是"这对我有什么好处"时，大家更不会心生怯意。

那么，为什么当研究人员说同样的自然规律适用于爱情时，我们会畏惧呢？

近年来，科学界不满足于心理学家西格蒙德·弗洛伊德（认为"爱情是性欲的升华"）或西奥多·雷克（认为"爱情是填补自身的虚无"）

所提出的爱情理论，开始探索爱情的真正本质。在不计其数的调查和实验之后，科学家们揭开了人类心灵深处的秘密。他们揭露了若干丑陋的事实吗？他们面对的是头恶魔吗？有人会说"是的"；其余人则一笑置之，答道："当然不是。"

其实研究结果很简单，无论你将其视作可憎的喜马拉雅雪人还是可敬的天使长：在自由市场上，每件事物和每个人都具备可以量化的价值。而且，人人都想在爱情和生活中尽力取得最佳收益。研究人员将他们的发现命名为"情场等价理论（或交换理论）"，与马匹贸易中古老的讨价还价原则有些相似。

为什么谈恋爱就像谈生意？

和商业交易一样，情场等价理论的基础也是物物交换理论及自由市场价值原理。万物皆有价值。与产品一样，人的价值可能是主观的。通常而言，怎样交易合算、怎样不合算，世人都有共识。

在马匹贸易中，存在上品与下品之分。买家总是寻找那些优秀品质的马匹，比如敏捷洒脱、脾性温和、无恶习乃至毛色光鲜。与此相比，人就真的迥然不同吗？

所有这些品质都会影响马匹的销售价格。如果你想用一匹有正式血统证明的骏马换一匹血统不明的马，那么对方的马最好具有其他上乘品质，这样交易才会公平。

研究证实，在情场中，能摆到讨价台上的品质越多，你越有可能得到满意的结果。你各方面的资本越均衡，别人就越容易爱上你。等价理论告诉我们，在一场恋情中，两人的品质越相当便越有可能进入婚姻[38]。

什么"货币"能够"买"到好伴侣?

等价理论的拥护者列出了人们在"自由市场"上"选购"丈夫或妻子时看重的六大要素:

1. 相貌
2. 物质或财产
3. 地位或名望
4. 知识或学问
5. 社交风度或性格
6. 人品

研究人员告诉我们,在最幸福的亲密关系中,两人的上述要素多少都是均等的。即使不均等,他们的各项品质在整体上也能够彼此弥补中和、达到均衡。

举个例子,我们来看第一类——相貌。世界各地(包括美国、加拿大、德国和日本)的研究都显示,人们嫁娶的人往往与自己姿色相当。一组心理学家观察了许多出入社交场合的年轻伉俪,将他们的相貌划分等级,标准类似于今天的电影评分制——从1分到10分[39]。他们发现,60%的恋人在相貌等级上只差1分,而85%的恋人只差2分或2分以下。

我决定把这些研究发现应用到我的非正式试验中。连续几个星期,无论我去哪里——电影院、商场、舞会、餐馆,我都会观察身边的夫妇和情侣,把他们的相貌从1分到10分划为十个等级。他们的姿色差别从来没有超过2分!不信你也试试。

研究人员告诉我们,如果一对恋人在某一要素上不般配,那么,也许他们在清单中其他要素上的表现能够抵消中和、达到均衡。举个例

24. 等价理论的拥护者列出了人们在"自由市场"上"选购"丈夫或妻子时看重的六大要素：相貌，物质或财产，地位或名望，知识或学问，社交风度或性格，人品。

子，当你在路上发现一名绝色女子挽着一个又老又丑的男人时，你的第一个念头是什么？承认吧，你恐怕在暗想："天哪，他一定特有钱。"见到翩翩少年与貌不惊人的姑娘携手同行，你会想："天哪，她的个性一定非常迷人。"这就是等价原则或讨价还价原则在起作用，你无法否认。在购买爱情时，美色、财富、崇高的社会地位无疑都是法定货币。

20世纪30年代，加利福尼亚州奥克兰的几名教育人士观察了一群在操场上雀跃玩耍的五六年级的女生，然后他们将这些小女孩按照容貌划分了等级。大约20年后，一名社会学家拿到了这项旧的研究结果，然后又去追踪这群年轻女人今日的生活，看她们嫁给了什么样的男人。这名研究者发现，女孩越漂亮，就越能找到"好"丈夫。女生越美貌，所嫁的男人就越有钱或地位，容色欠佳的女生则不能这样如意。

这是否意味着色相决定我们的命运？终其一生，我们确实必须藏在同样一副皮囊里生活，该皮囊数十年只发生很小的变化。幸运的是，色相不是我们购买爱情的唯一货币。愉快的性格、温文尔雅的社交风度和知识学问只要能让伴侣受益，就能为你加分。

你可以在本书中找到一些妙计，增强那些令意中人钟情于你的品质。对于那些无法显著改善的方面（比如相貌、财富和名望），我为你提供一些技巧，改变他（或她）在这些方面的看法。然而，在探索能够操纵观念的方法之前，让我们先开出一张目标清单。如果你的愿望如我猜测的那样，是想在爱情中找到幸福，那么请具体列出你对爱人的真实期待，对方要多美、多富、多有权才够呢？

这里有个惊人的真相——所有研究都支持这一论点。如果你的爱人没有倾国倾城的美色、没有富可敌国的财产，也不是王子或公主，那么，你找到并留住真爱的机会更大。为什么？因为均衡受益的婚姻才会皆大欢喜，长期来看更是如此。当夫妻综合条件相当时，更容易两情相悦。我们来揭示等价原则更深层面的真相，列出一份你想要操纵的目标清单。然后，如果你的期待依然不改，那么我会告诉你如何处理。

25 我该如何使用"等价原则"寻找爱人？

你其实不想和白马王子或白雪公主结婚

我们这一代的每个女孩几乎都是在这样的少女梦幻中长大的：每夜临睡前，她轻柔地掖好被角，幻想将来有一天，一位英俊的王子身骑白马款款而来；接着，他立即痴狂地爱上她，一把将她抱上马背，从此两人过上幸福的生活。

王子也未必要那么英俊，他可以是富有的王子、心地善良的王子或者强壮而深情的王子。或许我们心中的王子是个诗人、艺术家或者某个著名的演员。长大以后，我们的梦想并未改变，我们只是简单地扩展了"王子"的定义。他可以是誉满天下的医生、才华横溢的首席执行官、硅谷天才或者州长。然而，无论我们让他扮演什么角色，他永远都是王子。

女猎手啊，也许此刻你还深信终有一天你的王子会到来。嗯，你猜怎么着？他或许会来的，但是如果看到爱情学的研究结果，你会意识到，你并不希望他来！女猎手如果你寻找的是幸福，那么你不会想要嫁给英俊的王子。男猎手，你们也不想把美丽的公主娶进家门。

我这是吃不到葡萄就说葡萄酸吗？根本不是。除非你生长在皇族，除非你拥有同等的美貌、同等的财富和同等的尊贵气度，否则你和王子或公主的婚姻将是不等价的。因此,你会过得很惨。

"不。"也许你会反驳,"如果和我结婚的人比我漂亮、比我有钱、比我尊贵(为了叙述简单,一律概括成比我好),总之如果我的配偶比我好,我一定会大喜过望。"没错,你会狂喜,但这种欢愉不会长久。等价原则证实你很快就会不开心,你的伴侣越是比你优秀,你们感到痛苦的速度就越快。亲密关系中如果存在不均衡,双方都会察觉到不对等,从而试图恢复平衡。换言之,他们竭力将双方的比分拉平。

"为什么我结婚时不想高攀?"

这很容易理解。在不等价的亲密关系中,优势一方也许会深感不满足。恋情最初的沉醉散去之后,他(或她)拔剑四顾,发觉自己本来可以达成更合算的交易。但劣势一方感觉如何呢?难道他(或她)不应该感谢自己的狗屎运,竟能俘获如此出众的伴侣?想来的确如此,但事实上,劣势一方始终焦虑不安,总担心自己配不上对方。

这条真理不仅适用于婚姻。研究人员在威斯康星大学对 500 对情侣进行了访谈,并测定双方为恋情带来较多、较少还是均等的资本[40]。结果发现,两人的资本越是对等,恋情就越美满。如果一方比另外一方漂亮或富有许多,那么就会出现不均衡,很快就会萌生不满的情绪。

恋情的隐患开始潜滋暗长,一头名为不对等的恶魔渐渐吞噬了两人之间的情愫。在不等价的婚姻中,双方开始利用亲密关系的优势来拉平比分。"优势"一方会隐约开始颐指气使,仿佛感觉自己有资格定夺一切事务,比如无论对方想不想开口,自己都可以发起聊天;无论气氛是否合适、自己都可以沉默独处。优越的妻子会变得懒于开口表达柔情蜜意或者减少性爱。如果她的付出已然比丈夫多,她会在潜意识中觉得:"我为什么要这么卖力地满足他的性生活?"优越的丈夫甚至会为婚外艳遇寻找合理化借口,他可能会暗想:"我有资格得到更多。"

25. 亲密关系中如果存在不均衡，双方都会察觉到不对等，从而试图恢复平衡。

亲密关系中，可怜的劣势一方注定要过着对爱情缺乏安全感的生活，或者无论对方何时决定利用恋情占便宜，他（或她）都要无奈地"咽下苦楚"。因俘获出众伴侣而生的狂喜很快就会变成日复一日的现实：你总是屈居第二。身居次要地位而且终其一生都要更加努力，这样的日子可不好玩。

无疑，在摧毁"嫁给王子必会幸福"的美好传说方面，戴安娜王妃和查尔斯王子尽了一分力量。在好莱坞，演员的身价像纳斯达克指数一样瞬息万变，因此离婚几乎像结婚一样寻常。

假设你是个美国的豪门千金，有倾城之富兼倾城之色。你爱上了一个前来为你父亲的游艇修理管道的水暖工，他相貌俊朗又浪漫多情。你相信真爱，于是嫁给了他。此刻，在这场亲密关系中，你显然是定夺的一方，比如选择去哪里度假、买何种汽车，都是你说了算。最初，你们两人都觉得由你决定很公平，因为这些花销毕竟都要由你父亲买单。

但敏感的水暖工也有自尊，随着时光流逝，他的自我不堪承受了。尽管迎娶你的时候他深感幸运，但这段爱情仍要以苦涩的离婚收场。真的，你并没有做错什么，他也没错。他是个好男人，你做事也公道，只是你们两人都无法与不均等的状态抗衡。后来，他爱上了咖啡馆的女侍应生，感觉快乐了许多。

"如果结婚以后双方资本发生巨变，会发生什么？"

有时候，恋情之初两人资本均衡，但婚后却变得不对等。假如其中一方有了无心之失，问题就会出现。

我的朋友劳拉是个电视记者，找到梦中男人的时候，她喜出望外：他温和、睿智，恰好还是国际商务领域举足轻重的人物。他们结婚了，劳拉欣然辞去了纽约的工作，住进他在加利福尼亚的豪宅。一年大约有一次,劳拉会来纽约看我。每天晚上,她的丈夫鲍勃都会打来电话。讲电话时,她总是对他温柔恭顺。

两年前,在一系列糟糕的交易之后,鲍勃几乎失去了一切财产。劳拉仍会来看我(在他们能够支付飞机票的时候),鲍勃仍会打电话,但悲哀的是,我在她的声音中听出了异样的语气。现在,她对丈夫说话时声音严厉、咄咄逼人。劳拉也开始惋惜自己嫁给鲍勃时放弃的那份美差,准备寻找纽约电视领域的工作机会,她说回归职场应该没有问题。至于次年这个时候,劳拉和鲍勃是否还能继续在一起,我丝毫不敢保证。

我还有个朋友名叫莎莉,是在大学期间认识的。人人都喜欢莎莉,因为她就是典型的让人惊艳的金发美人。莎莉智力平平却长得特别漂亮。她嫁了一个名叫吉姆的男人,他热爱运动、颇有教养。莎莉的婚姻始终琴瑟和谐,直到最近她胖了许多。莎莉抱怨道:"我真不能理解,现在吉姆对我的态度变化太大了。他并非忙得要死,却喜怒无常,也不像过去那样爱做家务了。他不和我说话,我们的性生活也越来越乏味,他好像丝毫不理解我的感受。"

等价原则的拥护者对此丝毫不会惊诧。他们会说,吉姆在潜意识里试图恢复平衡。如果研究人员对两人变化的亲密关系进行分析,会得出结论:"莎莉和吉姆结婚时,莎莉为婚姻带来了美色,而吉姆带来了良好的品格;如果她的美色衰退了,那么他也会收回原本放在议价台上的资本。"当然,吉姆肯定不会把莎莉踢出家门,他仍旧爱她。在潜意识里,吉姆只是想通过改变自己取悦他人的习惯来拉平比分。

当婚姻中的一方惹祸时,不均等状态也会出现。如果一方被发现有婚外艳遇,另一方也许会变成一口冰冷刺骨的沉默之井,直到惹祸的一方用足够的示爱行为弥补过失为止。这一过程会耗费许多年。

研究报告举出了许多戏剧化的例子,比如一方突然获得了巨额遗产,或者与此相反,一方失去了工作甚至在变故中不幸毁容。这些事件都会破坏关系中的均衡。

这些研究对象并不是卑鄙无情的人,他们没有抛弃伴侣。他们只是在潜意识中想通过无数种细微的方式拉平比分，诸如减少表达温情、对自己的形象放任自流或者不那么情愿为伴侣的利益做出牺牲。优势一方也会拒绝做家务，有权决定度假时去看望哪方父母或者提议分开度假。在日渐失衡的亲密关系中，细微的反应都会导致巨大的苦楚。

男女猎手们，如果看完这么多关于婚姻中不可高攀的警告之后，你仍在想："呃，假如我找到的伴侣在这张庸俗的资本清单上只比我的地位略高一点，或许还不错。"那么，请跟我来。你确实无法改变相貌、银行存款和血统，无法让它们与你的意中人般配，但是你可以改变他们对这些特点的看法。我们就从最难处理的问题开始吧，恋爱资产清单上的第一项就是：相貌。

26 相貌到底有多重要？

相貌到底有多重要？这么说吧，在做完本章开始阶段的研究之后，人们就要面临艰难的选择：是整容还是自杀？首先，为了我们之中那些相貌低于10分的男人和女人，我们要先处理一个坏消息：相貌举足轻重！

还记得吗？高中时，你询问自己的约会对象长得怎么样，你最好的朋友说："哦，她的性格好极了。""他是个非常可爱的人。"这句话犹如死神之吻对吗？是的，初次见面时，相貌举足轻重，在男人看来尤其如此。然而，对美的看法是主观的，我们可以改变人们的观念。上帝在相貌方面辜负了我们，但我们可以借助聪明的技巧来弥补，由此改善意中人对你的第一印象（比如你的身体语言、自我形象和沟通技能），这比化妆更有效。

我们觉得什么样的长相好看？在不同的文化中，标准各不相同。在美国，苗条就是时尚。对于玻利维亚的希罗诺女人来说则非如此，她们不停地狼吞虎咽以便长成浑圆的胖女人，好让男人满满地抱在怀里。美国男人更愿意亲吻像爱神丘比特之弓一样有着轻柔曲线的嘴唇。而对于非洲的乌班吉女人来说，她们把碟子塞进口中，希望把嘴唇撑大变成饼状。

世界各地风行着各种各样的审美标准，但有一件事永恒不变。在我们判断何为美、何为不美的时候，繁殖后代的本能扮演了重要的角色。纵使在今天的美国，女人最爱的也还是那种身强力壮的男人，因为他们看上去会是个优秀而体贴的养家能手。男人最爱的则是那些性感女人，因为她们能够生出健康的孩子。相关研究会准确地告诉我们究竟什么是时尚。

女性最爱何种长相的男子？

这里有一份研究报告，研究人员发现，女性最喜欢的男人面孔是这样的：

让女人瞩目的男人，其相貌能够激发女人的母性情感；性欲成熟，具有支配性格；善于交际，平易近人；位高权重……

融合多种特征的男人最为迷人，比如长着一双大眼睛（像个少年）、突出的颧骨和宽大的下巴（显得成熟）、面带轻松的笑容（善于表达）、身穿名贵的服装（社会地位高）。[41]

女人最爱什么样的体形呢？美国女人通常喜欢体态适中的男人，但上身要比下身强壮一些。研究发现，比起梨形身材，女人更喜欢倒三角体形[42]。然而，不同阶层的女人对男性身体的品位各不相同。位于社会经济图腾柱低端的女人更喜欢肌肉男。与此相反，高收入的职业女性会觉得大块头健美男模令人反感，她们青睐的是深色肌肤、瘦而灵敏的体形。

那么身高呢？有人以为越高越好，因为我们的文化崇尚高大的身材。事实上，从1900年以来，几乎每一位当选的美国总统都是两个竞选人中较高的那个。据《华尔街日报》报道，身材伟岸的大学毕业生（身高188厘米及以上）起薪比那些身高低于183厘米的毕业生更高。然而，在性的舞台上，显然并不是越高越好。曾经有一群各种身高的女人（包括娇小的、中等的和颀长的）为一群除身高之外其他方面条件都相同的男人评分，结果中等身材的男人胜出。

26 相貌到底有多重要?

男性最爱何种长相的女子?

研究人员问男人喜欢何种长相的女人时,男人的回答总是不那么清晰。典型的回答是:"这个,啊,你知道,(嘟哝再嘟哝)呃,漂亮的女人。"然而,一组果敢的科学家开始艰难地研究,看看在普通男人的眼中,什么样的女人才是漂亮的。

对,清瘦无疑等于漂亮,对于女人尤其如此。研究人员分析了一些单身人士的征友广告,发现在 28 项迷人的特点中,男人最看重的是苗条[43]。不过,不同阶层和个性的男人对此看法各异。性格外向、社会阶层较低的男人选择丰乳肥臀的女人,性格内敛且层次较高的男士选择体型苗条的女人。

实验选取了一组来自不同阶层的男人并向他们展示了一些裸照,画面中的女人都乳房丰满并都摆出挂历上撩人的姿势;同时研究人员还给他们看一些衣着端庄的美人照。当研究人员问这些男人愿意和哪些女人共度春宵时,结果不出所料;但当问到他们愿意选择哪些女人为妻时,无论是上层还是下层男士都选择了衣着保守的女人,许多上流阶层的男人甚至更愿意和衣饰严整的淑女上床(或者在奔驰车后座上幽会)。

遗憾的是,在男人最爱何种面容的女人方面,这项研究没有什么发人深省之处。这也许就像生活中的其他方面一样,男人不如女人那样关注细节。

有一段时期,我们的文化迷恋对称。不过,以后不会了。在过去的日子里,在同一种族内,男人希望女人的肤色越浅越好;而女人的愿望刚好相反,肤色较暗的男人得分最高。可是,美国这个大熔炉沸腾得越来越快,古老的金发碧眼、天使面孔的美人标准也在飞速改变,今天的许多顶级美女已经与传统的美丽标准大异其趣。现在,来自有色人种的美女大行其道。幸运的是,如果你生来没有美色,你也可以获得,只需要一点点头脑、些许想象和一个化妆包。

关于相貌，我们唯一能归纳的是，男人和女人都钟情那些肌肤洁净、身材修长、头发闪亮、明眸皓齿的人。换言之，大家都爱健康的人。

"如何让我的意中人认为我更美？"

美不是一种客观存在。正如森林中枝叶轻柔的低语必须有人听见才能被聆听，美丽也必须让人看见才能被欣赏。美是一种看法，一种主观判断。姑且不谈发型、服饰和化妆术（我在另一本书中会专门谈这些话题），这里只提供几种技巧，帮你用来改变意中人对你相貌的看法。

在我研究相貌的时候，一个朋友寄来某个电视节目的往期录影，其中讨论了身体吸引的话题。在一个环节中，一个惊艳女郎（美国广播公司聘来的女演员）站在公路旁，身旁的汽车想来是抛锚了。过路的汽车和卡车纷纷"吱"的一声刹车停下，男人们冒着命丧车轮的危险横穿四条车道，一路小跑来帮助这位落难少女。有几个男人由于抢着为她的汽车加油竟然吵了起来。

在下一段录影中，另一名女演员站在公路旁，穿着同样的衣裙，旁边同样是抛锚的汽车。可是，这个女人不那么美或者至少节目的制作方认为她不那么美。过路的汽车紧急刹车了吗？男人们横穿车道来帮她了吗？没有，汽车一辆接一辆地疾驰而过。有一两辆车慢了下来，但当司机看到她的尊容之后，便飞速开走了。一辆汽车真的停了下来，但男司机只是简单地指给她加油站的方向，让她自己去加油。

后来，节目主持人采访了这两名并肩而坐的女演员。我按下录像机上的暂停按钮，切近地审度这两名女子的相貌。我仔细观察了第一个，又看了第二个，再看回第一个，我想："她们的相貌差别其实没那么大！"然而，身为女人，我想自己对此无法客观评判，因此决定问问男

26. 让自己确信,你是最美的生灵,这颗行星因你而荣耀,然后让自己的言行举止与此吻合。

性的意见。我把那一帧定格的画面给一个男性朋友看，他也赞同："区别不大。"

那是为什么？我把整段录影给他播放了一遍。"哦，肯定的。"他宣布，现在他终于看出来了，"对，第一个女演员显然更漂亮。"

为了解决这个谜题，我把这段录像又看了第三遍。第一个女演员始终含笑望着过路的汽车，她昂着头，双肩向后，胸部突出。看上去，她神情愉快，笑意盎然，信心十足——因此显得美丽。第二个女演员只是倚车而立，满面懊恼之情，和过路车流中的司机没有目光接触。她面容忧戚，双臂交叠抱在胸前，把一对优质资产隐藏了起来。她表情不悦而乖戾，缺乏信心——因此显得难看。美丽女人与丑姐妹大异其趣的地方是她们的言行举止。

受这段节目的启发，我找到了一个技巧来改变意中人对你容貌的看法——建立自信并使用美丽的肢体语言。如果你的言行举止优雅而热烈，你真的可以显得更漂亮，美是在动态中呈现的。

技巧 47 像10分美人那样举手投足（献给女猎手）

你可以骗过自然之母吗？不可以，但你可以骗过男人。

让自己确信，你是最美的生灵，这颗行星因你而荣耀，然后让自己的言行举止与此吻合。

至于男人，类似的技巧是否对你也有效呢？没错。你的举止风度无疑会影响你在女性眼中的魅力。

最近，一场研讨会之后，一个男人向我求教该怎样接近女人。他相貌堂堂却垂头丧气地站在我面前，双臂颓然地晃荡着，仿佛对他来说再无他用；并且由于害羞，他的目光不时躲开我的眼睛。他问我，在女人面前什么样的开场白才有用。我真想晃醒他，对他说："喂！别管口头语言，先塑造你的身体语言！"因为女人钟情的是那些言行风度中洋溢着强大、自信与阳刚气质的男人。

> **技巧 48　像猛男那样举手投足（献给男猎手）**
>
> 男人啊，举手投足间要展现你的强大、纯熟和勇敢。走路时昂首阔步，显示出你无比清晰自己要去哪儿，为什么要去。
>
> 穿过马路时要抓住女士的手臂，帮她上车或下车，展现令女人心动的须眉气概。

不计其数的研究都证明：相貌影响情场中的成败。因此，我们发掘了以下匠心独运的技巧，它们肯定可以为你增加机会，帮你找到有缘人。

如何提高你在情场美貌战中的胜算？

如果我告诉你，你若留心我们的研究成果，在下次寻找意中人时凯旋的机会将会翻倍，你信还是不信呢？相信吧！

在各地的单身俱乐部里，男猎手都试图俘获女人，却常常出师不利。每个夜晚，女猎手形影相吊地回家，听见生物钟滴滴答答地走着，感觉又荒废了一天。美国各地的男女结婚狂都在抱怨，自己在婚礼上总是友情客串，却不能担当主角。为什么会这样？因为大多数单身人士攻错了目标，跟在那些与自己无缘的人身后哀号。与其如此这群孤狼还不如对着月亮嚎叫。

怎样才能提高胜算呢？首先，去逐猎那些与你姿色相当的人。绅士们，让你不看俱乐部里那些上乘美人固然很难，你自然希望和你约会的女人越漂亮越好；但是，每次向她们问好时都要挫伤自尊，你不觉得厌倦吗？淑女们，寻找与你容色相当的男人应该容易些，因为女性通常更欣赏男人的内在品质。

首先，好好看看镜中的自己。去吧，你可以作弊的。精心打扮之后再去。客观地看待自己的容貌。用十分制为你的相貌打分（如有需要，可要求密友帮忙），你能得几分？四分、六分、八分还是更高呢？现在，把这个数字铭记在心，再审度你想要追求的猎物，用同样的评分标准为他（或她）打分。如果你的意中人与你的得分相差一两分，那么径直逐猎去吧。如果不是，那就算了吧，研究证明你在浪费时间。

你喜欢亲吻和拥抱吗？心理学家也预言，姿色相当的爱侣会更加温存。他们观察了派对和单身聚会上的情侣，发现他们的猜测是正确的。无论是一对"金童玉女"，还是一对"歪瓜裂枣"，只要美色等级相似，他们看上去都会更甜蜜，两人之间也更频繁地嬉笑调情。在容貌般配的情侣中，有整整60%的人会用彼此的鼻尖温柔地摩擦；在容貌较为般配的情侣中，有46%的人会互相爱抚；在容貌不太般配的情侣中，只有22%的人曾经互相抚摸。

看来真是物以类聚，人以群分——至少在色相方面如此。

技巧 49　魔镜，魔镜，告诉我

为了显著提高你追逐新猎物的胜算，你应该选择那些与你的相貌等级差距在两分以内的目标。遵循这一技巧，你与伴侣也更容易享受终其一生的幸福。

现在，该讨论等价清单上的下两件商品了：物质（或财产）及地位（或名望）。

27 如何追求富人或名人？

撰写这本书的时候，我激动地告诉大家，我在研究如何让人坠入情网的科学。如果我的听众正单身而且正在寻觅爱情，我就会问他们想让什么样的人爱上他们。有时候，在第一波可以预期的回答（诸如找个善良、深情、聪明的人）之后，另一阵浪潮涌了起来。有些爱情猎手滔滔不绝地说自己希望找个富有、强大、温文尔雅甚至上流社会的人。

撰写这一敏感章节时，我心中怀着一定程度的尴尬；但既然有这个市场需求，我们就不能视而不见。如果你的目光已经盯准了一个社会地位远比你高的猎物，你就需要一些特别的诱捕方法。在本书的其他部分，有一些能让你显得更加迷人、聪慧、优雅和善良的技巧。现在，我们讨论一下，怎样才能显得更富有、更有教养、生活阶层和社会地位更高，由此吸引与之对应的猎物。

用眼睛识别富人

为了追求血统纯正的猎物，你需要准备何种特别的狩猎装备呢？显然，你得把衣柜里的夏威夷衬衫和涤纶女裤套装统统扔掉。富家子女能够敏锐地辨认出昂贵的衣饰。从发型到鞋子，全身上下都要展现你的财富，别想在全套服装中偷偷掺进去一件廉价的小东西。狠心花上 50 美元做个漂亮的发型，再戴上昂贵的腕表和几件真金珠宝，所有投资都不会浪费。

即使你身穿价值百万美元的衣服，一双从连锁超市买来的皮鞋仍会成为触目惊心的标志，表明你是个冒牌货。与其穿着从超市结账处买来的廉价新袜子，不如穿一双脚踝处略有磨损但价值20美元的袜子来增加自信。

技巧 50　让衣着展现财富

绅士们，去定做一套手工西装。确保裁缝是个高手，善于制作精巧悦目的细节，比如袋盖、开叉、翻领和精致的针脚。

淑女们，你可以买现成的衣裙，但一定要确保它们是知名设计师的杰作。

想要追求富有的意中人，要确保你身上的每一件单品都绝不低于100美元，只有袜子和内衣可以偶尔例外。

用耳朵识别上流人士

辨别阶层的另一个明显标志是语言。像富人那样谈吐，并不意味着大肆吹牛："今天上午，我的专职司机开着我的宾利车，载我去伊丽莎白雅顿专卖店……"谈吐风雅，意味着讲究你说出的字句，避免使用底层社会的低俗语言。

使用委婉语言指代某些事物，显示出社会阶层较低。在英国，人们对有关阶层的话题更为开明和直接（至少不会感觉那么尴尬）。有个名叫南希·密特福德的作家在杂志上发表过一篇文章，讨论了上流阶层和非上流阶层（含中层和底层）的语言[44]。

那本杂志刚刚摆上书报亭就轰动了全国，风靡一时。正如菲利

27. 即使你身穿价值百万美元的衣服，一双从连锁超市买来的皮鞋仍会成为触目惊心的标志，表明你是个冒牌货。

普·汤因比在《伦敦观察家报》中所说，那篇文章成为"如何在茫茫人海中识别同类朋友"的指南。密特福德举了一些上流和非上流阶层的用语。比如，一个行礼如仪的英国上流绅士经人引荐结识他人时会说："你好吗？"而另一名上流绅士也会毫无意义地重复这句疑问作为回答："你好吗？"然而，底层或者非上流阶层的英国人听到这句话则会愚钝地如实回答："我很好，谢谢。"或者答得更糟糕："很高兴见到你，肯定的。"

还有一个方面的表现也会泄露地位——是否使用委婉语。较低阶层的人使用"殷实"，而上流阶层会如实描述为"富有"；非上流人群委婉地说"卫生纸"，而上流人群却直接说"厕纸"。

在美国，我们也会同样审度一个人来自上流社会还是底层吗？很遗憾，我们确实如此。在某种意义上，我们做得更糟糕，因为我们不肯承认这一点。

想追求蓝血贵族，就要彻底消灭委婉语，直言不讳。是"厕所"，不是"小男孩的屋子"；是"阴茎"和"阴道"，不是"鸡鸡"和"羞羞"；他们谈论家里的珠宝，指的是锁在墙上保险柜里的那些。如果一个词过于粗鲁，他们就转而使用法语，比如 backside[①] 很老土，而 derriere[②] 很入时。

技巧 51：让谈吐展现财富

> 为了追求家世显赫的富人，你不需要搜集上流词汇并铭记在心，只需要放弃委婉语。（别忘了使用"回声"技巧，它能帮你避免犯下失言的错误。）

在社交场合与衣着光鲜的人聊天时，注意你的声音。要保持低沉、悦耳，而且一定要清晰。有一次，我决定大幅度改善我的声音，就向一位演员朋友芭芭拉求教。她讲话的声音非常动听，有一种优雅的圆润

[①] backside：英语，意思为屁股、臀部。

[②] derriere：法语，意思为屁股、臀部。

感。事实上，她的职业就是为昂贵汽车和珠宝等产品广告配音。

我知道芭芭拉在声音培训上花费了数千美元，于是问她得到了什么，是否值得？

"值得，"她答道，"但可以用一句话来概括。"芭芭拉用珠圆玉润的声音告诉我："要保证每个字的每个音节都发音饱满。"

技巧 52　上流社会的嗓音

上流嗓音的秘诀其实非常简单，就是清晰地发出每个音节，让每个字都从你口中完整地吐出。

上流社会通常会谈什么话题？

如果你想和富人们看起来同样逍遥自在，那么就要学习他们的语言。专心致志地倾听，领悟他们言谈的要旨，很快你就会察觉到，某些话题很时尚、另一些话题很老土。比如，艺术话题很入时，物品价格话题很老土（毕竟，富人想要什么就有什么，不论何时只要想买，就会一举买下）；谈论时事很时尚，带有强烈倾向的政治观点很老土；赞美与称颂很时尚，取笑与揶揄很老土；工作很时尚，度假很老土。

偶尔几次，有人邀请我（我确实是工薪阶层的一员，这一点我敢肯定）参加几场派对，与会宾客中的一些人生活中的主要难题是对付那些上门募捐的慈善团体。在多数派对上，我都乐于谈论工作，但在这种聚会上，我学会了不要扮出友好的笑容问道："你做什么工作？"因为许多家世显赫的贵族子女什么也不做——至少不必为赚钱而做事。

但如果你的意中人来自名门望族呢？呃，你应该提前了解他们平日做什么。如果贸然开口向他们发问，将会招致羞辱。

如何让你爱的人爱上你
How to Make Anyone Fall in Love with You

技巧 53 别问"你做什么工作?"

培养聆听恰当话题的能力。出身名门的人都非常敏感,你不想走来走去,踩痛他们的脚吧。

无论如何,避免提出派对上最流行的问题:"那么,你做什么工作?"这只会证明你是个如假包换的打工族。

在上流人士面前使用上流语言

富贵阶层的人穿华贵的衣服,住华贵的房子,开华贵的汽车,也使用华贵的词汇。他们的汽车未必特别大,但通常会避免购买那些庸常的小车。至于词汇,也是一样。他们并不经常使用宏大的词语,但却会避免使用那些影响力较小的庸常词汇。

为了在浮华世界的优雅人群中谈吐合宜,可使用一种我称为"你的个人宝库"的技巧。想出几个你常用的词汇,比如常被滥用的"好"和"棒"。"你看上去真好"或"多棒的主意",这种话听起来相当庸俗。

从图书馆书架上拿下一本分类词汇书(比如同义词词典),查找"好"和"棒",你会查到数十个同义词。就像选择衣裙一样,挑选三四个看上去与你性格相宜的词语。然后,男猎手们,下次想赞美意中人多么漂亮时,可以说:"哦,秀,你看上去楚楚动人。""秀,你真是灿烂夺目。""哦,我的女神,你看上去明艳照人。"

女猎手们,如果想称赞你的意中人聪明,你会说他"真棒"吗?换种说法吧,比如:"噢,乔治,你真是聪慧过人('足智多谋'或者'才华横溢')。"

用华丽的词藻赞颂成功人士。发掘出你的个人同义词库,不用宏大的词语,而是用你钟爱的、与你性格相配的优美词语。先在家人和朋友中运用几次,就像把双足塞进新鞋一样。不久之后,你就可以舒适而自

27 如何追求富人或名人？

在地用这些语汇与你谈吐高妙的意中人相谈甚欢了。

技巧 54 你的个人词汇表

想让人觉得你来自钟鸣鼎食之家，就要选择丰富多彩的同义词汇。就像一串美丽的珠链，戴上它任其垂落，与你系出名门的心上人谈笑时，吐出一个个珠圆玉润的词语。

28 在其他资本上提高自己的胜算

知识、礼仪和内在美都是你的有形资产

到现在为止，我们谈论的都是通过改变意中人对你相貌、财富和地位名望的看法来增加你的市场价值。这只是等价原则论者认为可以影响爱情的前三项资产，它们的确重要，但无论如何都不是最重要的。事实上，许多人对后三项品质的重视程度要高得多：知识与学问、社交风度或性格以及人品。

我们先来谈一谈知识与学问。对学识的追求是一生的事业，它可以为你带来持久而深刻的欢愉。由知识而生出的智慧也可以成为一项强有力的资产，让某个人对你情有独钟。

许多女人（包括我自己）都觉得有一类男人非常动人，他们衣衫落拓、文质彬彬、吸着烟斗，毛衣肘部缝缀着软羔皮补丁。我曾经痴迷过一个男人，其他女人也许会说他是个穷困潦倒、貌不惊人的隐士。因为他是个电脑天才，他的学识让我刻骨铭心，我想向他学习。男猎手们，特别是在今天这个世界，女人们倾向于爱上那些能够在专业方面帮助她们的男人。对于那些聪慧而进取的女人，你的学识就是催情剂。

社交风度或性格是第五项资产，能让你在爱情的自由市场上具有更高身价。贯穿全书的技巧都可以帮助你提高这两方面的得分，请务必留意每一条。

28. 由知识而生出的智慧也可以成为一项强有力的资产，让某个人对你情有独钟。

如何让你爱的人爱上你
How to Make Anyone Fall in Love with You

人品虽然位于婚恋资产清单的最后一项，但它绝不是最次要的一项。甚至，它或许是一切品质中最为重要的一项——肯定是最深的一项。为了让某个人钟情于你，你要始终努力对他（或她）以及他人充满温情。即使看不到回报，也要无私地付出。性爱要忠诚，经济上要有担当，性格要柔顺随和……人品的内涵非常丰富、不胜枚举。你也许从未想过这些术语，但在恋情中，它们都是有市场价值的资产。你了解的、经历的每一件事物，你养成的每一种优秀品质，都是无形的好处，都能让别人倾心于你。

技巧 55　增加你的无形资产

为了提高你的市场价值，永不停止学习，永不放弃性格塑造与社交技巧，努力培养内在品质，并且持之以恒。它们像黄金子弹一样，能够射中意中人的心。

29 帮助别人确信他们爱你

让你的意中人帮你做事

爱人与被爱是一种奖赏与惩罚的复杂模式。恋人为我们送来礼物或帮了小忙，我们就会心花怒放；而给恋人送礼物或为他们效劳，我们也会感觉同等的喜悦。然而，根据情场的等价原则，我们的潜意识中埋着一块记分牌：谁为谁付出更多，一切是否均衡？

这并不需要用同等的行为投桃报李，付出的同时就得到了乐趣。女猎手们，你们爱一个男人，如果他的车坏了，你载他上班真的很开心，他的感谢就是你的回报。男猎手们，为女友送花，你们也很享受，她的笑靥就是你的奖赏。有人强迫我们开车或送花吗？没有。我们这样做，是因为我们想做。

为什么我们想做？答案很明显。我们想做，是因为我们爱他（或她）或者我们用类似的话语告诉自己。

这引领我们进入爱情游戏中迷人的一面。使用这个标准，可以让你确信他们爱你。研究人员把它称为"知行一致性"理论。

"知行一致性"理论认为，每个个体都努力让自己的知行在心理上一致，当两者不一致时，人们会尽力让它们恢复一致。换言之，人总是尽力保持行为与信念的一致。无论何时何事，他们都希望自己是心甘情愿才做的。

很多时候，那些投身于宝贵事业的志愿者如果不拿任何报酬，反而会更加珍视自己的任务。研究结果显示，一个人为公益团体工作越努力，他（或她）对该团体成就的评价就越高。如果他们能够得到财务补偿，那么，大部分人会把这项任务视作一份不得已而为之的工作。

人们观察自己的行为，然后依靠直觉调整自己的观念和感受，以便与之匹配。他们告诉自己："天哪，我为这个团体工作得多卖力啊。对它的目标，我必须真正认同。"于是，他们达到了知行一致。如果他们继续辛勤工作，却不信任其目标，他们会承认自己太傻或受了愚弄，没人肯做这样做的事。在爱情中，也是如此。

如果你发现自己为某人做事却不求回报，你很可能会断定自己一定是喜欢那个人，因为你不可能为了做事而做事……由此你实现了知行一致[45]。

人们不仅仅观察别人，也观察自己。我们自我觉察的一大部分和我们的感受，都来自于对自己行为的观察[46]。因此，如果我们为某人做了一件事而本身又得不到回报，那么自我对话会告诉我们，这意味着我们真的爱他（或她）。

如果你黎明即起床开车载意中人游逛或者发现自己送她礼物，那么，你一定是因为爱才这样做的。还有什么理由，能让你如此不辞辛劳或者花掉血汗钱？以下技巧可以帮你让意中人发觉他（或她）爱上了你：

技巧 56　让他（或她）帮你一个忙

让你的意中人帮你一点小忙，让他们送礼物给你。对他们表示感谢，但也不要特别感激。要表现出似乎他（或她）为你不辞辛劳是完全合理的行为。

为了实现"知行一致性"，你的意中人会让自己相信，他们一定是爱上你了。

29. 许多情侣在一起,非常开心、终生相爱,但如果你仰望他们头顶,会发现天空中有一张巨大的记分牌,双方对感情的付出基本持平。

一句警告：这一条技巧不要用得过火。一旦过火，便会打翻微妙的平衡。如果你的意中人感觉自己付出太多，恋情就会翻船沉没。

"哦，诗意的爱情，半是天使，半是飞鸟"怎么解释？

"纯洁、美丽、无私的爱情在哪里？"你也许会问，"那些发誓永恒相爱、生死不渝的情侣会怎么样？他们是当真的吗？"

我们当然可以得到美丽的爱情——时机适宜的时候。事实上，罗伯特·伯恩斯笔下的诗意爱情与科学家研究中发现的务实而自我的爱情完全不兼容。许多情侣在一起，非常开心、终生相爱，但如果你仰望他们头顶，会发现天空中有一张巨大的记分牌，双方对感情的付出基本持平。

很多时候，两人的恋情中存在一些局外人看不见的主观价值。在时间河流中任何一个孤立的点上，呈现出的恋情可能是不对等的。当一对情侣相伴一生时，这种投桃报李就不是每天、每周甚至每月都能平衡的。记分牌上的数字会在相当一段时间内表现出不对等。举个例子，妻子也许会支持丈夫历经数年读完医学院，在这几年内，她是付出的一方，而他得到的比付出的多。当他获得学位之后，便可以资助她读书或为她提供优裕的生活条件，以此拉平比分。

有些亲密关系中，似乎在很长时间内，一方的付出明显超出另一方。比如，深情的丈夫或妻子常年无私地服侍年老多病的配偶。这又该如何看待呢？嗯，共同度过的时光的确能成为你对恋情付出的资产。也许你没有想到这种措辞，但体贴的配偶确实是在回报他们至爱的人，感谢他们在过去的许多年里共同走过的幸福时光。

一旦两情相悦的夫妻许下诺言，即使偶尔倾斜，爱情之舟依然会漂浮在水面上。但是，在平衡彻底遭到破坏之前，小舟必须向另一方倾斜，这样才有希望顺利地向前行驶。一个人可以在一段时间内接受伴侣的好处，但真正睿智的人会用同等的付出表示回报，这样才能保持平衡。

　　为什么我要再三强调这个观点？在这个坚如磐石的基础——等价原则之上，我们找到了许多让某人对你倾心的技巧。事实上，本书中所有的技巧都是为了提升你在恋情中的价值，好让你的意中人更快、更坚定地爱上你。

征服当代硅谷精英与文化名流的古老哲学,教你拥有生活所需要的平静、自知和适应能力。

扫码免费听《像哲学家一样生活》,
20分钟获得该书精华内容。

伊甸园之后还有爱情吗？

V. 恋爱初期攻心策略
Early-Date Gender-Menders

初生之爱是朵娇嫩的小花。在初次约会中，任何微小的无心之失都会碾碎它小小的花瓣，爱火也会迅速熄灭。

30 "我希望他（或她）不像别人那样愚蠢。"

你是否看过1977年的电影《安妮·霍尔》[①]？黛安·基顿第一次离开伍迪·艾伦的时候，脑海中浮现出一个小小的泡泡，她说："我希望他不像别的男人那样愚蠢。"在你和意中人初次见面的最初几分钟里，他们对你也怀有同样的期待。

初生之爱是朵娇嫩的小花。在初次约会中，任何微小的无心之失都会碾碎它小小的花瓣，爱火也会迅速熄灭。拙劣的笑话、喝可乐时发出的嗝嗝声和无心的冒犯之词，都可能让初升的爱情中途坠落，让一段刚刚萌芽的恋情在起跑线附近燃烧殆尽。而在恋情后期，同样的小错，其破坏力也许还比不上一阵令人略感不适的秋风。

我们在此处探索的失误与性别相关，许多不可接受的行为都是最新的社会规范。随着男女平等思潮的兴起，许多过去理所当然的行为，现在会让异性发狂。在另一个时代、另一个社会、另一种经济环境中，一个男人可以在每个周五夜晚都出门与朋友狂欢或者在餐桌上突然掏出一支雪茄，而他的女人应该在呛人的烟雾中温婉地微笑。过去的某个时代，女人应该对家庭之外的任何事务都感到兴味索然，只能关注"妇女话题"。男人自命不凡，远离唠叨的女人，躲进小屋思考真正的重大课题，比如哪种雪茄口味最好。

时代不同了。许多观念在过去理所当然："嗯，男孩就应该有个男孩

[①]《安妮·霍尔》是由美国著名导演伍迪·艾伦于1977年拍摄的影片，影片讲述了由伍迪·艾伦饰演的犹太青年与黛安·基顿饰演的女孩之间的爱情故事。

30. 初生之爱是朵娇嫩的小花。在初次约会中，任何微小的无心之失都会碾碎它小小的花瓣，爱火也会迅速熄灭。

样！""淑女可不就是这个样子吗？"而现在，它们只会让你的猎物转身投向更为青翠的牧场。今天，女猎手想要的是心思细腻、可以与女人分享心情的男人。男猎手幻想的是超级女人，她可以带来绝佳的陪伴、绝佳的子女、绝佳的激情和绝佳的性高潮。

细腻男人和超级女人这些新生物种是否存在呢？这个问题很学术，因为我们需要对付的不是现实，而是意中人对你的看法。本章给你提供一些技巧，会让你的意中人相信你的确是个出类拔萃的个体——你是个心思细腻的男人或你是个超级女人。

男猎手们，我将建议你使用一些词句和观念，一旦运用，你的意中人会暗想："终于找到一个心思细腻的男人，他理解我，我可以对他倾诉衷肠。"女猎手们，当你的意中人听到你柔美的红唇说出本章提供的词句和观点，会暗想："终于找到一个智慧的女人，她理解我，我可以对她坦陈己见。这个女人真独特，我觉得我爱上她了。"

有些人恐惧亲密关系如同风声鹤唳、草木皆兵，常常在第一眼看到异性最庸常的行为之后就逃之夭夭。想要俘获这些人的芳心，本章的技巧格外有用。我们将讨论与性别角色有关的最常见的致命失误，它们通常发生在初次约会的场合，能够吞噬初生之爱。我将教你如何避免这些隐患，或者至少不会因愚蠢的错误而被罚下赛场。

"我想找一个可以和我聊天的人，一个像男人一样思考的女人。"

我们发现，男女两性的鸿沟很早就已经出现，在美国各地的育婴室和幼儿园中随处可见。在房间中央，小男孩们你推我打；同时，保育室里的小女孩互相分享玩具，进行深度交流。

遗憾的是，相同的两性鸿沟将许多已婚中产阶级夫妇的派对从中间分成两半：男人站在舞台中央争论体育和政治，女人围坐在房间周围体贴地谈天。为什么要分开？仅仅是因为男人喜欢讨论某种话题，而女人钟爱另外的话题。此外，男人和女人的讨论风格也大异其趣。

我们该如何把这种不同转变为可以俘获意中人芳心的技巧？学习一下怎样才能用谈吐迷住异性，看看哪些话题能吸引他（或她）。

男猎手们，为了让女人爱上你，你要像男人一样装束、一样工作、一样行走、一样讲话——但是，心思要像女人一样细腻，巧妙地谈论那些能吸引她的话题。女猎手们，为了让男人爱上你，你要像女人一样打扮、一样微笑、一样芬芳、一样谈吐——但是要像男人一样思考，聪慧地谈论那些能够吸引男人的话题。

男人们，当你谈论女性擅长的幽微灵秀话题——譬如对人与情感的洞见时，别怕自己显得阴柔。成为女人心目中谈吐高妙的万人迷，绝不会削弱你的男性魅力，它只会显得你丰富多彩，更加引人入胜。女人们，当你谈论男人热衷的话题时，别担心自己会显得像个男人。你用柔软而圆润的柔美红唇表达男性青睐的话题和观点，会让你成为一个妙不可言的女人。意中人会觉得你在他曾约过的女人中独树一帜——这句话出自男人之口是高调的赞美。

男人和女人在谈吐风格方面是何等不同，这种论述早已汗牛充栋。我强烈建议你阅读一本专门论述两性差异的著作，以便对男女之别以及他们的沟通方式如此迥异的原因有更加深刻的了解。其中，约翰·格雷和黛博拉·坦农的书尤其出色。

我们回到伊甸园之后，上帝为我们揭示了冷酷而严峻的现实。办法很简单，他让男人和女人截然不同。有人会好奇，既然上帝如此睿智，那么他是否意识到自己的创造物竟会这么不同？

美国总统约翰·肯尼迪曾说："如果我们现在无法消除差异，至少我们可以尽一己之力，让差异能够安全无虞地存在于世。"让我们把这句智慧箴言改动一个词：

男猎手，女猎手，如果我们现在无法消除差异，至少我们可以尽一己之力，让爱情能够安全无虞地存在于世。

下文的技巧将是很好的开端。

31 什么是"男人话题"，什么是"女人话题"？（它们真的存在吗？）

尽管有无数人否定这一事实，但是男人和女人青睐的话题的确不同。当然，所有关于性别的论述都是泛泛而谈；然而，在通常情况下，女人的言谈以人为中心，而男人则以事物为中心。男人喜欢谈论汽车、小玩意、工具——比如它们如何制造、如何运转、如何修理、效果如何、如何控制等。智力较高的男人会扩大"事物"的范围，让它涵盖想法与观点，但他们讨论的仍然是观念如何运作、如何修正、如何影响世界以及他们能对观念拥有怎样的控制力。男人交流事实与观点时就像打牌，他们喜欢玩"谁能胜过谁"的游戏，就像纸牌游戏"比大小"一样。男人的高谈阔论有竞争的一面，不建议女人模仿。但是，女猎手们，如果你能多了解体育、政治、汽车和电脑，你与男人相谈甚欢的机会就会增加。如果你学会如何在与男人笑谈军刀锯和电钻时据理力争、毫不退让，那么你真的会成为一个醉人的女子。

在我高中时，有关两性差异的专著仅限于模糊的研究，但不知为何，我妈妈直觉到男女两性的谈吐之间存在巨大的鸿沟。男孩爱讨论汽车，女孩爱议论男孩，因此约会时，女孩在交流上处于下风。我和一个男孩（那时我们都把他们叫作男孩而不是男人）度过了一场沉默而可怕的黄昏之约，回家后我趴在妈妈的膝上泪如雨下。我告诉妈妈，我压根想不出来该谈论什么话题，几乎因羞涩而僵住了。母亲温柔地抚摸我的头发，为我擦干泪水，告诉我第二天她要给我一个惊喜，也许能助我一臂之力。我相信妈妈，期待奇迹出现。即使她需要从爱尔兰空运过来一大块巧言石，好让我一吻之下获得如簧巧舌，她也愿意为我去做。

技巧 57 温习男性话题（献给女猎手）

跨越性别鸿沟来一场谈笑的巡游。女猎手们，你要熟知各种政治观念、物体、大型玩具、体育和其他男性话题。

向他展示你的聪明才智，但谨记——不要聪明过头。

我的妈妈确实做到了，效果甚至比巧言石更好。她为我买了一本汽车书，包含当时各种流行的车型。我几乎成了专家，对各款雪佛兰、福特和别克汽车的区别了然于胸，甚至可以探讨车罩下面的部件如何运转。当聊天话题（不可避免地）转向化油器、发电机、凸轮轴和排气歧管时，我可以应对自如。再和男生谈论汽车时，妈妈的书为我带来了强大的自信。女猎手们，或许你觉得讨论汽车、事实、体育、商务和政治不如探讨心理学、哲学、亲密关系、人际互动和时尚那样有趣；但如果你和意中人讨论现象与数字时能够坚持己见，那么，他会觉得你是个格外动人的女子。

在我的一场研讨会上，一个男人告诉我，他之所以主动邀约现在的女友，是因为他们在相遇时兴致勃勃地讨论了在基本工具箱中是滑配接头好还是圆嘴钳更好。他又补充说，当然是他在争论中赢得了胜利。女猎手们，你可以在男性话题中展露聪明才智，但不要比意中人更聪明。这句话听起来貌似50后老爸的陈词滥调？当然很像，但却很有道理。很久以前，我用一种艰难的方式学到了这个教训。

在高中一个舞会之夜，我的约会对象来到我面前。他在我填充棉垫的胸前戴上一朵胸花，我挽起他的手臂，一起来到他的汽车前。但是车子发动不起来。多亏了妈妈那本书，我猜出了问题所在。我打开引擎盖查看了一下，默默地分析了一番。然后，我跑上街头，挥手拦了一辆出租车，不是带我们回到舞会上，而是向司机借了一根跨接电缆。我穿着有生以来第一双高跟鞋，摇摇晃晃地将跨接电缆连接到熄火的电池上，汽车引擎发出了平稳的"突突"声。我知道，他一定对我刻骨铭心。

但他再也没有给我打电话。

最近，我为一名男性朋友讲述了这个故事。他非常坦诚，对我那位可怜的约会对象所受到的羞辱感同身受。将绝对的男女平等放一边吧，有些事情是永远不变的。

技巧 58　温习女性话题（献给男猎手）

男猎手们，要让你的言谈更具心理学意味。与意中人谈天时，要多谈论人、感受、哲学、基本原理和直觉。

发表观点时，要多赞同，少反驳。

男猎手们，我要给你们提出一条相似的建议。概括来说，女性对人、人际问题及人在不同处境下的反应有杰出的洞察。她们往往喜爱谈论健康、艺术、个人成长以及谈心灵话题。在述及工作时，女人更易于探讨个体如何协作及怎样构建融洽互助的工作环境而不是职位高低。学会体贴地探索感受吧。

绅士们，请读一读《今日心理学》杂志，因为它的读者群是知识女性。这是了解女性热门话题的绝佳方式。

当然，这都是泛泛而谈。世界上总有一些男人喜欢探讨人际关系的深层话题，总有一些女人喜欢参与激烈的政治辩论。虽然你会遇见这些珍品，但逐猎他们未免过于艰难。洞悉心灵的男人身边总有美貌女子相伴，与聪慧女人约会的也常常是声名显赫的要人。

31. 洞悉心灵的男人身边总有美貌女子相伴,与聪慧女人约会的也常常是声名显赫的要人。

32 "对于那件事，你感觉怎么样？"

女人们甚至还是小女孩的时候，就展示出如鬼魅般识别微妙声音与面部表情的直觉。女性格外擅长洞察他人的感受，与此相反，男人几乎察觉不到对方悲切的脸，直到他的领带被她的泪水浸透才恍然惊觉。

也许，这就是女性热衷于讨论情感而男人几乎从不提出这类话题的原因（因为他们压根不擅长）。女人和朋友聊天时，总会问对方对某种情况感觉如何。而某些男人最后一次使用"感觉"一词，是高中时告诉哥们，他真想知道在汽车后座与女孩欢爱是什么感觉。

男猎手，如果一个女人讲话时，你插嘴问出一个基本问题："对于那件事，你感觉怎么样？"你就会脱颖而出，成为众多男人中的珍品，真的。基本上，对任何事情你都可以这么问。譬如，她正在讨论自己的家人或姐妹做了什么事，父亲说了什么话或其他朋友问了什么问题；或者，她和你谈论工作，老板说了什么，同事做了什么。她无论谈论什么都会有感受，而且和你不同的是，她能够更直接地察觉到那些感受，对情绪的描述也更清晰。

这里有一条非常简单的技巧，可以让女人将你视作真正心思细腻的男人。

技巧 59 "对于那件事，你感觉怎么样？"（献给男猎手）

男猎手们，无论她在谈什么，你只需简单地问一句："对于那件事，你感觉怎么样？"去吧，强迫自己问。

32. 男猎手们，无论她在谈什么，你只需简单地问一句："对于那件事，你感觉怎么样？"

在将跌落的下巴收回并恢复其功能之后,她会热烈地回应你。

女猎手,你能否问一个男人他对某种特定的处境感受如何?当然可以。但在恋情早期,他可能会将它视作一句不相干的女气十足的问话,也许只会用三两个字作答,在你看来,那自然是唐突而鲁莽的。从那以后,事态将呈螺旋状下降。男人就是那样,通常不会首先想到自己的感受,正如你用竞争性思维思考问题时不会感觉特别舒服一样。

举个例子,你和一个男人谈天,告诉他你的职位获得了提升,另一名女同事却没有这种待遇。那个男人突然问道:"干得好。你是怎么把她踩下去的?"这个问题让你骇然而退。你的内心独白也许是:"啊,我才没有'踩'她。我之所以升职,是因为我工作出色,理所应当啊。"当然,你会彬彬有礼地回答他,但这个问题暴露出的男性竞争天性会让你无法亲近他。

女人通常不那么爱竞争。胜利了当然欢喜,但胜利的喜悦很少会来自打败了对方。"你是怎么把她踩下去的"这个问题很少有女人会欣然谈论。与此相似,"你的感受怎么样"这个问题也很少有男人会欣然谈论。女猎手,除非和你谈天的是一个喜欢探究感受的男人,否则请慎用这一招。要把感受问题留到恋情后期再提出——相当靠后的时期。

技巧 60 恋情中,不要过早追问"感受"(献给女猎手)

女猎手们,除非你们的恋情已经稳定,或者你已经发现意中人是个心思细腻的男人,否则,不要执着地询问他对某种处境的感受。小心,别让恋情之舟尚未起航就翻落水中。

33 "对不起，我需要向您问个路……"

如果想要探讨男女之间的巨大区别却不提到男士"不肯问路"这件事，这样的研究就是不完整的。美国航空航天局决定培养女宇航员，我敢肯定其中一个原因是，到达其他星球之后，他们终于有人肯问路了。

技巧 61　迷路就迷路！（献给女猎手）

女猎手们，如果你的意中人迷路了，一定要咬紧牙关不吭声，如有需要就咬出血来。切记，一定不要建议他问路。

永远不要自作主张地去向陌生人问路，让坐在旁边的他感觉自己像个傻瓜。永远不要。

一个男司机即使是在完全迷路、毫无希望的时候，似乎也无法将头伸出窗外询问："对不起，我需要向您问个路……"上帝保佑那些越过他受辱的头顶冲陌生人大喊"嗨，我们迷路啦，我觉得我们忘了转弯"的女人。一个男人会把这句话破译为："这个大笨蛋害我们陷入麻烦，现在这个弱智无能的蠢货找不到路了。"女猎手们，如果你在寻找通向他心头的路，就让他寻找你们前行的路，无论你们要去哪里。

男猎手们，对你们来说，事情的反面也完全正确。当你使用下面这条技巧，你的意中人就会明白，陪在她身边的绝对是个独一无二的男人。

33. 永远不要自作主张地去向陌生人问路，让坐在旁边的他感觉自己像个傻瓜。永远不要。

33 "对不起,我需要向您问个路……"

技巧 62　问路就问路!(献给男猎手)

男猎手们,如果你迷路了,就帮女士一个小忙。将你的自我和地图一起锁进汽车后备厢,然后只需摇下车窗向人问路。

你不会死的。

34 "拜托，别说那么多细节……"

还在童年时，女孩就能够浮想联翩，为我们的玩偶编织出童话般绚烂的生活，而同龄的男孩偷吃饼干被当场擒获时却连个谎话都编不圆。而今，对于各种年龄的女孩——从9岁到90岁来说，意识的流淌只会更加汹涌。

就在去年金秋，我又一次深深地认识到这一点。我和菲尔在马萨诸塞州科德角骑行在一条蜿蜒的小路上。途中，我们停下自行车，想弄清我们现在处在地图上的什么位置。就在这时，一对金童玉女骑车迎面而来，两人都是麦色肌肤、身材完美的运动健将。我挥手示意这对情侣停下，问他们该怎么去海景大道。

那女子开口说道："哦，这条小路真漂亮。你沿着这条路一直往前走，走上……哦，我得说，大概四分之一英里，也许将近半英里。一路上你会看到许多美丽的树木，其中一些树木的树荫都遮住了小路上面的天空，树叶的色彩快要开始变化了。小路有几个地方很曲折，但一直平缓柔和。再走一会儿，在小路左边，你会看到一座巨大的白屋子……"

她的男朋友忽然打断了她，说道："对，沿着这条小路一直往前走，到尽头左转就上了海景大道。"

菲尔和我骑车走远之后，我依然听到那两人渐行渐远的争论声。很可能，她在批评他打断她讲话的行为是多么无礼，而他大概会指责她东拉西扯、废话连篇。

踩着单车沿着风景秀丽的小径一路前行时，我开始好奇，假如那天

34 "拜托，别说那么多细节……"

我独自骑行，遇到这个英俊的男人，而他也是孤身一人，会是什么状况？如果他没有和女朋友在一起，那么我们的交流会有什么不同？我仍会向这个陌生的美男子问路，但随即我就意识到，如果他简略作答，我所做的将只是俯首道谢，上车远走。

如果那个俊朗的陌路人像他的女朋友一样告诉我，有一条美丽的小径正等在前方，它如何曲折迂回，树叶的色彩又会怎样变幻无穷，那么我该多么尽兴。那些话会打开一扇门，让我和这个迷人的男子进行深入的交谈。

我从遐想中回过神来，询问了菲尔的意见。假设他独自骑车，迎面遇见一个美貌的少女，她的男朋友不在身边。如果他向她问路，愿意听到怎样的回答呢？"首先，"菲尔的语气带着一丝义愤，"我才不会向别人问路。"

"好，好，我知道。"我说，"但是假设你必须找到方向，不得不陷于这种羞辱的境地呢？"

"呃，"他说，"如果她还是那么多嘴，我对她的好感会顿时烟消云散。最理想的情况是，她简单地告诉我沿着这条小路一直走就行。"

"就像她男朋友的做法一样？"我问。

"嗯，对。"

我很无情。我执意问道："啊，假设她想遇见你，和你多聊几句，那么她应该怎么说？"

"老天，莉尔，我不知道！"但是从我的表情中，菲尔明白我一定要问个究竟，"嗯，也许，如果她多说一两句委婉的赞美，就会扭转局势。那么，我们的相遇会从公事公办变成……啊，你知道，有人情味。"

"你所谓的委婉的赞美是指什么？"

"啊，"菲尔若有所思，"前路迢迢……但你貌似已经万事俱备。"

"哦，不会吧！"

"我开玩笑呢。"菲尔说。

34. 女猎手们，当你跟踪意中人并与他交谈，一定要简单描述，砍掉枝叶，删繁就简。

技巧 63　女士，你只需描述事实（献给女猎手）

女猎手们，当你跟踪意中人并与他交谈，一定要简单描述，砍掉枝叶、删繁就简。

如果你想多聊几句，让交谈更具人情味，就试着来几句委婉的赞美。

男猎手们，请别这样尝试。从客观事实突然转向个人色彩的谈天，在女人看来，未免太过唐突。如果想多聊几句，那么请换种方式，增添细节。

然后，在你们聊过五至十分钟之后，再提议进行更深入的共同活动才显得合理，比如一起喝杯咖啡。

技巧 64　描绘美丽的画面（献给男猎手）

男猎手们，遇见女人时，不要焦虑该怎样舌灿莲花才能出彩。你只需要添枝加叶，让你描述的事物生动起来，详尽地刻画，和她分享有趣的细节。如果她喜欢你的相貌，她会热衷于听到事物是否漂亮、悦耳或怡人。为她描绘美丽的画面，让她愉快吧。

35 "究竟发生了什么事，请告诉我（请不要告诉我）。"

在危机四伏的沟通天堑上，横跨着一座摇摇欲坠的桥梁。关于这座桥，还有许多规则需要了解。其中一条是，在伴侣情绪不佳的时候，如何与他们保持爱的联结。

男猎手们，对你们来说，做到这一点相对容易，因为你们只需要学会一句话。绅士们，当你的恋人看上去纠结、愤怒、心事重重或恼火的时候，献出那句神奇的妙语吧："究竟发生了什么事，你能和我谈谈吗？"

男人们，当一个哥们被苦难和折磨压倒，你通常习惯于沉默不语或者给他肩膀捶上一拳说："啊，一切都会过去的，别担心。"然而，如果你对女性意中人也献出这一招牌安慰法，她的脑中就会升起一面飘扬的旗帜："麻木不仁的糙汉，这个没人情味的家伙不想让我用自己的问题烦他。"

你要让她知道，你就在她身边。即使她苦闷地说："不，这件事我不想谈。"你也要坚持，说："来吧，我知道，如果你和我谈谈，心里会舒服一些。我真的很喜欢你把自己的感受拿出来和我一起分享。"她心里的防线就会决堤。做好心理准备，无论她烦恼的是什么，都让它将你淹没。但你什么也不用害怕，你所做的只是闭嘴、倾听。

要像女人一样倾听，而不要像男人那样。在许多男人看来，倾听意味着洗耳恭听,收集一切有效数据,然后提出解决方案。女人在互相倾听时,知道要允许对方将一切烦恼释放出来。让你的意中人谈谈吧。当她的意识流开始变缓,成为涓涓细流,你可以探究细节或者尽可能提供温和的建议,表示你对她的烦恼十分上心。但是,不要让她感觉你非要解决她的问题不可,不要觉得听她唠叨就等于是在指责你,你只需要静静倾听。

技巧 65 "跟我谈谈吧。"(献给男猎手)

> 男猎手们,当你的意中人情绪不佳时,求她告诉你原因,然后倾听——像女人一样倾听。这样,在意中人眼里,你会显得有情有义。

女猎手们,当你的意中人愤怒、不安或沮丧时,你需要学的妙语比男人需要学的还少。事实上,你什么都不必说,只需要闭嘴,像哥们一样尊重他的沉默。男人通常不习惯与他人分享自己的感受,如果你执意要求他说出来,那你就是在强求他扭腰摆臀,跳他从未学过的异国风情的凡丹戈舞①。

顺便提一句,女猎手们,尊重他的沉默还有另一种好处:你不会与他的痛苦产生瓜葛。当风暴平息之后,你将成为他躲避内心痛苦的庇护所而不是他痛苦的一部分。

你可以让他知道你支持他、体谅他、肯定会在身边陪伴他……只需一句话或更少。比如"当然你情绪不佳,如果你愿意和我谈谈,我随时愿意倾听",然后转身去忙自己的事情。如果他选择不告诉你他的感受,请不要觉得伤心。在他看来,不拿自己的烦恼为你增加负担,就是在展示对你的敬意。

---

① 一种西班牙民间舞蹈,以热情奔放、自由发挥为特征。

35. 女猎手们，如果你的意中人因某些与你无关的事情而情绪不佳，不要逼他走出洞穴。

35 "究竟发生了什么事，请告诉我（请不要告诉我）。"

技巧 66　在他发怒时，请保持沉默（献给女猎手）

女猎手们，如果你的意中人因某些与你无关的事情而情绪不佳，不要逼他走出洞穴，不要让他因不愿向你倾诉而感觉愧疚。

让他知道，如果他愿意倾诉，你随时愿意洗耳恭听，但要给他躲在洞穴中的自由，直到他心甘情愿地主动爬出。

36 从 A 点到达 B 点，最好的方式是什么？

"直线！"他宣布。
"一条柔和的曲线？"她问。

女性这个温和的性别还有一个温和的习惯，遗憾的是它让男人抓狂，这个习惯就是：对于某些想做的事，她只是暗示或者转化为试探性的温和询问。

去年秋天的一个周日，我出门郊游，同行的是一对刚交往不久的情侣——苏珊和杰克。他们坐在汽车前排，我坐后排，我们一起直奔郊外，去欣赏浅碧深红、参差变幻的秋叶。

我们在高速公路上行驶了大约一个小时之后，苏珊转头问正在开车的杰克："亲爱的，你想不想停下来喝杯咖啡？"

"不想。"杰克说。苏珊面露不快，转身看着我。我们相对无言，耸了耸肩。

片刻之后，她又试了一次："哎，杰克，你觉得前面不远处会不会有个歇脚的地方？"

"我不敢保证。"杰克回答。

五英里之后，杰克驾车从一家休憩驿站旁飞驰而过，门前巨大的招牌上写着"新鲜热咖啡"。苏珊转过身，睁大眼睛看着我，满脸的神情

36. 女猎手们，你要知道，男人们只会从字面理解你的询问。

似乎在抱怨:"你能相信这个家伙吗?"她靠在椅背上,双臂抱在胸前。我知道她很不高兴。

可怜的苏珊。我终于决定直言不讳:"喂,杰克,"我说,"我觉得苏珊想停下来喝杯咖啡。"

"嗯,她为什么不说呢?"杰克问道,完全是大感不解的语气。

"可是我说过了!"苏珊怨气冲天。

"天哪,苏珊,我一定是没听见。"我能看出,杰克已经开始觉得这个新女友有些喜怒无常。"没问题,只要见到餐馆,我们就停车。"

是杰克麻木不仁吗?根本不是。他仅仅是从字面上理解苏珊的询问。他想不想喝咖啡?不想。他是否认为前面会有一家餐馆?不确定。

是苏珊反应过激吗?根本不是。如果杰克如她想象的那样,对她的愿望置若罔闻,那她完全有理由生气。但他并没有忽视她,他只是像男人一样思考罢了。

美国各地的苏珊和杰克们在约会初期,都会一头栽进交流的鸿沟。许多人从鸿沟里冒出头来,揉着伤口,发誓再也不和对方约会了。

聪明的游客去巴黎之前,总会学几句法语,这样,路遇巴黎人时,便不至于相视无言、擦肩而过。聪明的男猎手和女猎手出去约会时,也会学几句异性的语言,避免因无心之过而让意中人兴味顿失。

技巧 67 不要暗示——有话直说(献给女猎手)

女猎手们,你要知道,男人们只会从字面理解你的询问。如果你想做什么,就说"我想要"或"我愿意";如果你真正的意思是"我",就不要说"你想不想……"或"你觉得我们是不是应该……"

绅士们,这个道理反之亦然。举个例子,当你和意中人驾车在漫长的公路上飞驰,你渴望停下来吃顿午餐,不要只说句"我饿死了",便急转弯开向路边的快餐店,而是要问她是否想吃点什么。她也许会转而

36 从 A 点到达 B 点，最好的方式是什么？

问道："你想吃吗？"当你回答"想吃"之后，要询问她想吃哪种食物，这才合适。等她回答之后，你终于可以急转弯，驶向距离你们最近的餐馆了。

技巧 68　为对话增加柔和的曲线（献给男猎手）

男猎手们，不要告诉她你们要干什么，而是要先征求她的意见。当意中人向你发问时，不要只从字面上理解，要读出字里行间的言外之意，领悟她的暗示。当她问"你想不想"时，意思可能是"她很想"。

37 "你能帮我一个忙吗？"

女人看来很不错的事，在男人看来也许非常骇人。多年之前，我用艰难的方式学会了这个教训。一个名叫乔治的朋友来帮我家装修。一个星期六的下午，他在厨房里装踢脚线，同时，我在客厅里费力地为陈旧的电灯换电线。

我向厨房瞥了一眼，发现他沮丧地盘腿坐在地上。显然，可怜的乔治不知道如何将两条角形转角线装到一起，他垂头丧气的神情就像一个孩子发现手上的乐高玩具无法嵌套一样。我满面春风地走进厨房说："嗨，乔治，我家地下室里有个轴锯箱，用那个工具就容易多了。我去给你拿来。"

让我吃惊的是，乔治并没有欣然接受我的建议。他拒绝我说："不用了，我可以用自己的办法完成，但无论如何非常感谢你的建议。"我又回去修理电灯。这个时候我遇到了麻烦，无论如何都无法分割电线，但乔治并未来帮我，一丝恼怒从我心头油然而生。

然后我留意到，他是先把踢脚线安装好，然后再上涂料。我又一次笑容可掬地走进厨房说："你知道的，我家地下室里有涂料。如果先上涂料再安装，就不用担心涂料滴在地板上了。"

乔治是个脾气温和的小伙子，但当时他厉声说道："莉尔，你不信任我吗？你觉得我自己干不了吗？"

"啊，我当然信任你。"我支吾道，"我只是想帮助你。"

"那么，"他的声音提高了几个分贝，"如果你离开厨房，只管忙自

37. 男人想得到信任，女人想得到关心。

己的事——不管你在干什么，对我的帮助会更大。"

"不管我在干什么！"我愤怒地反驳，"我一个人在那儿累死累活地对付该死的电灯。电线这套你什么都懂，我不懂。而你就坐在这儿，甚至都没发现我遇到了麻烦，任由我一个人在那堆电线里折腾。多谢你了！"我怒气冲冲地离开了厨房。

不堪回首的一幕。

嗯，到了傍晚，等事态基本冷静之后，我们讨论了这次口角。我告诉乔治，电灯已经修好了，由此提出这个话题（我不想对他说谢谢）。但我的确大费周折。我斗胆问他，为什么他明明看我遇到了难题却不肯来帮我。乔治说："我当然不会主动帮你。莉尔，我信任你，我相信你能独自解决问题。"

仿佛一张神圣的传真从天而降，我终于明白了！当然，乔治也希望明确地知道，我相信他能安装踢脚线。难以置信，高度发达而智慧的雄性猎物竟会如此原始，竟会把自尊与这种雕虫小技关联起来——但他们的确如此。反之，我希望乔治帮我是出于雌性的渴望，希望乔治向我展示他确实关心我在做什么。

现在，这件事已经深深地刻入了我的脑海。男人想得到信任，女人想得到关心。

女猎手们，除非接到正式通知并按照要求发回了确认收条，否则，都要把你的意中人想象成那种典型的男人——他们希望你相信他能做好每件事。接下来的一条建议听起来也许像反女权的疯话，但是我要悲伤地告诉你，这条技巧很管用：当男人帮你时，永远不要对他提建议——永远不要。即使他想用透明胶带粘好你漏水的龙头，而你知道有七种更好的办法，也要咬紧牙关别吭声。

技巧 69　闭紧嘴巴，任他亲自把事情搞砸（献给女猎手）

女猎手们，当意中人为你做事时，即使他笨拙得难以置信，你也要闭紧嘴巴。除非是生死攸关的大事，否则，你都

37 "你能帮我一个忙吗？"

要强迫自己露出感激的笑容。

如果你实在忍不住要尖叫，就跑出房门，跑到他听不见的地方喊道："笨……死了！你应该这样做！"

女猎手们，我庄严地向你承诺，这样做你们会更加开心，而且能让恋情安然无恙。你永远都可以在次日悄悄地打电话叫水暖工来修理。这样，你的意中人永远不会说，由于你不信任他的修理技能，他对你的爱意像漏下的水滴一样渐渐流逝。由于更加微不足道的原因，还有许多恋情被冲进了下水道。

男猎手们，你们也可以从上述可悲的真实故事中得到教训。故事透出的寓意，对你们来说与女猎手截然相反：

技巧 70　张开金口，主动帮忙（献给男猎手）

男猎手们，当你见到意中人犯难时，请走过去问她是否需要帮忙。和你的哥们不同，她不会觉得你不信任她的能力，她会将你的主动帮忙理解为：你在乎她、对她的难题很上心。

顺便提一句，女猎手们，如果你期待意中人主动帮忙，你会等很久。他若是乔治那样的典型男人，也许会举棋不定，不知道是否应该主动帮忙，因为他担心你会因此感觉受到侮辱。这个时候，你该主动向他求助。

38 帮你俘获意中人芳心的小词汇

女猎手们,当你主动向意中人求助时,请注意言辞。在隐隐燃烧的交流鸿沟之上,蒸腾着无数种出错的微妙可能。女猎手们,假设你和意中人在海滩度假,你从沙滩包中拿出太阳镜:哎呀!连接眼镜腿和镜架的小螺丝掉了。你抬头看着有机械头脑的男朋友甜蜜地说:"你能帮我修好吗?"

技巧 71 要问"愿不愿",别问"能不能"(献给女猎手)

女猎手们,这真是个微妙的东西,但当你向意中人求助时,要问他"愿不愿",而不要问"能不能"。听到"能"字,男人这种天性热爱竞争的动物听到的是你对他能力的挑衅,而不是你对他可贵援助的请求。

如果他从你手中夺过太阳镜,生硬地说:"当然能了。"你也许会觉得他有些粗鲁。但是,他的确没有听出你本想表达的请求之意。男性的大脑一听到"能",就会从字面上理解为"你有能力给我修好吗?"这是一种隐藏的挑战,等于在质疑他的能力是否足以帮你。

"你愿不愿意帮我修好?"这句话与前面那句只有细微的区别,但"愿"字却假设他肯定有能力做到,同时又给了他英雄救美的机会。

男猎手们,这里有三个字能帮你俘获意中人的芳心,让她确信你是

38. 男猎手们,如果你把事情弄糟了,只需要鼓起勇气说一句"对不起"。

男人中的珍品。在说出口之前，先让她坐下，因为女人很不习惯从男人口中听到这三个字，乍听之下，恐怕会一跤栽倒（而且很可能……径直倒在你怀里）。

如果你们的恋情出了问题，或者你不知何故把事情搞砸了，请直接说出这三个字：对不起。

女人经常说这三个字，事实上说得太多了而男人从来不说。雄性最后一次说"对不起"，有据可查的例子是在1907年佐治亚州的亚特兰大市。然而，经过进一步的调查，我们发现，那是一个名叫罗伊的男人在口中塞满食物却打算自我介绍时说的。

技巧 72 对不起（献给男猎手）

男猎手们，如果你把事情弄糟了，只需要鼓起勇气说一句"对不起"。只要看到意中人由此对你萌生了何等的好感，你就不会因为说了这句话而感觉对不起自己了。

39 在男女之间的性别鸿沟里，是否有危险的湍流？

男猎手与女猎手们，我们刚刚见识的只是性别鸿沟的冰山一角。在数十年的否认之后，科学家们终于将仪器对准了这桩古老的奇观。他们探究得越深，就越发现冰川延伸到了我们意识的无穷深处。

粗心的船长会将轮船撞毁在冰山上，你可不要将新恋情撞毁在这些犀利的两性差异上。一段新恋情就像一叶脆弱的小舟，木板由胶水紧密黏合在一起，最轻微的碰撞都会让它粉身碎骨。新恋人每次触及你性格的冰冠时，他（或她）都会害怕隐藏其下的冰冷差异；你要娴熟地带领新恋人躲开我们讨论过的可怕险情，至少要耐心等待恋情的胶水凝固干结，小舟驶入波澜不惊的海面。

如何让你爱的人爱上你
How to Make Anyone Fall in Love with You

39. 一段新恋情就像一叶脆弱的小舟，木板由胶水紧密粘黏合在一起，最轻微的碰撞都会让它粉身碎骨。

如何点燃对方的欲望之火？

VI. 欲望秘方

R for Sex

为了让意中人爱上你，重要的是挑逗他（或她）最性感的器官——大脑。当你彻底掌握了这一器官，你会拥有神奇的钥匙，让他（或她）倾心于你。

㊵ 意中人的性敏感区域

多年以前,青春期的你是不是只要拿到一本情色小说,就会用颤抖的手匆忙翻过一张张书页,寻找淫秽的描写?如果是这样,你绝不孤单。你、我以及一亿处于青春期、好奇心强烈的孩子,都曾破译过同样的段落。

好吧,告诉你家书架旁那些形迹可疑的小孩:"在这儿,就是《如何让你爱的人爱上你》里面的淫秽部分。"在这一部分,他们会读到爱抚、按摩以及穿透男人或女人最热辣的情欲部位,他们会了解有关人体最性感器官的一切细节,他们会明白成年人究竟是怎样让彼此欲火焚身的。

然而,你最好提醒那些春情萌动的孩子预备好面对失望,因为在这一部分,我们几乎不会提到那些生殖器官。为了让意中人爱上你,比懂得如何爱抚他的阴茎或者用中指在她阴蒂上画圈更重要的是挑逗其最性感的器官——大脑。当你彻底掌握了这一器官,你就会拥有神奇的钥匙,让他(或她)倾心于你。

开始之前,我得告诉你,我在这里提出的强大方法并不会为你自己带来终其一生的性满足,而是为了让你的伴侣享受情欲的极乐,让他(或她)因此爱上你。毕竟,这才是这本书承诺的目标。

40. 这里提出的强大方法是为了让你的伴侣享受情欲的极乐，让他（或她）因此爱上你。

41 每次性爱都截然不同，正如世上没有两片完全相同的雪花

我们对食物、电影、书籍、爱好和度假目的地的品位各不相同。事实上，我们对自己在美食和文化偏好方面独一无二的选择引以为荣。可是，几乎人人都踌躇着，不敢明确告诉伴侣自己在床上想要什么。

每个月，报纸杂志的文章都会笼统地归纳"每个"男人想要什么或者"每个"女人将会如何呼应。然而，并不是每个女人都渴望男人在她的私处编织一朵玫瑰，也并不是每个男人在发现女人用保鲜膜裹住赤裸的玉体躲在卧室门后时都会欣喜若狂。每个人的性爱偏好就像各自的指纹一样独一无二。

对于如何成为好情人，那些通用的计策或许会对平凡男女奏效。但你并不是平凡男女，你的意中人也不是。和你同床的是一个独一无二的个体，为了让他（或她）在色欲方面对你倾心，你必须揭开床单去发掘他（或她）至为独特的欲望。

假如一个男猎手能够明白他美丽而练达的意中人内心羞涩的小孩想要什么，那么他将所向披靡、战无不胜。假如一个女猎手像玛塔·哈里[①]一样，能够破译温文尔雅的意中人内心深处的情欲密码，就会找到他心灵的钥匙。

听起来我们似乎要深入性爱的幽巷来一场探秘之旅吗？根本不是。

[①] 荷兰名妓，据传是第一次世界大战时期的间谍。

41. 假如一个女猎手像玛塔·哈里一样，能够破译温文尔雅的意中人内心深处的情欲密码，就会找到他心灵的钥匙。

我们谈论的是全美各地的通衢大道；我们谈论的即使不是邻人紧锁的卧室房门背后发生的事，也是他们期待发生的事。它带来的可能性，与天下有情人一样多。

关于性爱，有人喜欢粗野，有人喜欢温柔，有人喜欢狂放，有人喜欢优雅，有人喜欢原始，有人喜欢温存……情欲之参差多样，在完全正常的范围内，已然是惊人的丰富。

我是在非常偶然的情况下发现这一点的。20世纪70年代，我建立了"两性课题"项目机构，这是纽约州的一家非营利公司，旨在收集有关人类性爱欲望的数据。我和同事用了十余年时间，研究了这些来自社会各阶层男女的数据。由于我们使用了独特的信息收集与散播方法（不是通过调查问卷，而是让参与者给我们写内容详尽的来信，然后通过心理剧的方式将其展示出来），许多不愿参与常规调查的人也参加了我们的项目。

我们将研究结果展示给一些组织，比如美国性教育家、咨询师及治疗师学会和性科学研究会。《时代周刊》《今日心理学》《泰晤士报》等媒体和各大电视网都对我们的工作赞不绝口。这些不期而至的宣传都强调"两性课题"项目工作的高度自律与保密特征，因此，越来越多的人能够舒适自在地对我们袒露他们内心最深处的欲望。几千封信涌入"两性课题"项目组，每一封都详尽地描述了来信者的性爱态度与他们对理想伴侣的期待。

男人和女人的性欲究竟有什么区别？

男人和女人的性欲究竟有什么区别？他们的性幻想本来就大不相同，当谈到在性幻想中他们希望伴侣所扮演的角色时，更是天壤之别。

本质上，男人的性幻想比女人更加极端和丰富多样。他们的情欲更多地与特定行为和态度相关联，较少与伴侣的个性与情感相关联。男人的性幻想通常会包含一方对另一方的控制。我们的研究发现，较为迷人的一项是男人在性行为中比女人更容易忘却现实，沉醉于角色扮演。女猎手们，在我们分享如何让男人爱上你的特定技巧时，这个怪癖会开始起作用。

与男人相比，女人的性幻想更加复杂，通常会与某个伴侣有关（但不一定是床上的那个人），而且更强调性幻想中两人的浓情蜜意。女人的性幻想包含伴侣的情感和她自己对欢爱行为的身体及情感反应。与男人的性幻想不同，在女人的性幻想中，邂逅的情调与氛围更加重要；与男人不同，女人较少愿意与伴侣分享性幻想。男猎手们请注意：在女人的性幻想中，热烈的情爱远比男人的性幻想中要多。

为什么女人和男人的性幻想如此不同？

比起男人，为什么女人会更紧密地将性与爱关联起来？人类学家用遗传学术语解释了其中的原因。雌性必须拼命操劳才能维持家庭完整，让后代在衣食无忧、安全无虞的环境中成长。

性学家从经验方面做了解答。同我们的性格一样，我们的性爱人格与欲望也是在童年时期塑造的，特别是五至八岁的形成期。近年来，女童比男童获得了更多的关爱，母亲、父亲、姨妈、叔叔甚至父母的朋友都喜欢拥抱和亲吻这些小女孩。小女孩坐在爸爸的怀里，比小男孩更频繁地拥抱父亲。自然，一个女孩最初的情欲感受应当在被人拥抱时获得。

小男孩较少被人拥抱和亲吻。他们用不同的方式感受温情——拍拍后背或者在肩膀上捶一拳，开玩笑地说声"嘿，哥们"。这就表达了对小男孩的爱。小男孩甚至因此学会了在公共场合躲避温情和亲吻。

最近有一天，我在上午八点左右从一所城市的小学旁边走过。一位母亲带着两个七八岁的孩子走来，她拉着女儿的手，儿子蹦蹦跳跳地走在她们前面。来到学校大门前,她弯腰亲吻了女儿,给她一个大大的拥抱。小女孩张开双臂抱住妈妈的脖子说:"再见,妈妈,再见。"说完欢欣雀跃地走进了学校。

然后,这位母亲弯下腰对儿子做同样的动作。小男孩身体僵硬,举起双手挡住面孔说:"求求你了,妈妈,别当着大家的面亲我。"妈妈大笑道:"好的,小伙子。举起你的拳头。"两人将拳头轻轻一击,动作保持了几秒钟,然后小男孩意气风发地跟着姐姐进了学校。

小女孩们一起嬉闹的时候,会经常互相触摸。她们会为彼此梳辫子或者在害怕的时候拥抱在一起。男性好友更倾向于摔跤,在"牛仔与印第安人"或"警察与劫匪"的游戏中展开枪战。因此长大以后,女孩将爱与亲吻、拥抱相关联,而男孩将爱与略微粗暴的游戏或力量游戏相关联,又有什么好奇怪的呢?

其他区别

然而,"两性课题"项目收到的诸多来信显示出,男女之间最惊人的区别不是他们的真实性幻想,而是他们对待性幻想的态度。

我们惊奇地发现,男人和女人的性幻想与他们真实生活的模式截然相反。在日常事务中,女人通常喜欢分享细腻的感受,男人宁可将想法都留给自己。然而在性爱方面,许多男人想和女人分享自己的性幻想,有些男人甚至有势不可挡的欲望,想和伴侣一起演绎性幻想中的情节。

如何利用两性差异让意中人爱上你?

女猎手们,男人将性爱与自尊紧密相连,这比女人严重得多。男人在现实世界中的想法（比如，这段感情中都发生了什么事？恋情将向何处发展？我对伴侣感觉如何？她对我感觉如何？）全部会干扰欲望，请阅读"性能力"一节。可是，许多男人都学会在性行为的过程中，暂时忘却现实。如果床上的真实情景还不足以让他们兴奋，他们会借助想象完成性爱。男人可以忘记现实中这段恋情多么复杂纠结，让自己的想象和身体享受100%的狂野性爱。在这方面，男人的表现更加出色。在愿意与他分享性幻想并拥有同样性爱态度的女人面前，男人的性能力更强，因此，男人更容易爱上这样的女人。

女猎手们，方案是这样的。首先，我们需要探索原始的性爱；然后，我会给你一条妙计，让你发掘意中人性幻想的精髓；最后，我们要探究一些方式，操纵那些性幻想，让他爱上你。

男猎手们，在技巧方面，如果你们能在性爱中为女人带来更多绚烂璀璨的感觉，她们就会更加痴狂地爱你。但是，由于她们害怕伤害你的自尊，因此不肯说出你该怎么做。至于女人的性幻想，还是让她们将它保留在脑海中的私密领地吧，这样她们会更满足。另外，在选择终身伴侣的时候，女人更容易爱上——并迷恋——那些能满足自己爱情幻想的男人。所以，技巧和恋情双管齐下，便会触发女人热烈的情欲。

男猎手们，方案是这样的。在这一部分里，你会在"如何"部分找到性爱指南和发掘意中人恋爱幻想的技巧，将两者相融，你就会为你的女人带来她梦寐以求的性爱极乐。

虽然每个人的性爱感受就像指纹一样不同，但是，男人和女人对待性爱的态度的确存在基本的两性差异。在我们将目光对准意中人独一无二的性爱需求之前，先让我们关注普遍的共性。

接下来的一章当然包括一些概述，但是我们需要先了解两性在性爱方面的基本差异，然后才能在这个坚实的基础上去合理地探索意中人独特的欲望特征。

❤ 42 在床上，忘掉黄金法则

黄金法则告诉我们："你希望别人如何待你，就如何对待别人。"建议你恪守这条金科玉律，在朝九晚五之间如此对待同事、如此对待朋友。但当你安顿好小猫小狗，熄灭电灯，与恋人跳上床时——请把它忘在脑后！

黄金法则导致了性爱中的许多问题。太多时候，男人以自己想要的方式和女人做爱（有时候太粗鲁、太急速、不浪漫）；女人以自己想要的方式和男人做爱（有时候太迟缓、太浪漫、太多情）。一旦你与异性到了床上，就要像扔掉脏纸巾一样扔掉黄金法则。为了用性爱俘获意中人，让他（或她）心醉神迷，女人就应该用男人想要的方式与男人做爱，男人则应该用女人想要的方式与女人做爱。

我们都读过一些资料，上面说男人喜欢热辣性感，女人喜欢热烈深情。那么为什么我们刚一关灯，就开始直觉地遵循黄金法则？为什么非要以我们希望别人对待我们的方式去对待别人，而不是以他（或她）想要的方式？

显然，阅读那些强调差异的性爱指南和大众读物并不能解决问题。男人依然用他们简单粗暴的方式让女人意兴阑珊，而女人依然用她们柔软高潮点的需求让男人火冒三丈、兴味全无。

解决之道在这里。

男人用身体来爱，女人用心灵来爱

男猎手们，上次你对她吟唱着雄性的小曲："甜心，你也觉得舒服吗？"她也许会嘟哝道："嗯……很不错。"但她说的是真话吗？她或许在心里讽刺道："可不？整整五分钟呢。"或者更糟："真能打呼噜。"也许她暗暗希望你喧闹一些或安静一些，猛烈一些或温柔一些，野蛮一些或文明一些，话多一些或话少一些；也许她想让你触摸她真正敏感的部位，而不是你以为会让她舒服的地方。

她可能没告诉你，但不要指责她。她知道你在性爱中倾注了太多自尊，因此不想伤害你。还有，如果她和多数女人一样，那么在你速战速决的时候，她正在用脑海中绚烂的性幻想愉悦自己。也许你是她隐秘幻想电影中的明星，也许不是。但即使她让你担纲主演，在她的浮想联翩中，你的所思、所言、所为也未必符合你真实的想法与言行。

世代以来，女人都能冷静对待性幻想的念头。到了20世纪七八十年代，它又成为热门话题，特别是在南希·弗莱迪出版了几本炙手可热的女性性幻想方面的专著之后。到了90年代初期，女性有性幻想的观念已经被人们广泛接受。性学家和主流性教育影音资料甚至赞成人们使用性幻想，并详细阐述男人和女人在枕席上的欲望有何不同。他们明确告诉我们，男女两性都喜欢热辣温存的性爱，但是男人通常喜欢热辣甚于温存，而女人对热辣与温存的重视则不分高下。

许多书籍都详细介绍了如何与女人交欢，解释了来自火星的男人和来自金星的女人在床笫之上造访对方领土时会有何等不同。男人读过这些书吗？读过。男人对此留意吗？不，至少你在听过我的证词之后，会明白他们并不留意。我曾花费好几个小时为一个女人咨询，她向我提出了同样的问题："为什么男人不能用让我满意的方式和我做爱？"许多女人已经厌倦了在床上假装高潮。

人类已经度过了第二个千禧年并已探索了月球的表面，但女人的身体却依旧让男人困惑。关于怎样完全满足女人的性需求，大多数男人仍旧一无所知。然而，男人希望在床上表现得优秀，他们想为伴侣带来欢愉。满足自己的女人，关乎男人的尊严。猎爱的男人们，如果你想让女人爱上你，首要的因素是，先当个好情人。

男人应当做什么？

42. 男人用身体来爱，女人用心灵来爱。

43 男猎手们，请用女人渴望的方式和她做爱

开头我要说一句，我不认为用几段话详尽描述女人床笫之上的愿望，就能让男人为女人改变习惯。我不会心存如许幻想。即使是性爱手册上清晰露骨的图示，都没能教会男人如何温柔地按摩女人的敏感地带。虽然有不计其数的证据显示，女人在床上渴望爱抚、浪漫、热烈、细腻和力量，但它依旧无法改变美国男人普遍像兔子般急不可耐的性爱习惯。

这些报道看上去很时尚，观点却很老土。男人需要更多帮助。人们呼吁采取更多激烈的措施。如果普通美国男人仔细读过《如何与女人做爱》和《如何每次都让女人满意》这样的书之后，仍然在12分钟甚至更短的时间内完成性爱，那他就需要更多帮助。方法就在这里。

改变你一生的一小时功课

一张图画抵得上1000个字，一张动态的图画抵得上1000张静态的图画。男人们算算吧，我即将展示给你的一小时功课抵得上几百万字。

人类的大脑可以迅速忘记阅读的内容，但动态的画面、视频却要很久才会从记忆库中消失。如果电影很短，那些图画就会永远铭刻在你的

脑中。绅士们，假如你想成为更好的情人，那么你有一项独一无二的优势可以胜过你的祖父、父亲甚至哥哥。现在，世界上有一群个性新奇的女人正在展示自己的动态画面。

如果书籍没能教会你，那么女性向情色电影会让问题迎刃而解！女性情色电影向世人展示了女性色欲的真相。与男性向作品不同，女性向电影向你展示的是女人多么热爱被人亲吻，多么喜欢享受抚爱、谈笑和鱼水之欢。

那些电影是什么样的呢？它们大多数都可以被称作浪漫的软性情色片，但在审查时并不能被归为软性一类。其中没有残酷的法律，没有拘谨的假道学，也没有对内心的压抑。女性导演毫不隐瞒，浪漫的软性情色电影展现的就是女性迷恋的性爱，也是她们想从男人那里得到的性爱。

此类电影中有些很出色，有些较平庸，有些则是彻底的乏味，但它们都包含着女性喜欢的要素。与男性向电影截然相反，女性向电影更为复杂：没有直白的性爱，而是充满了香艳的情欲。电影展示了男女之间的两情相悦和轻怜蜜爱，面部特写反映了伴侣之间的柔情（绅士们请注意：性爱中，你可以用面部表情来让女人春心荡漾）。重要的是，你可以看到应当触摸女人身体上哪些位置以及她喜欢怎样的爱抚。你看到的一切将会与你从男性向电影中得到的错误认识大相径庭。

最近，为了撰写这本书，我重温了几部男性向电影并终于忍不住哈哈大笑。一个男性明星用中指指节猛烈地将那可怜女孩的阴蒂压进她的身体，他显然以为自己为她带来了极大的快感。对她来说，幸好目标偏离了十分之一英寸，否则她的痛苦将不堪承受。绅士们，观看女性向电影的好处不仅仅是了解女性身体的地形地貌，还可以学到一些实用技巧，比如怎样平滑地戴上安全套。

要寻找那些杰出女性向电影导演的作品，比如坎迪达·罗亚尔、格洛丽亚·莱纳德和黛博拉·莎梅斯等，这里举出的只是少数几位而已。现在我们对这些导演的作品进行一些预先的了解。看了坎迪达·罗亚尔的电影，你会掌握触摸及爱抚女性的技巧。格洛丽亚·莱纳德的电影是幽默与性爱的融合。而在黛博拉·莎梅斯的电影中，你将学会更多制造怡人情调的方法，让意中人醉心于你。

从上述女性电影中你将会了解到，对女人奏效的是幽默、浪漫、张力的营造以及强壮而从容的双手；你将知道意中人在枕席上、餐桌上、电梯中或长椅上真正期待的是哪些行为。

譬如，在一个小场景中，你会看到一个女人一脸倦色地从泡泡浴缸中冒出，因为她必须参加一场盛大的慈善舞会。她伸手从内衣抽屉里掏出一件白色蕾丝连衫裤，正要系上精巧的绸缎蝴蝶结，这时身后一双稳健的手臂抱住了她。她感到一个轻柔的吻压在后颈上，一双可靠的手巧妙地解开了小小的粉红缎带，她的连衫裤落在地板上，一个悄然无声的陌生人用有力而细腻的小指温柔地在她乳头周围画圈。

绅士们，在这个时候，你可能有种冲动，想跳过去快进到"好看的部分"。不要这样做，因为电影的开头揭示了地点、角色和情节发展——在女人看来，这些才是"好看的部分"。

许多女人将性与爱密切关联，而且只有对伴侣怀有深情或爱慕的时候，女人的情欲才会被充分唤起。许多女性向电影也清晰地展示了这一点。我的哥们有时候对我抱怨："为什么女人不能忘掉这些浪漫的玩意儿，直接动真格？"呃，绅士们，对于女人来说，"真格"就是爱情或者至少是亲密关系。她对你的爱，会让她更加性感；你对她的爱，也会让她更加性感。

一切研究都证实，女人真的更喜欢浪漫。在一场典型的研究中，路易斯安那州州立大学的一名心理学家为一组男人和一组女人读了同一个情色故事，然后向实验对象提问。结果，男人记得的片段都是那些撩人的动作，比如"女人轻挠男人的背，用双腿紧紧夹住他"；而女人记得的醉人片段则是"他们四目交投，深情相望"。

在男性向作品中，人人都曲线玲珑、人人都急不可耐、人人都欲仙欲死；在女性向作品中，人人都一往情深、人人都温柔蕴藉、人人都为爱痴狂。多看几部女性导演的电影，你终会领悟并会用自己的眼睛看到：如何用女人期待的方式与她做爱。

43. 一切研究都证实，女人真的更喜欢浪漫。

如何让你爱的人爱上你

男猎手们，如果我的文字力有不逮，如果仅仅阅读本书不能让你恍然大悟，那就试着看几部女性向电影吧。看着电影情节缓慢地推进到性爱，你会明白的。它会让你延长性爱中的前戏，学会若干花招。

技巧 73 跟女性向电影学习香艳的情欲（献给男猎手）

男猎手们，现在有一种全新的女性物种，她们让世界知道，在女人眼中什么是床第上的性感（以及不性感）。

为了让意中人在床上变得疯狂，把你那些男性向电影都扔进垃圾桶。从那些电影中，除了你本就拥有的错误观念之外，你什么都学不到。在你的影碟机中放几张女性向电影。

然后仔仔细细地观赏。

绅士们，如果你有哥们开音像店，而你觉得向他打听《克里斯蒂的秘密》或《尝一口美馔仙醪》之类娇滴滴的电影名字会惨遭嘲笑，那么你可以选择邮购。有几部"更佳性爱录像"制作得尤为精美并且冷静客观，但也透过柔和的女性视角展现了实质内容。

针对男人的另一门性爱速成课

绅士们，如果你没有录像机，并不意味着一切落空。还有一种形象生动的速成课可以让你点燃女人的欲火，它不是性爱手册、也不是指南书籍，而是情色文学——女性风格的情色文学。

你知道吗？有 2500 名读者定期购买爱情小说，而其中最为知名的是哈勒奎恩图书公司的书籍。如果你以为只有愚笨的女人才会迷恋哈勒奎恩式的性幻想，那你就错了；浪漫小说的读者多数受过高等教育，平均年薪四万美元。每个月有 150 种新小说出版，内容充斥着伟岸而沉默的陌路人，或者豪门骄子遇到一生所爱之后抛弃一切名利，或者是超级奶爸的故事。

男猎手们，到本地书店去一趟吧。对店员嗫嚅几句："我买这本书是为了送给……呃，嗯，姐姐。"然后抽出一个小时左右的时间，以学习的心态静心阅读。

这是哈勒奎恩图书公司一本爱情小说的节选[47]。女主人公名叫爱玛，是个知名的作家。为了和"才华横溢又像原罪般性感"的山姆·库珀一起精心写作电影剧本，她只能住在一座与世隔绝的海滩别墅里。百般躲避之后，爱玛决定和山姆做爱，但与爱情无关。爱玛已经准备好了，山姆却说："我又不是不知廉耻的畜生！不可能你让我干吗就干吗……我们……还是谈谈吧。"

> 爱玛说："听着，你说过的最聪明的一句话就是：'仅仅是做爱，让我们摆脱束缚继续干。'而现在你在说什么？"
> "我说让我们慢慢来，顺其自然……"
> "为什么？"她的声音陡然一紧。
> "因为……那样会更浪漫。"
> 她冷笑一声："谁说要浪漫？"
> "是我。我是说，这不仅仅是做爱。"
> "那还有什么？你说过这仅仅是身体吸引，只要我们上床，这种魅力就会消失。那我们就上床吧。"
> "这不仅仅是身体吸引，至少在我看来不是。"他的声音柔和起来，低沉而且意味深长。"我对你有了感觉，我想我爱上你了。"

男猎手们，你们有没有发现这位英俊、雄壮、性感的山姆所说的就是女人习惯的感性话语？他想谈谈，他希望更加浪漫，他觉得爱上她了。

爱玛害怕自己的情感，试图逃避。

她不顾一切地转身，冲出敞开的推拉门奔上了露台。暗灰色的雨帘抽打着身体，刚靠上栏杆，她立即浑身湿透。她想纵身一跃，落入露台下四英尺深的浅海，那里惊涛拍岸、泡沫如雪。

　　一双有力的手揽住她的纤腰向后一拖，她扑倒在地，那双手又将她的身体翻转过来。

　　"看在上帝的面上，你完全弄错了！"他吼叫着，声音压过了狂风巨浪的咆哮，雨水从他面孔上奔流直下。

　　她在他紧锁的臂膀间挣扎。"让我走……"她呜咽着。

　　"你不想要我，我已经很清楚了。"她疯狂地冲撞他的双臂，不知道也不在乎这样做有什么意义。

　　"我像是不想要你的样子吗？"山姆抱紧了她，用他强壮的身体贴紧她的娇躯，让她无法动弹。这时他火热的嘴唇印上了她的嘴唇，奋力而无畏地亲吻……

　　"你这个疯女人，"他呻吟道，"你让我发疯。我不知道我还想要什么，我不知道我在干什么，我再也不明白自己了。"他用狂野而热烈的吻，为每个喘息的字眼加上着重号："我能肯定的只有一件事——如果没有你，如果不能立即和你做爱，我就会死。"

　　男猎手们，从字里行间寻找一切要素吧。例如，即使在节选的这少数几段中，也有戏剧冲突，有异国风情的海滩风光，有男女主人公炽热的迷恋，在此之上还有山姆——那个需要她、爱她的温情男人。山姆，他威武雄壮、温文尔雅、充满激情；但山姆的激情并不是为了做爱，而是为了她。

　　现在，到了真正的性爱。我们上次看到爱玛和山姆时，他们在大雨中冲撞挣扎，怒涛拍打着那座海滩别墅。现在，他们还在那里，但山姆已经"扯下了她的衣服，两人裸裎相对站在大雨中，彼此的叹息与呻吟全都被滂沱的雨帘冲刷殆尽。"

　　她在浪峰之上抬起头。来自小屋的灯光为她湿漉漉的肌肤镀上一圈青色的光晕，将她的面孔镌入坚固的木板和墨黑的暗影中。她深深凝视着他热烈的双眸，那双眼睛蓝得惊人，乌黑浓密的睫毛在雨水中结成了一片。这时，那双眼睛移到她的上方，贴近她的身边。她的头落了回去，一阵释然的战栗传来，一波接一波地穿透全身，喉咙中发出无言的哭泣与呻吟。他将火热的嘴唇贴在她脖颈上，猛烈地进出，这时他抱紧她玉体的双臂一阵痉挛，将自己排空到她的体内，成为欲仙欲死的永恒。

突然间，一切都寂静了。只有沉重的雨点落在露台上，落在下面的海水中，四散飞溅。

爱玛缓缓地抬起头，看到他闭上的双眼以及柔声呢喃时痛苦又狂喜的神情。"我亲爱的女孩。"他的双手在她背后向下游走，温柔地抱紧她，那种热度不仅仅来自身体。"我要永远抱着你。"

绅士们，你们留意到了吗？在欢爱的过程中，山姆的感受、山姆的神情和山姆的呻吟（甚至还有他的睫毛）都穿过滂沱的大雨，势不可挡地进入爱玛的脑海。"欲仙欲死的永恒"之后，便是"温柔地抱紧她，那种热度不仅仅来自身体"，更有对未来的许诺："我要永远抱着你。"

技巧 74：读一本哈勒奎恩的爱情小说（献给男猎手）

没错，男猎手们，我是说真的。你也许会咯咯傻笑、肆意嘲笑、插科打诨、转动眼珠甚至倒在地板上抱着肚子笑得上气不接下气，但有2500万女读者喜欢这些读物，她们绝不是在假装。

试试吧。也许你不喜欢这种书，但是，如果你借鉴小说中具有异国风情的男主人公（比如拉斐尔、波、菲利普、里格、斯凯、顿斯丹、塔克、凯尔、卡格尼等）所使用的招数，那么意中人的反应会让你非常喜欢。

在女人眼中，这些东西都非常香艳。

太土了？也许是。但它们肯定没有男性向电影中充斥的兽欲高涨的性感女郎乞求男人与之做爱的情节那么离谱和痴心妄想。

男猎手们，背诵一些短语，研究一下情节设置。也许你以为意中人是别样的女人，她们不想被人发现在公文包中藏着哈勒奎恩的爱情小说，但是，无论她们看起来多么独立、多么干练，爱情小说中的甜言蜜语都能创造奇迹。在狂风巨浪中听到"我需要你、我想要你、我爱你"这种话，几乎每个女人都会心旌摇荡、情潮翻涌。

44 女猎手们，请用男人渴望的方式和他做爱

女猎手们，换位思考才是公平的游戏。如果你期待男友能为性爱倾注更多浪漫，那么公平起见，你也应该为浪漫倾注更多性爱。

任何女人只要爱过就会明白一件事：爱情让美好的性爱更加迷人；任何男人只要爱过就会明白另一件事：美好的性爱会让爱情更加迷人。然而在有了这个发现之后，几百年过去了，男人和女人却仍然躺在枕头上大眼瞪小眼，暗暗希望对方能懂得这个道理。

这一点我已经说过，许多比我更出众的作家也论证过。穿过超市结账口时，你总会看到一些女性杂志在大谈如何吸引男人："更热辣！更性感！更狂野！要让上床更有趣！要游戏！"如果你真的很想俘获意中人的心，没错，你必须更热辣、更性感、更狂野，要让上床更有趣，玩弄吧！

回想一下，在你还是小女孩的时候，你和其他小孩一起在沙池里翻滚、傻笑、扭来扭去、谈天、建造沙城堡……你用想象力获得乐趣。在欢愉的时刻，小女孩会将沙子扔到空中欢呼："耶！"她们并没有在内心嘀嘀咕咕问自己："我的玩伴会喜欢我吗？他是不是只想利用我建造沙城堡？我是不是应该假装更好玩？他没有表达足够的温情？为什么他不能也说'耶'？他不觉得享受吗？哦，对了，我们回到城里之后，他还会和我在沙池里玩吗？"

孩子们陶醉在感官愉悦的幻境中，任由想象驰骋。他们关掉担忧，打开幻想。其实床就是成人的沙池，一个可以翻滚、傻笑、扭来扭去、谈天和建造梦幻城堡的地方，一个任由想象驰骋的地方，一个让你关掉担忧、打开幻想的地方。

还有一条更为惊人的两性差异：在性爱过程中，许多男人仍然保留着上述孩童般的品质。一如爱丽丝迷失在仙境，男人也会迷失在幻想的国度。他们更容易忘记现实，陶醉于色欲的想象，这并不是因为他们的想象力更发达，而是因为担忧会干扰他们的快感和性能力。

女猎手们，这并不意味着男人不渴望爱抚、温存和爱情，但是当卧室房门关紧、灯光熄灭之后，他只想沉沦在彻底的性欲中，也就是说，享受直白的性爱。"奇哉怪也。"爱丽丝会这样说。事实上，在经历过几次妙不可言的狂野性爱之后，即使尚未言爱，男人的心思也会更容易转向爱情。

女猎手们该如何表达纯粹的性爱呢？首先，卷帙浩繁的文字连我们的发型都未能改变，更不能改变我们的思想。其次，动态的画面能够抵得上100个字。

我们看录像带吧

我们所说的录像带指的是成人电影。它们淫秽、恶心，只是一文不值的纯粹性爱速成课。每个知性女子都应该停止道德评判，坚定地闭紧嘴巴，坐定在沙发上，看完一部这样的电影。

怎样弄到一部成人电影呢？你可以冒险走进美国任何一家音像店的后屋里试试（如果你真要这么做，请先穿上男式军用防水短上衣，将雨帽拉下来遮住脸）。你会发现好大一堆录像带，足以增广你的见闻。

显然，你必须谨慎选择。成人电影有数百种口味，有正常的、也有变态的，充满了男女之间所有可能的组合。有时候，甚至会有狗、马和山羊在剧中跑龙套。本着接受教育的目的，你想要选择一部"正常的"。但我要预先提醒你，"正常的"性爱可能包括两个或更多的女人与同一

44. 任何女人只要爱过就会明白一件事：爱情让美好的性爱更加迷人。

个男人做爱的场景，或者是两个男人与三个女人。不要为此担心，这种富有教益的体验会营造原始性爱的氛围。

你会从女演员的呻吟、呢喃、扭动、嘟起的红唇或在空中轻弹的舌尖中得到暗示，明白什么叫性感。

而且，看男性向电影还有一种好处——得到时尚资讯。你会看到许多款最新潮的连衫裤、吊袜带、长丝袜、睡衣、无裆内裤、露点胸罩、紧身胸衣，偶尔还会看到紧身皮衣或法国女仆制服。我不建议你马上冲出房门去买这些撩人的衣服。但是如果意中人哪天为你买了一件小小的限制级生日礼物，你能一眼认出它是何物，而不会发出让恋情紧张的抱怨："该死的这是什么玩意儿？"

电影里还包含什么别的指导性材料呢？性爱戏码。你肯定会发现一些新的性爱体位。在每一部成人电影中，演员平均要尝试5至25种不同的体位。

你也许会问，这些成人电影的故事性如何？嗯，不太好。把录像带放进去之后，你会以为跳过了开头，因为还不到30秒就看到了香艳的桥段。其实你什么都没错过，因为里面几乎没有情节推进甚至几乎没有情节、没有角色发展、没有性格塑造。是不是有些像某些男人的做爱风格呢？嗯，真不公平。

显然，女猎手们，我并不是建议你在与意中人做爱时模仿女明星淫荡的表情与扭曲的肉体。但是，观赏成人电影可以让你用男性的视角洞察露骨的性爱。在男人眼中，女人与自己的性感受越接近，这场性爱就越热辣。

技巧 75. 跟男性向电影学习"原始性爱"
（献给女猎手）

女猎手们，你可以大笑（也有可能面色发青或作呕），但研究男性向电影可以让你了解什么是原始性爱。男人每年花费数百万美元观赏此类电影，看那些妖冶女人如何对男性的肉体垂涎三尺。

你不必做得太过火,不要意中人刚一吻你,你似乎就到了高潮;但是为了让他爱上你,一点点放浪不会有什么害处。

在女人的性感教程中再加些放浪

女猎手们,如果你没有录像机,那也不意味着一切落空。从书店的书架上拿几本《阁楼》《花花公子》和《画廊》之类的男性杂志,会让你获得不错的跨性别体验。翻到问答专栏,这部分对女人来说最有教益。

你会发现在男人的性幻想中,不是90%的情节酝酿、10%的性爱,而是10%的情节酝酿、90%的性爱。你不会读到哈勒奎恩幻想中的目光、面容或青铜色的肌肤,却会发现男人频繁地用大、硕大、巨大、庞大或雄伟等形容词来描述自己最爱的生理部位。

哈勒奎恩小说中描述的是心思细腻的单身男女陷入爱河,而男性性幻想中的主角却往往是一些名花有主、对亲密关系毫不在乎的女人——豪放的护士、欲火焚身的家庭主妇、热辣的保姆、放浪的女同性恋者或没穿内裤的搭便车的女人。事实上,在仔细研读厚厚一叠男性杂志之后,你根本找不到那三个神奇的字"我爱你",也找不到"我亲爱的女孩"之类的甜言蜜语。取而代之的是这样的称赞:"你这个热辣的小东西!""哦,你这贪得无厌的婊子!"

显然,在男性的性幻想中,爱和性不是交织在一起的。

技巧 76 读点男性成人杂志(献给女猎手)

女猎手们,读几本男性成人杂志吧。你会发现有特殊癖好的热辣读者写来的热辣邮件。

如果邮件中发生的事情并非完全属实,那么它们至少是记载男性如意算盘的最佳印刷品。

女性向作品与男性向作品对比一览表

女性明星	男性明星
身强力壮、心思细腻的男人,值得爱慕且充满无畏的激情。	性感的女人,更为性感的女人,最性感的女人。(导演唯一想要体现深度的地方就是女人的乳沟。)
女性向作品脚本	男性向作品脚本
敏感的谈话。与男性色情作品相比,其句子更为复杂,包括下列句子:"你真美。""我想要你。""我爱你。""我这一生都梦想拥有你这样的女人。"	"哦,耶。""用力。""不要停。"(一句话最多三五个字。)
女性向作品情节线	男性向作品情节线
女人受到俊朗陌生男人的引诱,冒着被擒获的风险做爱以及花样百出的"被掳掠"幻想(她们不把它称作强暴)。	情节要么非常简单、要么干脆没有。通常是迪奇见到了简,然后用5至25种体位与简做爱。(女猎手们,如果你想狂笑,就快进播放,欣赏迪奇和简以光速做爱的奇观。)
女性向作品场所	男性向作品场所
古堡,美不胜收的海岸,异国的土地,昂贵的铜床或古色古香的四柱床。	简陋的室内,任何一张床、沙发或地板。

续　表

女性向作品风格	男性向作品风格
纯正的香草味。	任何口味——后来的几种口味人们甚至闻所未闻。
女性向作品结局	男性向作品结局
彼此满足之后，最终一吻，缓慢淡出。伴着柔美的音乐，播出演职员表。	男主角到了高潮（必须就此结束，因为此时男演员已经失去了"天分"），画面闪烁片刻之后，变为黑屏。

45 小测验：男人和女人谁用情更深？

男猎手们，我希望你已经意识到上一章中无数的概括、轻微的夸张和牵强的幽默，都是为了证明论点。为了避免你们以为我在专门打击男人，现在请让我为你们献上一件和平的礼物。

比起女人，男人因不浪漫而遭到的指责更为严重。自然，如果你在商场做个"男人和女人谁更浪漫"的调查，大部分人会说女人更浪漫[48]。乍看起来，证据非常确凿，因为女人多是浪漫主义者。的确，假如浪漫是指喜欢说"我爱你"，记得情人节是哪天，知道"点滴事物更有意义"（比如订婚戒指），那么女人确实更胜一筹。但是，说到真正深刻而重要的浪漫，你们男人才是大赢家。

在你们一生中的某些时刻，你们的梦中情人可能会谴责道："你们男人都是一个德行！太不浪漫了！"每当你发表"麻木不仁"的言论时，她们总会拿这句话评判你。我为你们准备的礼物马上就要送出了，有一天你可以顺手拿它来自卫。我会用调查问卷的形式把这件礼物清清爽爽地包装起来，下次当她批评你不浪漫时，你就拿出来送给她。

男人和女人究竟谁用情更深？

45 小测验：男人和女人谁用情更深？

问题	男人	女人
谁更容易动心？	☐	☐
对待爱情谁更理想主义？	☐	☐
谁总是提出分手？	☐	☐
分手后谁更痛苦？	☐	☐
谁对恋人的爱更多？	☐	☐

谁更容易动心？男人！

在一项研究中，研究人员向700名年轻恋人提出这个问题："你是什么时候发觉自己陷入爱情的？"结果证明男人更容易陷入爱情。在第4次约会之前，20%的男人已经恍然大悟，明白自己动了心；然而只有15%的女人发觉自己被爱神之箭射中。43%的女人到第20次约会时依然不知道自己身陷爱情，而有这种情况的男人只占30%[49]。女人比男人更谨慎，不会轻易开始一段恋情。

对待爱情谁更理想主义？男人！

另一项研究证实，男人对待爱情的态度远比女人更为理想主义，而不是更实际[50]。男人不像女人那样在乎对方的社会地位和赚钱能力。

更多男人认为，只要两人真心相爱，就可以拥有琴瑟和鸣的婚姻。

谁总是提出分手？女人！

哈佛大学的一组科学家谨慎地追踪了231对波士顿情侣的恋情。在那些最终分手的恋人中，通常是女人提出分手；而男人总想坚持下去，直到看到苦涩的结局才接受事实[51]。

分手后谁更痛苦？男人！

分手之后，男人感觉更为孤独、抑郁、没人爱、不自由。男人声称，他们最难接受的是女人再也不爱他了，她真的走了。

而且，男人最苦恼的是发现自己对此无能为力，他们总是用幻想来折磨自己："如果我没说错某句话、没做错某件事该多好啊……"

事实上，一场轰轰烈烈的恋情结束之后，试图自杀的男人是女人的三倍。

谁对恋人的爱更多？男人！

男人爱恋人，超过爱生活中的其他人。耶鲁大学的几名研究人员做过一次调查，参与者是一群18至70岁的男女，他们要回答这个问题："一生中你最喜欢谁，最爱谁？"[52] 选项有恋人（或配偶）、密友、父母及兄弟姐妹等。

结果证明，男人最爱而且最喜欢的都是恋人（或配偶），而不是密友；而女人呢，选择恋人和密友的人数基本持平。许多女人居然更喜欢闺蜜，而不是恋人！

绅士们，如果你的恋人又一次责怪你："你们男人真不浪漫。"你就拿出这份统计数据说："噢，谁说的，啊？"三思之后你可以说："你知道，亲爱的，你说得非常对。很抱歉，我要试着更浪漫一些。我爱你。"

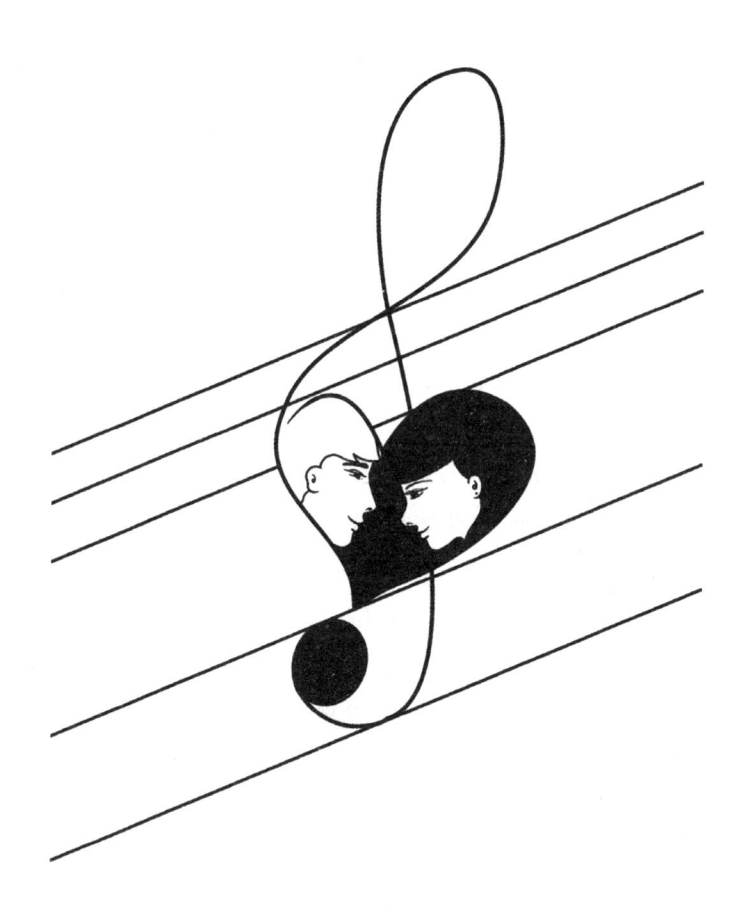

45. 只要两人真心相爱，就可以拥有琴瑟和鸣的婚姻。

46 每个人的欲望都像指纹一样独一无二

男猎手、女猎手，对于之前我提出的观看色情电影的建议，请允许我"啪"的一声，贴上一张警告贴。你也许会以为，每个男人都梦想一个荡妇在他身上扭来缠去，每个女人都希望在塔希提岛海岸有个英俊的陌生男人劫持并诱惑她。并非如此。正如生活如此多元一样，每当你觉得自己找到了解决之道，就会发现例外。至于性爱，例外的情况更是比比皆是，没有哪两个人的性爱是相似的。

我用艰难的方式学到了这个教训。在我初恋那年，"两性课题"项目还没有开展，我还不知道人们的性需求是何等丰富多样。多年以前的一天，我到芝加哥一家美术馆参观，一个叫克里斯托弗的男子恰好也造访了风之城①，为自己的艺术作品举办展览。我的目光穿过房间看见了他，他正往墙上悬挂一张奇异的抽象油画。我立即被他吸引了，他的一切都符合我的爱情地图：有艺术气质、心思细腻、聪慧过人、臀部长得非常可爱。

我们一见如故，幸运的是他也是纽约人。回到大苹果城②之后，我们开始约会，很快我就爱上了克里斯托弗。当然，我尽力取悦他，也盼望他投桃报李。我和克里斯托弗的恋情堪称完美无瑕：我们迷恋同样的活动，喜欢同一类朋友，都爱看电影、滑雪和骑自行车，有时候甚至能

---

① 芝加哥市的别称。
② 纽约市的别称。

够整晚不睡地聊天。我觉得克里斯托弗就是我的真命天子。一天天过去了，我们在妙不可言的爱情里沉醉。

只是克里斯托弗从来不说"我爱你"，由于恋情中的其他方面都很理想，我想问题一定出在性爱上——他从来不曾在激情中欲仙欲死。我在书上读过，如果一个女人真正懂得如何让男人意乱情迷，男人该是何等地狂野，但克里斯托弗在床上从没那样狂野过。

我们的性爱过程总是一成不变。通常是晚饭后我们在他的公寓里一起聊天。聊着聊着，克里斯托弗会绽放出可爱的微笑，将手搭在我的肩膀上徐徐向下抚摸，从我的胳膊一直到手，然后站起来。有时候他会对我眨眼说道："来吧，小女孩。"试探着带我走进卧室。从他的举止看，他似乎觉得引诱我的时候必须温和而谨慎。难道是害怕我拒绝吗？

克里斯托弗做爱时温暖而深情，但也毫无新意、缺乏激情。我想，只要我知道如何击中他的情欲按钮，就能改变一切。我认为自己需要变得热辣一些，好让他醉心于我，但我不知道具体该怎么做。

一天下午，我正在思考这个难题，目光忽然落在《乡村之声》杂志里的一份广告上。那是一门三小时的课程，名叫"如何在你的男人面前脱衣"，它保证"为恋情增添刺激、让你的男人疯狂"。就像爱情医生宣称的那样，我想。

我穿着最性感的内衣跳上火车，来到一片邋遢的郊区，爬上一栋没有电梯的居民楼，到了六楼一个脱衣舞女的家。那天晚上，我和四个女人在那套只有一个卧室的公寓里学会了一边旋转、一边脱下裙子，让它诱人地落在地上，然后挑逗地从裙子中走出。我们一步一步学会如何风情万种地解开胸罩，先露出左边乳房、再露出右边乳房，扭动腰肢，将除下的胸罩抛到房间另一边。她还教会我们五个学员中身体最灵活的几个如何在地板上舒展身体，让双腿在空中妖娆地转动。

课程结束时，老师走进里屋向我们推销产品，包括一盘脱衣舞音乐磁带和一条流苏舞裙。那条舞裙披在天资较好的学员身上，旋转起来美艳惊人。遗憾的是，我不够灵巧，无法披着它旋舞，但我还是把两件东西都买了下来。我心头回荡着脱衣舞的旋律，坐上火车径直去了克里斯托弗的公寓。

我迫不及待要见到他可爱的笑容，因为那是他向我传达的信号。果然，大概 10 点 45 分时，他的嘴角扬了起来："来吧，我的小女孩。"说着牵住我的手，带我走向他的卧室。但今天晚上有所不同，我要给克里斯托弗一个惊喜。

刚走进他的卧室，我就把一脸惊骇的他推进一张椅子，将磁带插进录音机开始表演。我先是绕着梳妆台跳几个华丽的舞步，接着，一、二、三，躲猫猫，露左乳；四、五、六，躲猫猫，露右乳……我的胸罩倾斜着飞出，穿过房间，恰好两点都落在他的大腿上。

但是，脱衣舞有一条至关重要的表演技巧，我的教练却忘了告诉我们：一定要不时地注视观众的眼睛，好知道自己的表现如何。我在克里斯托弗家的地毯上扭动，双腿在空中旋转，险些碰倒他最爱的台灯，却始终没有看他的脸。如果我看了，就会发现他惊悚的神色。

我跳完之后，克里斯托弗一言不发地站起身走出卧室，离开了公寓。我泪流满面，抓起自己的裙子、胸罩、磁带和从未派上用场的流苏舞裙，一路哭着跑回了家。我做错了什么？

连续一周，克里斯托弗都没有给我打电话。最后是我打电话问他："我们能谈谈吗？"我们一起吃了顿饭，谈了次心，他对我直言不讳。我终于明白，克里斯托弗对性爱的理解是：引诱女人而不是被女人引诱。此外，他还告诉我，最能让他春情萌动的不是女人的妖艳与勾引，而是女人的抗拒。事实证明，最让克里斯托弗迷恋的是做个魅力十足的风流公子，而不是"那种孤独又压抑的家伙，竟然需要掏钱去看廉价的舞女在身边扭来扭去"。

哇！真让我大开眼界。从那时起，我发誓今后再也不对任何男人的情欲做任何想当然的揣测。每个男人都与众不同（每个女人也是如此，下文我们即将谈到）。看起来似乎所有男人想要的都是同一件事，但是据我了解，为了实现这件事，方法不计其数。

性爱就像牛排

你是否曾经对美味多汁的牛排垂涎欲滴？作为一名美味牛排爱好者，你知道牛排的口味从极嫩到全熟有68种，彼此之间只有细微的区别。但今天晚上，你饥肠辘辘，希望能品尝一顿真正可口的牛排。你走进全城最好的牛排店，点菜的时候，你描述得非常精确。

你告诉服务员："请给我来一份菲力牛排。"你希望这份牛排外焦里嫩，但中间肯定不能发青。你千叮咛万嘱咐："一定要保证整片牛排肉都是粉红色而且烫嘴的，中间不能是凉的。"服务员耐心地听你说完，转身走进厨房喊道："六号桌一份牛排！"

这就是我们许多人对待性爱的态度。虽然我们的意中人拼命暗示怎样才会让他们情欲萌动，但我们却一头跳上床，什么都不想。意中人也许对性爱很满意，或许你也觉得很不错。但对他而言，如果你不理解他的68种口味，你们的性爱就不那么美味。你想让他爱上你，可你的行为却无法帮你实现目标。最可悲的是，他永远不会告诉你为什么他忽然意兴阑珊。

如果在地上一直挖下去，无论在何处都可以挖出水源。如果在男人的性爱上用心挖掘，你就会找到他独特的趣味和癖好；在这片错综复杂的情结中，藏着打开他心灵的钥匙。

最完美的性爱梦想

女人和男人只有一个共同的性爱幻想，那就是找到一个完美的性爱伴侣。那么，什么样的人是完美的性爱伴侣？回答：能满足我们一切情欲需求的人，愿意以我们喜欢的方式满足我们的人，懂得如何以我们喜欢的方式满足我们的人（不需要我们手把手地教会他们）。

许多恋人不肯把自己的性爱需求详尽地告诉对方。他们真诚地相信："如果遇到了对的人，他（或她）自然会知道我想要什么"。

我有个朋友名叫奇普。一个平安夜，他和我聊起童年经历，当说起过去我们曾经如何深信圣诞老人的存在时，两人都大笑不止。这时奇普忽然面色一沉说："我从来没有从圣诞老人那里得到我想要的礼物。"

"即使在你发现圣诞老人其实就是妈妈之后，你也没有得到？"我问。

"没有。"

"那么，"我问，"你为什么不对妈妈暗示一下？"

"因为，"奇普解释道，"如果她真的爱我，就会知道我想要什么。"

这就是我们许多人对待性爱的态度。也许我们并未意识到，但却对这样的梦想执迷不悟——将来有一天，完美伴侣横空出世，来到我们面前，从此和我们幸福地生活在一起。

还是这些空想家，如果他们在楼梯上扔下一套千片拼图，绝不会期望每一片拼图都自动跳出盒子，找到各自的位置，拼好全图。然而，他们却一头扎进恋情，以为每一片拼图都会自动拼好。而事实上他们与意中人的性爱需求完美契合的概率，大概是百万分之一。

在新恋情的初期，每一片拼图仍在空中绚烂飞舞，此时的性爱激动人心。新奇感、新发现、攻城掠寨、夜夜笙歌。可是，几个星期、几个月或几年之后，恋情的拼图便开始以各种怪异的角度碰撞楼梯，此时对性爱的失望便浮出水面。

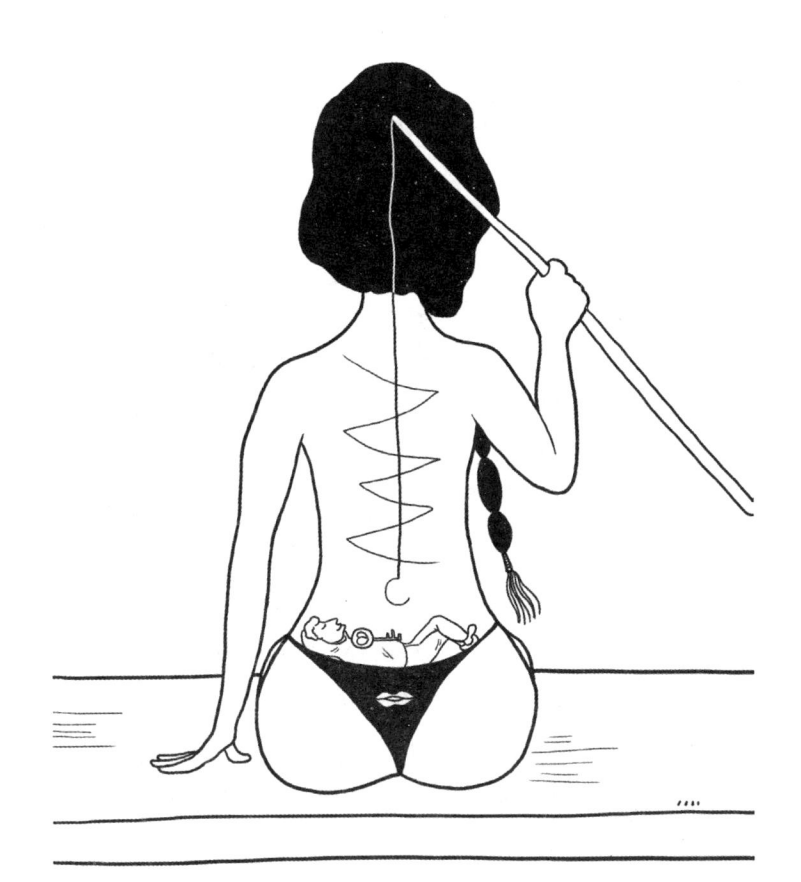

46. 在男人的性爱上用心挖掘，你就会找到他独特的趣味和癖好；在这片错综复杂的情结中，藏着打开他心灵的钥匙。

如何让你爱的人爱上你
How to Make Anyone Fall in Love with You

"为什么他（或她）对我忽然意兴阑珊？"

女猎手们，他不再给你打电话了；男猎手们，周六的晚上她突然要忙别的事情。为什么？出了什么差错？为什么意中人忽然对你意兴阑珊？当然，对这些问题的回答就像世间的痴男怨女一样多，但是我们可以做一些相对精确的概括。

我们在"两性课题"项目中展开了一项调查，询问那些单身和离异的男女，他们的上一段亲密关系为什么会结束。如果是调查对象主动提出分手，我们就会继续问："为什么要分手？恋情出了什么问题？"女人想分手，往往是因为对伴侣大失所望——他的性格、习惯、生活方式或者他对待恋人的态度。然而，男人之所以提出分手，理由榜单上的重要一项是性爱不合。

我们调查的第二个问题是："你有没有告诉对方分手的理由？"压倒一切的回答是："我说出的并不是真正的理由。"男人说："我不能告诉她，我和她的性爱不那么……爽，你懂的……"

女人愿意和男人约会，通常是因为他风趣、潇洒、让她心动，或者他是个合适的恋爱对象。男人想约女人，理由往往是想和她上床（当然也会偶有例外）。

我们指责男人对亲密关系草木皆兵。这不正确。这只是因为如果男人打算与一个女人共度一生，他就希望他们的性生活会像她的各方面一样完美。问题很复杂，因为男人的性爱需求更为丰富多样、更迅捷、更紧迫，所以男人想找到完美的伴侣更为不易。这确实让人左右为难。男人经常是遇到了几近理想的女人，但在性爱上却不够完美。即使是今天，大部分男人仍旧认为婚姻便意味着忠诚。

"这个人能满足我下半生的所有欲望吗？"

罗格是我在"两性课题"项目中访谈过的许多男人的典型，他希望自己娶的女人能够和他共享绝佳的性爱。但是在此类男人心中，他想与之在床上欢爱的女人，与客厅里他深爱的妻子有着不同的性格。

罗格来自南方一个名门望族，他对衣服、食物、酒和女人的标准都很高。与他约会的每个女人都优雅、自信、谈吐合宜，拥有一流的社交礼仪。他希望能够骄傲地将女朋友介绍给亲朋好友，并与"一个足以引荐给妈妈的女人"共度一生。

我与罗格相识的时候，他已经与一个可爱的女人订了婚。她叫戴安娜，既拥有罗格的亲人希望的一切、也符合罗格对梦中情人的一切渴望，但除了一点：性爱。戴安娜在性爱上没有任何错误，她深情、柔顺而温暖。问题在于，在罗格最深最隐秘的性幻想中，有个女人在床上不知餍足地渴慕他的身体。"可是戴安娜在床上却太淑女了。"罗格这样抱怨道。

于是他们做爱时，罗格只好天马行空地想象。在性爱过程中，他浮想联翩，想象戴安娜叫喊着一些淫秽的字眼，他渴望听到她在狂热的激情中呼喊那些污言秽语。显然，戴安娜不是那种人，不会用那种方式表达激情。问题因此出现了：罗格在戴安娜面前，难以长久地勃起。

我问他是否曾经把自己的性幻想告诉戴安娜。"没有，当然没有，她会吓坏的。事实上，我谁也没告诉过……直到现在。"罗格像许多男人一样以自己的性幻想为耻。为什么呢？

大多数小男孩在成长中，总是不停地听到这样的警告："不许摸自己的小鸡鸡，太脏了。""姐姐换衣服的时候你不许看，那不好。"不行，不许摸妈妈这个地方。"

小男孩在进入青春期之后，唯恐自己表露出任何不良的性冲动（比如希望听到女人说出淫词浪句），担心女人会因此责骂和拒绝他们。他们不敢让最爱的女人扮演性幻想中的情节，害怕她有想法；他们怕失去她，怕她投到那些没有此类怪异念头的男人怀里。

走在我们家乡大街上的成年男子都是在恐怖卡通的惊吓中长大的——不是因为卡通里面的怪兽、吸血鬼和僵尸，而是因为封底上查尔斯·阿特拉斯①的广告！在最惊悚的一则广告中，一个窝囊废（在读者的梦魇中就是自己）与性感女友一起在海滩上开心地晒太阳；肌肉男先生将沙子踢到了他的脸上，之后扬长而去。那可怜窝囊废的女友目光中满是爱慕，站起身随那虎背熊腰的陌生人（也就是那个直截了当的男人）去了，女友顿时变成了前女友。这种广告让千千万万的美国男人惊恐万状！

在男性大脑中，自尊和性爱几乎是不可分割的大脑灰质。如果一个男人什么都想要，就是不想要简单而平凡的性爱，那么他就会担心自己变成那个失去女友的窝囊废。即使他渴望的是时不时地在简单而平凡的性爱点心上撒一点香艳的调料，他也担心代表女性性爱标准的"简单平凡先生"会昂首阔步地走来踢他一脸沙子，然后将他的恋人带走。

罗格对性爱不满足，因为他希望戴安娜在床上做些"淫荡的事"。"如果她知道我的想法，一定会鄙夷地走开。"他告诉我。

"但她真的会这样做吗？"我问他。我建议罗格将自己的性幻想告诉戴安娜——在床上，他一听到女人讲粗话便会血脉贲张。"谁知道呢，"我提议，"也许她也喜欢。"

下一次咨询的时候，我问罗格："怎么样？"罗格说他没跟她说，他承认自己仍然害怕她的反应。

六个月之后，罗格与戴安娜分手了。他说自己尽管爱她，敬她，但激情仍是渐渐消逝，他不想把余生浪掷在一场毫无激情的婚姻里。与多数男人一样，性爱在罗格心中是举足轻重的。

---

① 美国著名的男性健美运动员，以肌肉发达著称。他对健美运动的发展做出过很大贡献，曾获1968年"宇宙先生"的称号。"宇宙先生"大赛是美国健美界最大的赛事之一，每年举行一次。

我觉得这件事非常可悲，因为假如戴安娜满足了罗格的性幻想，两个人就可以琴瑟和谐地享受幸福的余生。如果他告诉她，他幻想枕边的她变成毫不淑女的性感女郎，戴安娜也许会与他一起演出性爱游戏。她会说出他渴望听到的下流话，对罗格来说这已足够。谨记，男人会因角色扮演而情欲大盛，或者假装比女人还要亢奋。

女猎手们，你必须发现是什么真正让意中人欲火焚身，并且知道怎样利用这一点让他爱上你。

47 女猎手们，请努力成为一个欲望侦探

如何发现意中人的情欲按钮？大多数女猎手也就是先试试这里，再试试那里，然后观察他的反应。有些女人则在性爱过程中进行调查研究："你喜欢这样吗，亲爱的？这样感觉好不好？"进取心强的女猎手则会问："你还想让我做些别的吗？"

很不错，但还不够好。为了打开情欲的电闸，你必须戴上大侦探夏洛克·福尔摩斯的帽子，抓起放大镜，悄悄溜进意中人的性爱幻想中，观察每个细节。你必须变成欲望侦探。

你不需要公然盘问他相关信息。男人是会走的灯塔，他们夜以继日地发射关于情欲的信号。然而，许多女猎手却像个耳聋目盲的舵手，划着爱情之舟一头撞上了暗礁。

第一步是培养一种独特的天线并将它调到正确的频道上——能发射意中人性爱信号的频道。仔细聆听他的日常交谈，当他谈起童年、上一段恋情及好恶的时候，要让天线保持警觉；从言外之意判断他的态度和情感，领悟暗示。最重要的是，培养一对能够察觉一切性爱偏好的耳朵。

在床上，要让天线特别精准。比如，女猎手们，在炽热的激情中，你的男人是喊出"哦，宝贝！""哦，亲爱的！""哦，夫人！"还是"哦，你这美丽的娼妇！"这就是打开他性幻想之门的钥匙。

和某些男人在一起时，你不必当侦探，他们会开诚布公地告诉你自

己的性幻想。在讲述时，他们实际是把开启自己心扉的万能钥匙朝你扔来，希望你接住。但很多女猎手却任由它从指缝间溜走。怎样才能竖起天线，捕捉他的性爱波长呢？怎样才能知道他暗示的是 68000 种性爱喜好中的哪一种呢？

每个人的情欲都沉埋在心灵深处。确切地说，它是童年时那些让意中人兴奋的东西。你的意中人究竟是想让你成为性感妖女（譬如罗格的愿望），还是甜美动人的小女孩（譬如克里斯托弗的偏好），可能在他骑儿童三轮车的时候，就已经刻在了心中。

童年经历不仅对我们的性格和气质留下了不可磨灭的烙印，对我们的情欲需求亦是如此。正如初生的小鸭对劳伦兹博士产生了印象，便摇摇摆摆地跟着他在实验室里走来走去。任何强烈的情感事件都有可能刻入我们的爱情地图。这些事件我们也许记得、也许不记得，但它们都会留下性爱的印记。

罗格还记得自己特殊情欲的根源。据他回忆，童年的一天，他和爸爸一起走过纽约市第八大道，也就是妓女最常出没的那个地方。穿过大街时，一个站街女郎忽然对他爸爸喊道："嗨，大男孩，想 × 我吗？快来 × 我吧！"罗格的爸爸大惊失色，立即伸出双手捂住儿子的小耳朵，飞快地拦了一辆出租车带他离开。罗格推断，父亲的诡异反应是针对"× 我"一词产生的，这件事已经深深地刻入了他的性心理记忆库。

第二天早餐时分，罗格问爸爸"× 我"是什么意思。爸爸历来从容而自信，那天却仓皇失措。罗格说在那个时刻，他感觉自己获得了一种从未感受过的凌驾于父亲之上的强大力量。对于男性来说，力量是极其醉人的东西。因此直到今天，罗格依然对使用禁忌语的女人反应强烈。

性爱烙印不仅止于童年。弗洛伊德说影响性爱的不仅仅是床上的两个人，而是六个人：你、恋人、你的父母及恋人的父母。我想把这个名单扩展一下，再容纳几个人，意中人的每一任前女友都会影响他的情欲需求。虽然他的核心性爱口味不会改变，但对新鲜探索和体验的需求却会持续一生。

47. 男人是会走的灯塔,他们夜以继日地发射关于情欲的信号。然而,许多女猎手却像个耳聋目盲的舵手,划着爱情之舟一头撞上了暗礁。

让你的意中人知道，你喜欢床上的探险

几乎每个男人都想不断探索性爱感受，那些心态开阔并愿意玩这种游戏的女人会让他们极度亢奋。

在"两性课题"项目中，我采访过一个名叫约翰的男人，他最近刚和一个名叫塔尼娅的女孩开始一段恋情。他说两人的性爱激动人心，对于他所做的一切尝试，塔尼娅似乎都能开明地接受。他渐渐对她产生了真正的感情（也就是爱情）。一个星期天，他们驾车在乡间驰骋，走上了一条悠长而寂静的小路，四周是诱人而私密的树林。约翰开始感觉到那种熟悉的躁动，他转头问塔尼娅："我们在树林里飞快地来一次怎么样？"约翰说，塔尼娅听了这句话后，看他的眼神仿佛他是个疯子。

那天他们在塔尼娅家里过夜。正要上床，约翰又提出一个大胆的色欲计划。他检查了塔尼娅家坚固的梳妆台，感觉高度很合适，于是满怀希望地说："甜心，你为什么不坐上去，我们在这儿做一次？"塔尼娅又一次蹙起眉头，望向约翰的目光似乎在说他有毛病。

事实上，约翰说，那天她仍然答应了他的要求。他站在地上，她坐在梳妆台上，两人做了一次。但她最初的反应却让他为自己提出这种异常的体位要求而深觉淫秽和愧疚。从此以后，他再也没有提出过任何有关非同寻常的性爱地点或体位的建议。尽管约翰喜欢塔尼娅，但他们的恋情已经开始悄悄落幕。

大多数男人想要一个勇于探索性爱体验的女人，希望她能够张开双臂接受他们的要求，或者至少以开放的心态坦然面对。正如第欧根尼[①]永远在寻找诚实的人一样，男人也永远在寻找能够完全满足他们性幻想的女人。女猎手们，如果你想让他爱上你，就当这样的女人吧。

---

① 古希腊哲学家，犬儒主义学派创始人。

探索他最重要的性幻想

为了发掘一个男人的核心性爱偏好,你必须揭开他多年以来精心披挂在身的重重保护层。真是不可思议,我们会若无其事地问男人对食物、电影、书籍、音乐、运动的偏好,却漏掉了一切口味的重中之重。我们可曾凝视着男人的眼睛,问他"什么会让你情难自禁"?

只是,向男人问出这句话还需要一点技巧,不能像问"你最喜欢什么电影"那样脱口而出。你应当谨慎地选择时间、地点、情调和自己的态度。时间应当选择在轻松的时刻,但不要在情欲一触即发的时候。地点应该选个私密的地方,但不是卧室。情调应该有助于他畅所欲言,在很长一段时间内无人打扰。最重要的是,你的态度应当是嬉闹、顽皮且充满希望的。

问的时候,让他确信无疑地明白你是在问"什么真正让他欲火焚身"。让他知道,什么都可以,越刺激越好。目标是让他像快乐的金丝雀一样歌唱。

和爱人分享最深的欲望时,让对方感觉足够安全

如果你想让意中人说出秘密,你必须让他感觉到,诚实地对你回答"是什么让你欲火焚身"这个问题是件安全的事。先营造一个舞台,让他明白,无论他说什么都不会让你震惊或兴致全无。你不会批评他,你是个心态十分开明的女人;而且,你也喜欢非同寻常的性爱故事。

你该怎么做呢?正如演讲时的开场白能调动观众情绪并让他们关注

演讲主题一样，你必须先给意中人讲一个故事为他热身。想带他进入分享自己性爱故事的情调中，就先给他讲一个故事吧——你自己或者闺蜜亲身经历的性爱探险。

如果你为他讲述你自己的故事，一定要保证你是偶然遇到了一段天真却狂野的性爱经历。回忆这段经历，要让他知道你有鲜明生动的性爱想象，却不是个水性杨花的人。此外，小心不要让你的故事伤害他的自尊或激起他的妒忌。很多时候，分享"某个朋友"激动人心的性爱故事效果更好。你的某个女友是否曾经涉足三角恋或者和男友演出异乎寻常的性幻想游戏？如果有，就讲给意中人听，眼中带一丝嫉妒的光芒，仿佛你非常希望那个幸运儿是你，能够遇到如此充满想象的恋人。

如果你没有任何可以与意中人分享的个人经历，那么，让我告诉你我的朋友艾丽西亚的故事。我允许你把艾丽西亚的故事借走，作为"你朋友"的经历，向你的意中人展示你在性爱方面勇于探索的烂漫灵魂。

艾丽西亚说她常常幻想被"强暴"。请注意，不是真正的强暴，而是幻想中的强暴。这是女性非常普遍的性幻想。艾丽西亚和一个名叫吉姆的男人约会，吉姆渴望和她上床。吉姆暗示她、恳求她、乞求她，但艾丽西亚却不为所动。艾丽西亚是个人情练达的女人，有些厌倦之前的几个恋人，便决定除非以她自己喜欢的方式，否则绝不和吉姆做爱。

一个星期四的晚上，两人看了场电影，吉姆开车送艾丽西亚回到僻静的乡间住宅里，那里方圆数里都荒无人烟。他走路护送艾丽西亚回到她家前门，请求进门坐坐，结果艾丽西亚又一次端庄地拒绝了。然而，这次她说："吉姆，你现在不能进来。今天晚上不行，明天晚上也不行。"她在吉姆的脸上看到了熟悉的失望之色。"但是，"她说着将钥匙按进他的掌心，"从那以后随便哪个晚上都可以。不要告诉我你什么时候来……我想让你……"

然后，艾丽西亚明确地告诉吉姆她的愿望。她想让他在凌晨时分驱车来到她家门外，打开门锁。那时艾丽西亚正在熟睡。吉姆应当悄无声息地潜入她的卧室，路过她的床，走进卫生间。他会在浴室橱柜里找到安全套，然后他要脱下每件衣服，戴上安全套，偷偷地逼近床边。

艾丽西亚想让吉姆伸手捂住她的嘴，开始撕扯她的睡衣。她会拼命地抵抗、尖叫、呼喊："不，不！救命！非礼啊！"由于她住在密林深处，没有人会听到她的呼救。然后艾丽西亚会跑到电话旁报警，但吉姆最终会制服她，"强暴"她。

这段故事如实发生了。艾丽西亚说她永远不会忘记从浴室门透出的灯光中吉姆的侧影。只有一件事与艾丽西亚的计划有所不同：那天夜里，吉姆并不只是"强暴"了她一次，而是两次。并且在太阳升起之后，他们又做了一次。

使用第三方故事（比如吉姆和艾丽西亚的故事）有双重之美。你自己没有承认有任何狂野行为，因此它们将来不会为你的恋情带来困扰。你把这些奇异的性幻想归于女人而不是男人，因此可以保护你和前男友的秘密。最重要的是，你铺设了一条路，鼓舞意中人开口讲述他最爱的故事。男性典型的反应方式是证明自己"比他厉害"。

为意中人讲述这个故事或者你自己的性爱探险时，要观察他的反应。他也许会用新的眼光看待你，也许会暗想："嘿，这个女人有着激动人心的想象力。她心态开明，愿意探索！"虽然并不是每个男人都想要一个在性爱领域身经百战的女人，但几乎每个男人都想要因新奇的性感受而情难自禁的女人，特别是与他一起体验的时候。

讲完探险故事之后，要准备好面对各种各样的反应。例如，意中人也许会双眼圆睁，问你想不想被强暴（或者故事女主人公遇到的任何事）。"不，确切地说，不是。"你会大笑，然后眨眼问道："还有什么暗示吗？"现在你已经为他铺设了一条路，让他可以轻松自在地分享最深刻的情欲需求。也许你一无所获，也许你会发掘出打开他心门的钥匙。但现在请做好准备，听到从他双唇间讲出的最普遍的男性性幻想。

男性最普遍的秘密性幻想是什么？幻想同时与两个女人上床，观赏两个女人交欢，观看其他情侣做爱，看女人自慰，服从女王颐指气使的性爱命令，统治女人……清单内的项目无穷无尽，内容也会越发异乎寻常、放荡不羁。

如果意中人的囊中藏着任何秘密,现在他会一股脑倒在你的膝上,并欣喜若狂地暗想自己竟然找到了一个灵魂如此自由的女子。

技巧 77 是什么让你欲火焚身?(献给女猎手)

女猎手们,娇憨而神秘地告诉他你如何看待性幻想。为他讲一个艾丽西亚之类的故事,然后脸上带着慧黠的微笑问他:"那么,什么会让你欲火焚身呢?"

他的回答就是一只金蛋,可以保证你既得到他的金鹅、又得到他的倾心之爱。

用软语温存鼓励对方继续分享

女猎手们,你该做的还没做完——远远没有。无论他如何回答,你都要假装兴奋难当、目光灼灼地问道:"哦,真的吗?"然后也许要略微咬住下唇、极力压抑激动的心情撒娇道:"再讲一点嘛。"用恰如其分的"喔"或"啊"及性感的笑容为他的独白加圈加点。你的目的就是让他畅通无阻地谈论他的情欲按钮在何处。

给你几点提醒。至关重要的一点就是,在他和你分享这些私密心事的时候,你绝不要蹙眉、不要流露出丝毫的批评之意。多数女人都很聪明,懂得在第一次见到恋人的阳具时要满脸震撼。其实,男人为你讲述他的性幻想就是在裸露他精神上的隐私部位,因此,对你的一切表情他都无比敏感。只消你一个不满的眼神,他就会立即闭嘴,也许从此绝口不提此事。

技巧 78：娇痴的回应（献给女猎手）

在意中人谈论性爱时，你该如何回应呢？

赞赏的呻吟、娇痴的呢喃或者轻舔朱唇顽皮微笑，都是高级礼仪女士建议的反应方式。

是否所有的男人都有性秘密？

准备好面对一项相当惊人的数据。心理治疗师说，大约有90%的男人都有一种秘密的情欲从不与妻子或重要他人[1]分享。《纽约时报》曾经以"发现许多变态狂"为题报道此事[53]。这个话题我们以后再谈，现在我们要谈的是最普遍的男性隐秘性幻想。

男人到底怀着什么样的秘密呢？其实那些幻想根本不过分、不吓人，但他们唯恐妈妈发现之后斥责他们思想肮脏。例如前文列举过的最为流行的六种隐秘的男性性幻想。

顺便提醒你，"是什么让你欲火焚身"这条技巧非常棒，可以帮你发现你和恋人能否在性事上长久地契合。有些男人有着奇特的性习惯和癖好，如果出于猎奇心理倒是可以看看，但你恐怕不想和他们一起生活。

假设你和恋人在餐厅相对而坐，美丽酒杯中摇曳的烛影辉映着你含笑期待的脸。你问意中人："是什么让你欲火焚身？"他开始讲述一些你永远无法接受的怪异行为。此时你该怎么办？惊声尖叫？抓起手袋落荒而逃？还是说"啊，真恶心"或者"你这个大变态"？

不。无论如何你都要倾听下去，要调整自己的反应，仿佛他讲述的内容真的令人兴奋。如果有些话实在让你觉得倒胃口，稍后你可以冲进女士盥洗室呕吐一番，但现在绝不是展示恶心感受的好时机。是你带着意中人沿这条花园幽径越走越深的，现在如果你踢他一脸沙子，对他未

---

[1] 重要他人是一个心理学概念，指的是在亲密关系中对一个人最重要的人，比如配偶、恋人、孩子、父母等。

免太不公平了。

顺便说一句,你永远也不应该把男友的秘密告诉其他人,连最好的朋友也不能告诉。是你哄骗他讲出了真话,所以你必须公平地玩这个游戏。有时,意中人的秘密也许是些很寻常的东西,但如果你想让他爱上你,那么你要让他觉得,他的这些寻常情欲在你心中亦是格外撩人。这取决于你。

问些让他血脉贲张的问题

现在,假设你在上政治学阻挠议事课①以学习如何延长当下的讨论,避免别人提出其他议题。这是你的期末考试,看你能让他将(他自己的)独白持续多久。关于意中人的性幻想,你要向他提出你能想象的所有问题。最开始,你友好的追问也许会让他感觉到一点小小的惊吓,但片刻之后,我敢保证他会如鱼得水,并为你锲而不舍的探寻激动万分。

男人最普遍的隐秘性幻想是与两个女人上床或者观赏两个女人做爱。假设你刚刚对意中人使用了"是什么让你欲火焚身"及"娇痴的回应"两个技巧,而"幻想两女交欢"是他供认出来的大秘密。

你问:"唔(娇声呢喃),真叫人兴奋。那两个女人长得怎么样?"他做了回答。

你问:"真的吗(你星眸闪烁)?喔,她们穿衣服了吗?"他回答。

你问:"哇(对他绽放一个可爱、慧黠而淘气的微笑)!是其中一个勾引另一个,还是两人都很热烈?"他继续回答。

你问:"唔,这个我喜欢(表现出真诚的好奇心)。这是她们第一次和女人做爱吗?"他回答。

你问:"在你的性幻想中,她们有名字吗?"答案如果是"有",那

---

① 阻挠议事课指美国参议院中的少数派通过不停地辩论来阻挠大多数人拥护的议案通过。根据美国的法律,参议院的辩论不受时间限制,因此少数派可以通过持续的辩论来拖延议案的表决时间。

么你在以后的描述中要使用她们的名字。

你问:"唔(你轻舔朱唇)。芭芭拉和戴安娜在什么地方接吻?"他回答。

你问:"喔(现在你真的着迷了)!芭芭拉和戴安娜本来就是女同性恋,还是因为她们发现对方无法抵挡呢?"他回答。

就这样,意中人的兴致逐渐高涨。到现在为止,如果你们的对话是在餐桌上进行的,那么餐桌可能已经因他的渐渐勃起而倾斜起来。好吧,女猎手们,我说得太夸张了。但接连不断地提问,你一定会爱上意中人看你时全新的目光;也许之前他只是觉得你比较有趣,但现在他已经为你痴狂。

不要因为意中人不谈你却大谈芭芭拉、戴安娜之流而闹情绪或者感觉自己遭到无视。相信我,对你开明心态的赞赏会让他的心思很快转到你身上去。

技巧 79. X级访谈(献给女猎手)

意中人为你讲述是什么让他欲火焚身的时候,要引导他畅所欲言,一路讲下去。

假设你自己是个电视节目主持人,正在采访推出新片的某个电影明星。关于意中人的香艳性幻想,你要穷尽所能、不断发问,用呢喃、星眼闪烁、嘤咛、轻舔朱唇以及其他微妙的赞许为他的讲述加圈加点。

女猎手们,现在你必须清楚,意中人对性幻想的迷恋究竟有多深。询问他是愿意在性爱过程中独自浮想联翩,还是把它们说给你听或者和你一起把幻想的情节真实地表演出来?这样问具有潜在的危险,因为他会借这个大好机会,问你能否满足他的性幻想。不要说不能、也不要说能,由他去猜,但要让他认定你是个心态开明的人。

在两女交欢的性幻想中,你可以说:"嗯,我从来没有和另一个女人一起上床,但听着真叫人兴奋啊。我必须好好地想一想。"相信我,如果你不愿意,你永远也不需要和另一个女人巫山云雨,光是性幻想本身就能让男人受用多年。事实上,许多男人希望性幻想只是性幻想。

女猎手们,探索那些令他兴奋的词汇

女猎手们,我们无数次听人说过,在性爱方面,男人是视觉动物;但是你知道吗?他们也是听觉动物。儿童对自己喜欢的睡前故事百听不厌,同样,男人也愿意千遍万遍地听到那些让自己兴奋的词汇。我把这些词汇称作"撩人词汇",因为它们简直是一颗颗直射靶心的子弹。射向女人芳心的撩人词汇是强大的恋情增强剂,现在且让我们讨论射向男人性欲的撩人词汇是何等高明的催情剂。

男人可以闭上眼睛,忘记现实中的工作、家人和账单,沉浸在性幻想的世界里。当你对他悄声准确地说出那些撩人词汇,就可以一举将他推入另一重天,而他也会携你同行。

男人喜欢和那些从不使用负面评价的女人谈论性爱。既然有些男人宁可债台高筑,也要和某个女人在电话中谈论性幻想,那么谈论性幻想一定是男人心中至关重要的一件事。许多男人无法与妻子或女友谈论自己的性幻想,便只好打声讯电话告诉一个陌生的女人,是什么让他们血脉贲张。

拨通声讯电话,典型的对话情景是怎样的呢?一个嗓音性感的女人问(当然是在收费事项安排妥当之后):"你在想什么?你最性感、最深刻、最热辣的性幻想是什么,嗯?都告诉我吧。"她所需要的只是用几句话让他开始聊天。无论来电的人说什么,声讯台的女人都会假装非常兴奋:"哦,真的?嗯,我喜欢这个。"

声讯小姐经过专门训练,懂得如何仔细聆听客户的语言——如果你愿意,可以使用我们之前谈过的"回应"技巧。她用他的语言,创造了一个故事、一个幻想。

让我们回到之前的例子，即那个十分普遍的男性性幻想——两女做爱。假设一个男人打通声讯电话，说他想看"两个金发美女相互渴望"。声讯小姐只需要知道这些，她有自己的一套撩人词汇，能让他的花费物有所值。通话差不多是这样的：

她也许会说："哦，你想看两个女人做，嗯？我喜欢女人，特别是金发美女。"（注意，兜售电话性爱的声讯小姐没有说"上床"，没说"做爱"，更不会说"干"，而是使用了来电者的用语——"做"。）来电者会气喘吁吁地回应："你真的喜欢？""嗯，对啊。"她回答，"我和好多女人都做过。有意思的是，我刚才一回想，发现她们都是金发美女。"

来电者的呼吸变得粗重起来，他问："那……那……那你是金发美女吗？"她回答："哦，当然。我长着一头金色的长发，身高五英尺九英寸。"他开始大口喘气。

现在，接线小姐绞尽脑汁编造故事。毕竟，计时器一直在走，她想尽力延长通话时间。"嗯，就是去年夏天。"她开口道，"我发现希拉坐在游泳池那一头，正在梳理自己金色的长发。她站起来的时候，我发现她个子很高，身材特别出众。我开始垂涎她的身体，我向她走过去，这时……"

当然，从来没有什么希拉和游泳池，也没有接线小姐与另一个女人的欢爱。事实上，这位电话接线员可能根本不是金发美女，个头也不高，甚至都不是女人。有时候，会有些嗓音甜美的女装大佬为声讯台服务。但这些细节都不重要，让打来电话的男人们沉迷的是性幻想以及那些撩人的词汇。

技巧 80. 撩人词汇（献给女猎手）

当意中人为你倾诉压抑而隐秘的欲望时，你要仔细聆听。他用的词是女人、女子、女士、妞、女孩、娇娃还是宝贝？为了让他欲火焚身，你要情欲正确，而不是政治正确。

47 女猎手们，请努力成为一个欲望侦探

在他情欲高涨时，他使用的词是胸部、乳房、波、咪咪还是奶子？

如果你想在性爱的狂喜中点燃欲火，就忘掉自己的淑女范儿，使用他的语汇吧。

你的意中人的性幻想也许和我们的例子不同，但你只需要让他开口谈论性爱即可——与性爱有关的任何事。打听他过去的性经历；在他自慰（所有男人都会自慰）时，问他感觉如何；询问他所能想象的最为兴奋的性经历是什么。

仔细聆听他对用词的选择。在他感觉舒适的时候，他用哪个词指代自己的生殖器？不要模仿他在礼貌交谈时使用的词汇，细听他在情欲亢奋时的用词。

有时候，如果你不使用他的撩人词汇，他便会兴味顿失。在"两性课题"项目中，我采访过一个男人，他说自己一听到"干"这个词就极度亢奋，但他的女友却总是使用"做爱"一词。他当然爱女友，在"干"女友的时候，他觉得自己充满了爱情；但是他希望听到她说——哪怕只说一次——"亲爱的，请干我。"

女猎手们，给你的意中人一次罕见的优待吧，一次他历任女友通常都不会给他的性爱狂喜。你随时随地可以做到——电话里、餐桌旁或者在商场漫步时，你只需要在他耳边轻轻说出那个撩人的词语。

在床上使用那些让他兴奋的词汇

在意中人耳中，巅峰的听觉性体验是在性爱过程中由你亲口说出他最爱的撩人词汇。总之，当你们两人同床共枕的时候，使用他的语汇而不是你的。不管这些词汇在你听来多么乏味，只要他认为撩人，你就姑且相信他。

技巧 81 床上饶舌秀（献给女猎手）

女猎手们，当你问他"是什么让你欲火焚身"时，要记住他回答的一切细节。

将性幻想带到床上，为他创造一些床上故事。在性爱中，只要有用，就当他的私人声讯小姐吧。

在床上，用这些撩人的词汇激起意中人的性幻想，想办法演出他为你讲过的性爱故事。例如，如果你的意中人有前文所述的"芭芭拉和戴安娜"的性幻想，在性爱前戏中，你可以双眼闪着狡黠的光问道："嘿，芭芭拉和戴安娜现在怎么样？"如果这是你第一次对他使用这一招，他也许会嘟哝几句："哦，老天，其实我想的是你，甜心。"然后你说："我不是这样想，我在想芭芭拉和戴安娜，那真是太让人兴奋了。"

在性爱过程中，和一个男人谈论他的性幻想，叫作"床上饶舌秀"。女猎手们，这样做并不是出于纯粹的无私，因为一场出色的床上饶舌秀会让守旧的阳具高高举起，有助于你享受性爱的极乐。

48 男猎手们，以下这些方法对女人们有用吗？

在两性差异这片浩瀚无边且不断增大的海洋中，我再举出一个例子。初次约会时，如果你一开口就打听女人的性幻想，她们不仅不会惊喜，反而还会觉得你那句"是什么让你欲火焚身"问得为时过早。因为你们的关系还没那么深，所以你的话听起来很粗鲁。除此之外，女人对待自己的性幻想持有更加私密的态度，她们和男人不同，不觉得有必要和别人分享。

可是，你仍然需要知道"是什么让你欲火焚身"这一关键问题的答案。绅士们，目的固然是一样的，但方法并不相同。在你和意中人的关系变得亲密之后，可以（小心翼翼地）问她对往日情史的看法——她喜欢哪些地方、不喜欢哪些地方。缓慢地推进，让她知道你的动机——你并不是喜欢刺探隐私。你对她付出的欢愉感到如此狂喜，你想以同样的欢愉报答她，因此，你想知道她在过去的恋情中喜欢什么。这为她打开了一扇门，只要她愿意，就可以给你指引或说明。

如果她不愿意谈，那么不要给她压力，轻柔而缓慢地循序渐进。从她愿意吐露的那些言词中，如果你能领悟到任何有用的信息、知晓她对性爱的态度和偏好，你就在这场游戏中把握了先机。

谨记，意中人为你兴奋，更多是因为你这个人。她的性爱没有那么独特。你在床上的技巧固然重要，但是作为女人，她对你的兴趣远比对性爱更深刻。你的一切优秀品质和言行，无论是床上还是床下，都在增加她对你的迷恋。

绅士们，无论何时我问到女性朋友，恋人的哪一点最让她们情欲高涨，总能听到一些形容词，诸如聪明、细腻、负责、诚恳以及无数种你们男人认为与床第之欢毫无关联的品质。这些品质都在增加她对你的迷恋，即使是在关灯之后。

男猎手和女猎手都可以使用另一种技巧来追捕猎物。男猎手更应该注意，因为这条建议对你们更有好处。揭示另一种性幻想，一种更为深刻的、与意中人的性心理需求有关的性幻想。

除去她的衣服，分享她深藏的性幻想

男猎手们，女人也有性幻想，那种强烈的、反复重演的性幻想。绅士们，如果你能够满足女人的性幻想，你就已经向前迈进了一大步，让她更容易爱上你。但是，你可以迈出更大的一步，直接走进她的心，在达成目标的路上实现有效的跨越：满足她对恋情的幻想。正如人们的性幻想各不相同，没有哪两个人对恋情的幻想会完全相同。我要再献出一条概括性结论了：就像男人拥有更多独特的性爱需求一样，女人拥有更多独特的恋情需求。

我有个朋友名叫达娜，36岁，是个非常迷人的棕发美人，在夜总会里唱歌。尽管她的美丽比歌唱才华更鲜明，但是她依然在全国各地的小型鸡尾酒沙龙里积极演出。达娜感觉自己歌唱生涯的黄金时期不多了，因此不顾一切地想结婚。尽管她每年都会遇见几百个男人，却仍然没有找到自己的白马王子。

我和达娜已经多年没见面，但最近我们两人碰巧都在同一个城市。她在我所住酒店附近的一家小俱乐部演出，我到那里看她唱歌，等她走下舞台之后，我们坐在一起开始叙旧。我问达娜日子过得怎么样？"非常孤独。"她说。经过了这么多年，她仍然渴望遇见自己的真命天子。

我问："达娜，你认识那么多男人，我知道其中有很多人为你如痴如狂。你在等待什么样的男人呢？"达娜说："我在等待正确的人。"

"谁是正确的人，达娜？"

"呃，一个真心爱我的男人。"她说。

"我敢肯定有很多男人爱你，你的意思是？"我问。

"呃，要用我需要的方式爱我。"

"你需要怎样被人爱呢？"

谈话就这样打开了闸门。达娜用了两个小时告诉我，她梦想有一天，在某个俱乐部，那个男人翩然出现。在她唱歌时，他们进行着目光接触，他时刻凝视着她，目光从来没有从她身上离开过。演出之后，他邀请她赏光到桌边与他同坐。他告诉她，她的歌声宛若天使，听她歌唱就像听到海妖的仙乐一样，让他心醉神驰、魂飞天外。在达娜忧伤的独白中，"歌声宛若天使"及"像海妖的仙乐，让他心醉神驰、魂飞天外"等短语出现了好几次。显然，这些话语能够引发她心灵深处的强烈反应。

我开始意识到，达娜对于被爱的描述非常独特、异乎寻常。对于达娜来说，被爱就是有个男人因她动人的歌声而几近自毁地爱慕她。达娜真的非常美丽，但她的歌声更有魅力、令人梦萦魂牵。执意要求男人先爱上她的歌声，这个标准很高但却是她最深的愿望。

达娜和我进行了深入的探究，原来，童年时达娜经常听母亲讲述海妖塞壬用歌声将水手魅惑至死的故事。达娜告诉我，小时候她总是躺在浴缸中高歌，想象自己的玩具鸭都是受她歌声蛊惑而溺死的水手。奇怪吗？当然了。但是，根据我在"两性课题"项目组中得到的证据，对于自己想要的被爱方式，许多女人都有同样奇异的执迷。

男猎手们，也许你遇到了一个美丽而成功的女人，她们几乎拥有一切，却仍是孑然一身。她们告诉朋友："正确的人还没有出现。"对她们来说，这个描述非常准确，因为她们对"正确的人"的定义格外独特。在女人看来，用她想要的方式爱她，这至关重要。

最近，我决定为"两性课题"项目的研究增加些内容。于是，我向女性朋友们提出一个问题,她们如何幻想自己被爱的情形。她们的回答如此丰富多彩,让我大开眼界。

我的另一个朋友凯瑟琳42岁,从没结过婚。她告诉我,她想要一个把她视作生活中头等要人的男人。这个男人生活中的其他人都不能比她重要,包括过去的历任妻子和现在的亲人,比如子女。

凯瑟琳告诉我,她意识到自己的愿望是个艰难的要求,因为与她年纪相当的男人大多曾经结婚或已经育有子女。她说她之所以和上一个恋人比尔分手,就是因为他对上一段婚姻中的子女太过用心。凯瑟琳知道,她渴望成为对方生活中最重要的人的要求既不公平、也毫无理性,但她就是无法放弃这个念头。

我们谈得更深了一些,凯瑟琳告诉我,她来自一个动荡而破碎的家庭。凯瑟琳记得自己最恐惧的一个时刻,当时她站在客厅里,紧紧地抓住妈妈的手;父亲对母亲吼出一句话:"以后你再也不是我生活中最重要的人了,再见。"说完走出房门,再也没有回来。为我讲述这段往事时,凯瑟琳用双手捂住了耳朵,似乎是要将父亲那句可怕的话挡在外面。

凯瑟琳看见她的故事深深触动了我,便和我分享了一个难堪的秘密。她说,和比尔约会期间,她的脑中总会出现一幅画面:她坐在一条即将沉没的木筏上,同船的是比尔的两个女儿;比尔划着一条小舟来救她们,但船上只有一个空位,只能收留一个乘客。他会救谁呢?

事实上,她告诉我,有一次她真的对比尔提出了这个问题。比尔滴水不漏地答道:"凯瑟琳,这个问题不恰当。世界上的爱有很多种。在女人这一类别中,你是我心中最重要的一个。但我对你的爱和我对女儿的爱怎么能相提并论呢?"当然,比尔说得没错,凯瑟琳也明白。然而,尽管她对自己的非理性需求深觉可耻,但确实无法摆脱。事实上,比尔不肯说她是第一重要的人,这是她提出分手的重要因素。

现在,凯瑟琳和一个名叫丹的男人陷入了热恋。不过,丹比比尔要精明。他非常懂得去说:"凯瑟琳,你是我一生中最重要的人。"这些话语在凯瑟琳耳中,就像撩人的性爱词汇一样神奇。现在,她希望丹向她求婚。

有些女人的恋情幻想比凯瑟琳还要奇异,你有没有听说过总是嫁给虐待狂的女人?这种现象如此普遍,以至于一些男人甚至开始害怕好男人在情场不受欢迎、不被珍惜。而与那些受虐成性的女人在一起,男人确实会变成虐待狂。幸运的女人更为现实,她们对于恋情幻想没有古怪的情结,只想要一个深情、善良、温厚、乐于助人的男人,一个好丈夫、好父亲;他爱慕她,对别的女人一眼都不看,对她却永远忠诚。说到这里我不由得想,这种恋情幻想现实吗?

以她渴望的方式去爱她

与男人相比,女人对伴侣的品质要求更高。她们总在哭喊"世上没有好男人",但这并不真的意味着世上没有好男人。它意味着很少有男人能满足某个特定女人对"好男人"的特定定义。男猎手们,请谨记,女人对好男人的定义是非常主观的。

现实与我们的恋情幻想结合得有多密切,在我们一生的幸福中起着重要作用。在一项引人入胜的研究中,研究人员探讨了人们是否认为伴侣爱他们以及希望伴侣怎样爱他们[54]的问题。

假设约翰和秀是这项研究中的一对情侣。在调查问卷中,要计算三项分数:约翰对秀的感觉,秀希望理想恋人对她的感觉,秀认为约翰对她的感觉。

如果秀感到约翰在以她希望的方式爱她,那么,她在恋情中就无比幸福。如果人们感觉恋人恰好以他们渴望的方式爱他们,所有的约翰和秀都会感觉无比幸福。

男猎手们,为了俘获意中人的芳心,仅仅让她感觉到被爱还不够。你要清楚她需要怎样被爱——到何种程度、爱她们的哪些品质。如果你能让她感觉你对她的爱恰好是她渴望的那样,你就会一举击败那些比你强壮、比你英俊、比你富裕、比你聪明的男人。对于女人来说，爱和被爱就是如此重要。

那些让她爱上你的神奇词汇

正如女人要使用正确的撩人词汇满足男人的性幻想一样，男猎手也要使用正确的词汇满足女人的恋情幻想。你该怎样找到这些神奇的词汇呢？你要多问，多听，让天线时刻保持敏感。在她谈论过去的恋人、她与父母的关系以及她对各类朋友的好恶时，你要领悟她的暗示。

也许你需要找到一种方法，直指人心，掘出精髓，恰好是你需要种在恋人心中的爱情的种子。问问意中人，对她来说爱情意味着什么。选择一个轻松自在的时刻，比如在餐厅就餐的时候，然后心情愉快地告诉她你正在读一本书，内容是人人都喜欢被爱，但方式却千姿百态——对于恋情应该是何种模样，人们的看法真是太丰富了。

简单地问她："如果一个人爱上你，你最喜欢他用什么样的方式爱你呢？"一开始她也许会忸怩作态、沉吟不决，但你要坚持问。你会因此得到强大的弹药库和恋爱的精华招数。十个女人会给出十种不同的答案，一千个女人会给出一千种不同的答案。你会震惊地发现虽然答案如此丰富，但有一件事永恒不变：在每个女人的描述中，都会有若干个反复出现的词汇。

男猎手们，如果你想让我的朋友达娜爱上你，就要告诉她："达娜，你美丽的歌声摧毁了我。"如果你看中了凯瑟琳，你要说："凯瑟琳，你是我一生中最重要的人。"这就是那些神奇的撩人词汇，打开特定心灵之门的金钥匙。

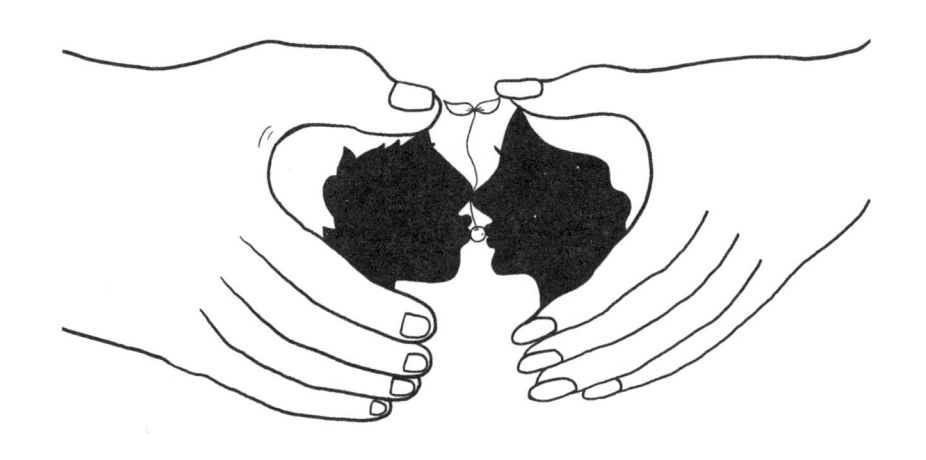

48. 也许你需要找到一种方法，直指人心，掘出精髓，恰好是你需要种在恋人心中的爱情的种子。

技巧 82：恋情中的撩人词汇（献给男猎手）

首先，问她"爱情是什么"，弄明白你的意中人最喜欢怎样被爱。

在她回答的时候，你要仔细聆听那些撩人词汇。不要立即使用，而是要等到说出"我爱你"的那一刻，再用这些特定的词语编织出美丽的情话。

女猎手们，性感词汇对你也有用

男人也有自己情有独钟的被爱方式。你可以使用另一种方法找到意中人希望怎样被爱——发掘他的自尊之源，使用神奇的词汇描述它。

一个男人也许希望女人因他的聪明才智而爱上他，还有的男人需要女人觉得他在性爱上的魅力无法抗拒，还有些男人也许渴望成为彼得·潘[①]，他们最希望女人迷恋他们的少年气质。

我有个朋友名叫约翰，是个律师，最近刚订婚。约翰最自豪的就是自己白手起家、全凭一己之力获得成功的经历。事实上，自力更生也是他最爱的短语，我已经听他说过许多次。他的父亲是个扫大街的清洁工，约翰自力更生考上了大学，后来又读了法学院。

一次，我和约翰谈论他的未婚妻丽莎。他告诉我："丽莎懂得我是白手起家、自力更生取得了成功，因此她钦佩我。"我暗想："丽莎真的是因为这个原因敬佩你吗？说不定是因为她特别聪明，明白这是你的自尊之源呢。"

我有个房客是个年轻英俊的警官，名叫卡尔，约会过无数女人。他知道我对亲密关系感兴趣，就常常为我讲述他本周女友的花絮。卡尔常常提到的短语是"我想她真的喜欢我的风格。"或许没有一个女友曾经

[①] 苏格兰小说家、剧作家詹姆斯·马修·巴利笔下的主人公，他是一个会飞的、拒绝长大的顽皮男孩。

真正说出这句话:"卡尔,我真的喜欢你的风格"。但只要一个女人足够聪明,能领悟这个短语的重要意义,就会按下他最性感的按钮。

  女猎手们,要让一个男人感觉你之所以爱慕他、崇拜他,恰好是因为他身上最引以为傲的那些品质。机会有很多,因为你的意中人甚至会时常有意无意地使用那些正确的词汇描述自己。几乎人人都有自己最爱的恋情专用词汇,约翰的"白手起家""自力更生""全凭一己之力"以及卡尔的"喜欢你的风格"都是赢得他们爱情的金钥匙。对意中人重复这些短语,无异于搭起爱神之弓,正对着那个男人的心灵射出一支支羽箭。

49 最后，征服钻石王老五

女猎手们总会时不时地对那些习惯单身的意中人愁肠百结、忧心如焚——那些较为年长却迷人的男子，他们始终单身，从没结过婚。当你遇见了这种类型的男子，你想他会有自己的选择。他与美貌女人约会，和她们发生风流韵事，但他的恋情从来不会超过两三个月。朋友们问他在等待什么，他只是含笑耸肩说："哦，那个正确的女人还没有出现。"

这些单身汉在撒谎吗？他们立志单身到老吗？通常不是。通常他没有撒谎，而且确实，那个正确的女人还没有出现。他唯一没有告诉你的是，他的意思是说在性爱上与他投缘的女人还没出现。

杰里就是这种花花公子的绝好典型，人人都认为他是个决心已定、痴心不改、信念不衰的单身汉。事实上，杰里是他家乡社交场中最适合结婚的单身男子：年约四十，相貌英俊，风度翩翩。他有一份激动人心的工作，在本地电视台主持脱口秀节目。有时候杰里的嘉宾甚至会在节目中问他："杰里，你打算什么时候才安定下来呢？""杰里，城里每个女人都为你着迷。你什么时候才去选择那个幸运女孩呢？"杰里的回答永远不变："那个正确的女人还没有出现。"

女猎手们，如果你发现自己爱上了这种片叶不沾身的男人，那么从数学上讲，你获胜的机会非常低，除非你有些独特的东西——其他女猎手都没有的独门兵器。用这种独特的知识武装自己，你就会增加自己胜算的机会，成为杰里这种钻石王老五等待已久的"正确的女人"。

49 最后，征服钻石王老五

认识杰里，是在"两性课题"项目的性爱研究工作中。我作为"嘉宾专家"，在他的脱口秀节目中频频出镜，于是我们成了柏拉图式的精神好友。一天晚上，录完他的节目之后，我们在电视台附近一家餐馆共进晚餐。我向杰里提出了人人都问过的那个问题："为什么那个正确的女人还没有出现？"他觉得可以信任我，就对我解释了这个难题。

结果证明杰里有个秘密，但他却如此害羞、不敢告诉任何人。在夹比目鱼片的间隙，他搓着自己的双手，悄声把内心深处黑暗的秘密告诉了我："有时候当我和某个女人上床时，我会幻想自己是个女人，而她是个男人。由她来主宰局面，引诱我。"

"那么，"我说，"有什么大不了的？"

"重要的是，"他紧张地说着，同时左顾右盼，唯恐周围有谁在偷听，"在我的想象中，我穿着她的衣服。"他放下刀叉，低头用双手捂住了脸。

"杰里，没那么糟糕。这是一种非常普遍的性幻想。"我告诉他。他对我的夸张之词报以感激的笑容，在接下来的几个小时里，杰里放松下来，对我吐露了一切。他说无论什么时候他和女人约会，总会抛出一些暗示之语，观看对方作何反应。例如，有时候他看着女友的高跟鞋说："嘿，这双鞋真漂亮。你觉得我穿着会怎么样？哈哈哈。"

杰里会非常仔细地观察女友的反应。如果她恰好说了一句这样的话："哦，看着一定很糟糕！"那么，杰里顿时会丧失对她的一切情欲。相反，如果她说："不错。"他会觉得这是个很好的反应，从而继续保持对她的兴趣。如果她说了一些更令他满意的话，比如："哦，你穿着高跟鞋一定会特别漂亮！"杰里说自己对她的情欲便会如痴如狂。有些男人的情欲就是这么不讲理！

女猎手让男人意兴阑珊，通常是因为她没能用特定的方式回应他的性爱暗示。可是，如果一个女人对于那些奇异的性幻想根本没有经验或不了解，她就不可能做出正确的回应。

我们在花边小报上读过、在电视脱口秀节目中听过并取笑过的那些怪癖都令人困惑。许多人认为，所有想玩怪异性游戏的男人都是一群变态，应该把他们全部抓起来。他们不知道，世界并不是黑白分明的，并不是只有正常与变态之分。许多男人心中都藏着几丝非传统的情欲，虽然还没有强烈或孤注一掷到让他们必须走进全国性的电视节目、在大庭广众之下自取其辱，但却强烈到除非一个女人愿意接受这种怪异的执迷，否则他们绝不会娶她为妻。

杰里告诉我，如果他的女友确实能积极地回应他的暗示，那么他会将恋情推进一大步。和新女友上过几次床之后，他会选择一个晚上，提议两人进行角色交换的性游戏。"今天晚上，"他玩笑道，"你当男人，我当女孩。来吧，引诱我！"杰里说，大部分女友会勉为其难地尝试一下。"但是，"他告诉我，"我能看出来她是不是真的有兴趣。如果她没兴趣，那么我没有办法，我会在性爱上对她失去兴趣。无论什么时候，只要我发现一个女人愿意兴致勃勃地用她的衣服打扮我，我就会立即和她结婚。"他不是在开玩笑。

世界上还有几百万个像杰里这样的男人。他们未必都想穿你的衣裙，但他们在性爱的盛宴上，渴望尝试一些与平淡的香草截然不同的奇异口味。

为什么男人想要如此离奇的性爱？

正如我们所见，几乎所有的性爱和情欲需求都与性格中的其他方面一样，根源于我们的童年经历。经过分析，通常都能够找到源头，但有些男人不需要分析、不需要将情欲幻想一直回溯到童年。

杰里记得大概在他五岁的时候，他的姐姐和几个年龄相当的小伙伴把他脱得一丝不挂，又给他穿上她们的蕾丝内衣。当时他低头看着自己的身体，女孩的美丽短裤下隆起一个小包，那是他第一次勃起。杰里因被女孩控制而感觉羞辱，但却热爱这种关注，这件事在他的爱情地图上刻下了永恒的烙印。

女猎手们，竖起耳朵，对于与控制有关的性幻想游戏的暗示，都要格外敏感。在男人的秘密花园中，这种统治/屈服的游戏是最普遍的情欲花蕾。这让许多人吃惊，但事实上，在统治与屈服两者之中，屈服是一种更为普遍的渴望。

女人在传统上始终扮演更为驯服的角色，因此性爱中的屈服不算什么大事。经典的"被俘获"幻想——英俊的陌生男人趁着夜色将女人劫持到他的城堡，对她为所欲为——并不会让女人难堪。然而，如果一个男人幻想强大的女人将他绑在床柱上，以自己的性爱喜好对他为所欲为，那么，他会深感羞辱。

为什么有关控制的性幻想如此流行？因为大多数小男孩初次体验性之欢愉的时候，母亲还是他们世界的中心。婴儿时期，母亲为他们洗澡、换尿布、打他们屁股、为他们的小鸡鸡抹粉、为他们灌肠……付出形形色色的女子式的亲密关注。虽然妈妈是他们的保护神，但也是他们心中的第一个权威形象即他心目中的独裁者。小男孩惹祸时，母亲会惩罚他。他孤弱无助，完全任她处置，但在心底又能感觉到她深沉的爱。因此，他的心里潜伏着强大的安全感。

成年以后，男人离开了母亲的控制和保护，成了孤家寡人。我们所有人其实都在不停地寻找应对孤独感或疏离感的方式，无论自己是否意识到这件事。有些男人在性幻想中得到了慰藉：如果他不能找回母亲，那么他可以拥有另一个美丽的女人，告诉他该干什么。她不仅会命令他做事，还会告诉他该怎么做；倘若他做错了，她甚至还会惩罚他。这种男人寻找的是这样的性伴侣：她允许他释放一切执迷，让他哭泣、让他乞求、让他再次成为一个孤弱无助的孩子。

有些男人抛出一套性幻想，想对你做些事，其实他们是想对自己做却又无法承认。这种男人将自己的性幻想封锁在隐秘的性爱心理中，直到某个聪慧的女猎手擦亮阿拉丁神灯，释放他的性幻想，令他从此能够坦然自在地面对。

女猎手们，如果你和杰里在一起感觉快乐，那么一定有一条路可以到达他的心灵——你只需要演出他的性幻想游戏。并不是所有的杰里都想穿上女人的衣裙,其他杰里想为性爱添加调味料,比如打屁股、挠痒痒、摔跤或者把一些另类的玩具拿到床上,和你一起极尽欢愉。

漫步离奇世界

有些习惯单身的男人有着更深刻、更黑暗的秘密。正如小鸭会把离开蛋壳之后见到的第一件移动物体视作自己的母亲一样,有些小男孩终生都会无可救药地迷恋某种令自己刻骨铭心的体验或物品。如果一个小男孩的性渴望未能起作用,他或许会迷上母亲为他换尿布时摩擦小鸡鸡的橡胶围裙或者在小床周围走来走去的赤裸的脚。对于少数一些男人,这些迷恋可以发展为强烈的恋物癖。鉴于很少有女性有恋物癖,许多女人对此一无所知。

你能改变意中人的情欲,帮他戒除这些执念吗?心理治疗师告诉我们不能。正如我们几乎不可能把同性恋变成异性恋一样,想要把一个怪异的男人变成一个平凡的男人,也是一场注定要失败的战争。大多数离奇的性幻想——比如杰里想穿女装的欲望——都令人困惑,但通常都可以划分到确定的类别中。

只消这样说就够了:如果你发现自己对杰里或某个有性爱怪癖的男人感兴趣,你只需要到视频图书馆去一趟。你可以说:"嗯哼,我想看一部捆绑(或者他的其他怪癖)电影,谢谢。"

49. 有些习惯单身的男人有着更深刻、更黑暗的秘密。

50 "丈夫偶尔注视其他女人"这个问题

现在，让我们从地下走出，来到美国普通城市的大街上，面对一切男女情侣出门时都要直面的一个问题。

迪克和简是一对情侣，他们正手牵着手，在步行街上愉快地漫步。这时一个绝色美人迎面走来。"该死，"简心想，"我敢打赌迪克很想看她，但他不敢。"

"哇……呜！"迪克心想，"真是秀色可餐哪。哇，我最好不让简发现我在看这个女人。嗯，我要假装目不斜视地一直往前走，但绝对不能错过。我要在她和我们擦肩而过的时候飞快地看一眼，大饱眼福。"

迪克和简继续前行，当然，迪克装着对渐行渐近的美色大餐漠不关心、毫不在意。迪克对简微微一笑，轻轻捏了捏她的手，让她放心。简满意地笑了。

美色大餐越来越近，这是迪克的机会之窗。机不可失，时不再来。他让眼珠朝美女的方向转动了一瞬间。他能轻松逃脱吗？

绝对不可能！简看到，在美女擦肩而过的那一刻，迪克的眼珠仿佛被视神经高高吊起来，随风飘荡。简陷入了一阵恐惧或者说不安中，也许她会用一句话敲打迪克："怎么，你没见过女人吗？"

真是糟糕的一幕。

50 "丈夫偶尔注视其他女人"这个问题

技巧 83　眼睛别偷吃（献给男猎手）

男猎手们，为了赢得意中人的芳心，无论何时你与她携手出门时，都要戴上蒙眼布，要让你的眼珠守在有限的风景中。

事实上，你要祈祷迎面走来一位惊艳美人，这样你就有机会向心上人证明你对其他女人多么不屑一顾——你的眼中只有自己身边那位窈窕淑女。

女猎手们，这里有一条技巧可以帮你在这种不可避免的事情发生时赢得意中人的心。我把这种情况用法律条文的形式表达出来。

鉴于：所有男人都喜欢注视其他女人……无论他们怎样假装视而不见。

鉴于：如果女人允许男人做真正想做却始终觉得不该去做的事，男人会欢喜异常。

因此：为了俘获意中人的心，要帮他实现他一直想做的事。让他问心无愧地一饱眼福，向他指出秀色可餐的美女在哪里，强迫他注视其他女人。

指着大街上、派对中及电视里的女人让他看，在人海中搜索漂亮女人，保证意中人一个都不错过。如果简指着渐行渐近的美色大餐说："哇，迪克，你一定会喜欢这个。"迪克对简的柔情蜜意该会怎样地暴涨啊。

技巧 84　让他大饱眼福（献给女猎手）

女猎手们，指着大街上的漂亮女人，允许意中人注视她们。对他说出这种话："那儿有一个摩登女郎。"你甚至可以说："哇，她多漂亮啊，不是吗？"

如果意中人很聪明，可能就会抗议，或者嘟哝说你更美。但随后他会问心无愧地大饱眼福，而你会拥有一头更加快乐的猎物。

50. 男猎手们,为了赢得意中人的芳心,无论何时你与她携手出门时,都要戴上蒙眼布,要让你的眼珠守在有限的风景中。

51 最后的发现

永远也不要让人说在"如何让你爱的人爱上你"的研究中,遗忘了某一块小石头。再彻底的调查,如果不讨论通向意中人心扉的另一条路,就一定是不完整的。这条路就是嗅觉通道或曰信息素。

什么?

信息素就是生物体的化学分泌物,也叫体香。

最近几年来,关于信息素的研究出现了许多讨论。科学已经证明,对于某些昆虫和动物,信息素真是一件强有力的东西。有些瓢虫只有在嗅觉受到震动的时候才会产生信息素。母猪闻到汗流浃背的公猪发出的一阵信息素,鼻孔就会扩张,并转过身体将臀部对准公猪,口中发出挑逗的哼哼声。

对于人类这种动物,汗液、脚臭和阴道分泌液(美国人满怀感激地支付许多钱,让除臭剂公司帮他们消除这些气息)都可以算作信息素。它们起作用吗?是否像动物王国一样,人类的体香也能对异性产生同样的效果?

某些人确实公开地表现出自己对体香的反应。许多男人喜欢女人腋窝里的气味。据报道,拿破仑曾经给他深爱的约瑟芬写了封信请求道:"明天夜晚我将回到巴黎,请你不要洗澡。"然而今天,妻子通常会让爱闻她腋窝的丈夫去看性心理医生。

一些研究人员将怀疑论抛在一旁,仍然对人类的信息素满怀希望。六七名深受尊敬的科学家认为他们在人类的鼻腔中发现了一种新的器官,叫犁鼻器。这些科学家告诉我们,解剖学家在数百年中一直没注意到这一器官。难怪,因为它只是鼻中隔底部附近一个微小而苍白的小坑。据报道,这个小坑的功能就是探测人与人之间无意识传递的化学信号。

为了证明这个观点,这些科学家做了所有科学家该做的事,他们做了一组实验。可是,当他们的研究对象(人类)背部朝下平躺在地上,为科学张开鼻翼时,什么都没发生。女人嗅了男人连用数天的腋窝垫之后,月经周期没有发生丝毫的改变,她们肯定地汇报称,自己没有感受到任何的性爱吸引。

然而,当代科学家和企业家始终在搜寻能够登上报纸头条的大发现,他们仍在开展研究。一线希望(或许是一种夸张?)出现了,科学家将某种体臭装进瓶子,人类闻了之后会出现与母猪闻到公猪气息时同样的反应。一个聪明的企业家已经用新瓶装了几种老物质(即体臭),并以50毫升70美元的价格推向市场。在杂志的邮购目录上,体香产品突然开始大行其道,宣称来自人体的神秘配方能够实施催眠术、引诱异性。

我在这个领域也进行了些许第一手研究,但是我本人的非科学研究证明,如果你在双耳之后擦一抹信息素,你会发现真的有许多意乱情迷的雌性昆虫围着你的头部飞舞。迄今为止,还没有证据证明信息素能让人类产生同样的反应。

不过,嗅觉是种强大的吸引力。谁知道呢?只需要从这些科学家和企业家现今进行的研究中拿出一点证据,就足以证明本书最后一条建议的合理性:要非常在意你的体香对意中人产生的影响。

技巧 85　谁在闻香?

不要指望意中人只因你的体香就昏头昏脑地爱上你。可是,由于信息素在动物情欲中扮演着重要的角色,因此还是全面下注吧。为了在嗅觉方面提升恋情,建议你让意中人为你选择香水或须后水。

51. 要非常在意你的体香对意中人产生的影响。

后 记

我们孤身一人，从母亲的子宫来到这个世界；我们活在世间，在一片以各自的思想和肉身为疆界的孤独中离群索居；撒手尘寰的时候，也是孑然一身，无人相伴。茫茫生死之间，如果两份孤独能够萍水相逢、两个凡尘俗子能够血脉相连，便能找到真正的幸福。但真爱是件奢侈品而非我们与生俱来的权利。正如追求其他奢侈品一样，我们必须尝试最有力的方法。

我们精研科学，了解别人怎样才会爱上我们，同时调整自己的言行去满足意中人的需求，好让他们爱上我们。可是，正如英国诗人萨缪尔·泰勒·科尔律治在写给同事的信中所说："我相信五百位牛顿的灵魂可以构成一位莎士比亚或弥尔顿。"

爱情亦是如此。请聆听我们探讨过的六个要素：

第一印象的冲击；
相似性的影响；
等价原则的奇异估算；
自我价值的陶醉；
两性差异的重要；
性爱的欢愉与狂喜。

为你的爱情之箭绑上科学催生的智慧和技巧。然而，当你瞄准意中

后 记

人的时候，永远别忘了艺术、创造之美与爱情的魔力。一个伟大的表演者会终其一生探索技巧，但是在聚光灯的炽热冲击下，那些疲于践行的日子都湮没于过去。胜利的表演者会将自己留给当下，让魔法自然而然地展开。恋爱就是如此。研究、实践那些能让人醉心于你的技巧，但当那一刻到来的时候，让自己尽情投入，听从你的直觉、顺应你的内心。

愿天下有情人终成眷属。

注　释

1. 彼得·O.珀雷蒂（Peter O. Peretti）和海蒂·基普施卡尔（Heidi Kipp-schull），《五种音乐类型对小白鼠社会行为的影响》（Influence of Five Types of Music on Social Behaviors of Mice），《心理研究》（Psychological Studies），1989年，第35期第2卷，第98-103页。

2. 乔纳森·P.罗斯曼（Jonathan P. Rosman）和菲利普·J.罗斯尼克（Phillip J. Resnick），《人类尸体的性吸引力：恋尸癖的精神病学解释》（Sexual Attraction to Corpses: A Psychiatric Review of Necrophilia），《美国精神病学和法学公告板》（Bulletin of the American Academy of Psychiatry and the Law），1989年，第17期第2卷，第153-163页。

3. 哈里森·福克托（Harrison Voigt），《夫妻性体验的丰富性：亚洲传统》（Enriching the Sexual Experience of Couples: The Asian Tradit-ions），《性和婚姻疗法》（Journal of Sex and Marital Therapy），1991年，第17期第3卷，第214-219页。

4. 卡罗尔·兰博（Carol Rambo Ronai）·罗奈和卡罗林·艾利斯（Carolyn Ellis），《为金钱而唤起：桌上艳舞从业者的互动策略》（Turn-Ons for Money: Interactional Strategies of the Table Dancer），《当代人种学》（Journal of Contemporary Ethnography），1989年，第18期第3卷，第271-298页。

5. 黛博拉·坦农（Deborah Tannen），《你只是无法理解》（You Just Don't Understand），1990年，New York：William Morrow and Company.

6. 约翰·格雷（John Grey），《男人来自金星，女人来自火星》（*Men Are from Mars, Women Are from Venus*），1992 年，New York：HarperCollins Publishers.

7. 约翰·莫尼（John Money），《爱情地图》（*Lovemaps*），1986 年，New York：Irvington Publishers.

8. 宝拉·摩根哈根·德威特（Paula Mergenhagen DeWitt），《所有寂寞的人们》（All the Lonely People），《美国人口》（*American Demographics*）1992 年 4 月刊，第 44-48 页。

9. W. J. 古迪（W. J. Goode），《爱情在理论上的重要性》（The Theoretical Importance of Love），《美国社会学评论》（*American Sociological Review*），1959 年，第 2 卷，第 38-47 页。

10. 伯纳德·I. 默斯坦（Bernard I. Murstein），《一见钟情：一个神话》（Love At First Sight: A Myth），《人类性行为的医学视点》（*Medical Aspects of Human Sexuality*），1980 年，第 14 期第 9 卷。

11. 艾伦·博尔斯施德（Ellen Berscheid），《对〈一见钟情：一个神话〉的评论》（Commenting on "Love at First Sight: A Myth"），《人类性行为的医学视点》（*Medical Aspects of Human Sexuality*），1980 年，第 14 期第 9 卷。

12. W. J. 麦肯齐（W. J. McKeachie），《口红在人们第一印象中的决定作用》（Lipstick as a Determiner of First Impressions of Personality），《社会心理学》（*Journal of Social Psychology*），1952 年，第 36 期，第 241-244 页。

13. A. M. 马修斯等（A. M. Mathews, et al.），《性偏好的基本要素》（The Principal Components of Sexual Preference），《英国社会临床心理学》（*British Journal of Social Clinical Psychology*），1972 年，第 2 卷，第 35-43 页。

14. 琼·凯勒尔曼等（Joan Kellerman, et al.），《凝视和爱情：互相凝视对激发浪漫爱情的作用》（Looking and Loving: The Effects of Mutual Gaze on Feelings of Romantic Love），《人格研究》（*Journal of Research in Personality*），1989 年，第 23 期第 2 卷，第 145-161 页。

15. 同 14。

16. 海伦·费舍尔（Helen Fisher），《爱情解剖学》（*Anatomy on Love*），1992 年，New York：Fawcett Columbine.

17. 齐克·鲁宾（Zick Rubin），《浪漫爱情的测量》（Measurement of Romantic Love），《人格与社会心理学》（*Journal of Personality and Social Psychology*），1970 年，第 16 期，第 265–273 页。

18. 伊尔卡·林南科斯基（Ilkka Linnankoski, et al.）等，《作为雄性短尾猿一种性唤起刺激物的视觉接触》（Eye Contact as a Trigger of Male Sexual Arousal in Stump-Tailed Macaques），《灵长类动物学论坛》（*Folia-Primatologica*），1993 年，第 3 期，第 181–184 页。

19. 同 16。

20. 同 16。

21. M. M. 摩尔（M. M. Moore）《女性的非语言求爱模式：情境和结果》（Nonverbal Courtship Patterns in Women: Context and Conseque-nces），《人种学和社会生物学》（*Ethnology and Sociobiology*），1985 年，第 6 期，第 237–247 页。

22. 马克·库克（Mark Cook），《社交生活中的凝视与相互凝视》（Gaze and Mutual Gaze in Social Encounters），《美国科学家》（*American Scientist*），1977 年，第 65 期，第 328–333 页。

23. 蒂莫西·佩佩尔（Timothy Perper），《性符号：爱情的生物学研究》（*Sex Signals: The Biology of Love*），1985 年，Philadelphia：ISI Press.

24. E. 阿伦森等（E. Aronson, et al.），《社交失误在提高人际魅力方面的作用》（The Effect of a Pratfall on Increasing Interpersonal Attractiveness），《心理科学研究》（*Psychonomic Science*），1966 年，第 4 期，第 227–228 页。

25. E. 沃尔斯特（E. Walster）和 G. W. 沃尔斯特（G. W. Walster）等，《欲擒故纵：理解一种难以解释的现象》（Playing Hard to Get: Understanding an Elusive Phenomenon），《人格与社会心理学》（*Journal of Personality and Social Psychology*），1973 年，第 26 期，第 113–121 页。

26. D. G. 达顿（D. G. Dutton）和 A. P. 阿伦（A. P. Aron），《高度焦虑

状态下性吸引力提高的几个证据》（Some Evidence for Heightened Sexual Attraction Under Conditions of High Anxiety），《人格与社会心理学》（Journal of Personality and Social Psychology），1974 年，第 30 期，第 510-517 页。

27. 同 26。

28. A. H. 马斯洛（A. H. Maslow）和 N. L. 敏茨（N. L. Mintz），《美学环境的影响力》（Effects of Aesthetic Surroundings）《心理学》（Journal of Psychology），1956 年，第 41 期，第 247-254 页。

29. W. 格里菲特（W. Griffitt）和 R. 维埃斯（R. Veitch），《又热又挤：人口密度和温度对人际情感行为的影响》（Hot and Crowded: Influence of Population Density and Tempratre on Interpersonal Affective Behavior），《人格与社会心理学》（Journal of Personality and Soc-ial Psychology），1971 年，第 17 期，第 94-98 页。

30. 约翰 . M. 汤森（John. M. Townsend）和加里 . D. 列维（Gary. D. Levy），《潜在伴侣身体魅力和社会经济地位对婚恋伴侣选择的影响》（Effects of Potential Partner's Physical Attractiveness and Socioeconomic Status on Sexuality and Partner Selection），《性行为档案》（Archives of Sexual Behavior），1990 年，第 19 期第 2 卷，第 149-164 页。

31. 唐·伯恩（Donn Burne）《吸引力的范式》（The Attraction Paradigm）1971 年，New York：Academic Press.

32. 伊莱恩·沃尔斯特（Elaine Walster）、威廉·G. 沃尔斯特（William G. Walster）和艾伦·博尔斯施德（Ellen Berscheid），《等价：理论与研究》（Equity: Theory and Research），1978 年，Boston：Allyn and Bacon.

33. 唐·伯恩（Donn Byrne），《关于吸引力的实验研究和真实网络约会之间关系的深入研究》（Continuity Between the Experimental Study of Attraction and Real-Life Computer Dating），《人格与社会心理学》（Journal of Personality and Social Psychology），1970 年，第 1 期，第 157-165 页。

34. 罗伯特. J. 斯滕伯格（Robert. J. Sternberg）《爱的三角》(*The Triangle of Love*), 1988 年，Scranton, Pennsylvania：Basic Books.

35. C. 科克霍夫（C. Kerckhoff）和 K. E. 戴维斯（K. E. Davis），《配偶选择中的价值舆论和需求互补》(Value Consensus and Need Complementarity in Mate Selection)，《美国社会学评论》(*American Sociological Review*)，1962 年，第 27 期，第 295-303 页。

36. 马克·库克（Mark Cook）和罗伯特·麦克亨利（Robert McHenry），《性吸引力》(*Sexual Attraction*)，1978 年，New York：Pergamon Press.

37. 布兰达·梅杰（Brenda Major, et al.）等，《身体吸引与自尊：异性评估者赞美的属性》(Physical Attractiveness and Self Esteem: Attributions for Praise from an Other Sex Evaluator)，《人格与社会心理学公报》(*Personality and Social Psychology Bulletin*)，1984 年，第 10 期第 1 卷，第 43-50 页。

38. 同 32。

39. I. 西尔弗曼（I. Silverman），《身体吸引与调情》(Physical Attractiveness and Courtship)，《性行为》(*Sexual Behavior*)，1971 年，第 9 期，第 22-25 页。

40. E. 沃尔斯特（E. Walster）、G. W. 沃尔斯特（G. W. Walster）和 S. 特劳普曼（S. Traupmann），《等价与婚前性行为》(Equity and Premarital Sex)，未出版的手稿。

41. A. M. 马修斯（A. M. Mathews），《英国社会临床心理学》(*British Journal of Social Clinical Psychology*)，1972 年，第 2 卷，第 35-43 页。

42. J. 拉夫拉克斯（J. Lavrakas），《女性对男性体形的偏好》(Female Preference for Male Physiques)，《人格研究》(*Journal of Research in Personality*)，1975 年，第 9 期，第 324-334 页。

43. 简·E. 史密斯等（Jane E. Smith, et al.），《单身白人男子寻找苗条且非常漂亮的……》(Single White Male Looking for Thin, Very attractive...)，《性角色》(*Sex Roles*)，1990 年，第 23 章，第 675-685 页。

44.《遇见》（*Encounter*），1956 年。

45. D. J. 贝姆（D. J. Bem），《自我洞察理论》（Self Perception Theory），《经验社会心理学发展》（*Advances in Experimental Social Psychology*），1972 年，第 6 期，第 1-62 页。

46. 同 45。

47. 德博拉·麦卡锡 – 安德森（Debra McCarthy-Anderson）和卡洛尔·布鲁斯 – 汤姆斯（Carol Bruce-Thomas），《执迷》（*Obsession*），1995 年，Ontario, Canada：Harlequin Books.

48. 公众调查问卷结果（Results of public opinion polls），《美国企业》（*The American Enterprise*），1992 年，1-2 月刊第 2 期第 1 卷，第 107 页。

49. E. J. 卡宁（E.J. Kanin）、K. D. 达维森（K. D. Davidson）和 S. R. 谢克（S. R. Scheck），《异性恋情体验中的男女差异之研究记录》（A Research Note on Male-Female Differentials in the Experience of Heterosexual Love），《性研究》（*The Journal of Sex Research*），1970 年，第 6 期，第 64-72 页。

50. C. W. 霍巴特（C. W. Hobart），《调情中的浪漫主义发生率》（The Incidence of Romanticism During Courtship），《社会动力》（*Social Forces*），1958 年，第 36 期，第 364 页。

51. 齐克·鲁宾等（Zick Rubin, et al.），《爱情新视点》（A New Look at Love），《社会问题》（*Journal of Social Issues*），1976 年，第 32 期，第 1 页。

52. R. J. 斯滕伯格（R. J. Sternburg）和 S. 格拉杰克（S. Grajek），《爱的本质》（The Nature of Love），《人格与社会心理学》（*Journal of Personality and Social Psychology*），1984 年，第 47 期第 3 卷，第 12-29 页。

53. 丹尼尔·戈尔曼（Daniel Goleman），《性幻想的新视点：发现许多变态狂》（New View of Fantasy: Much Is found Perverse），《纽约时报》（*New York Times*），1991 年 5 月 7 日。

54. R. J. 斯滕伯格（R. J. Sternburg）和 M. 巴恩斯（M. Barnes），《浪漫关系中真实而理想的其他人：四人成众？》(Real and Ideal Others in Romantic Relationships: Is Four a Crowd?)，《人格与社会心理学》(*Journal of Personality and Social Psychology*)，1985 年，第 49 期，第 1586–1608 页。

图书在版编目（CIP）数据

如何让你爱的人爱上你 /（美）莉尔·朗兹（Leil Lowndes）著；毛燕鸿译 . —上海：上海社会科学院出版社，2019

书名原文：How to make anyone fall in love with you

ISBN 978-7-5520-2892-8

Ⅰ. ①如… Ⅱ. ①莉… ②毛… Ⅲ. ①恋爱心理学—通俗读物 Ⅳ. ① C913.1-49

中国版本图书馆 CIP 数据核字（2020）第 036471 号

How to Make Anyone Fall in Love with You by Leil Lowndes
Copyright © 1996 by Leil Lowndes
This edition arranged with Queen Literary Agency through Big Apple Agency, Inc., Labuan, Malaysia.
Simplified Chinese edition copyright: 2010 Beijing Beans Book Co., Ltd
All rights reserved.

上海市版权局著作权合同登记号：图字 09-2019-588 号

如何让你爱的人爱上你

著　　者：（美）莉尔·朗兹（Leil Lowndes）
译　　者：毛燕鸿
责任编辑：赵秋蕙
特约编辑：信宁宁
封面设计：主语设计
出版发行：上海社会科学院出版社
　　　　　上海市顺昌路 622 号　邮编 200025
　　　　　电话总机 021-63315947　销售热线 021-53063735
　　　　　http://www.sassp.cn　E-mail: sassp@sassp.cn
印　　刷：河北鹏润印刷有限公司
开　　本：710 毫米 × 1000 毫米　1/16
印　　张：21.25
字　　数：170 千字
版　　次：2020 年 4 月第 1 版　2021 年 4 月第 7 次印刷

ISBN 978-7-5520-2892-8/C · 191　　　　　　　定价：46.80 元

版权所有　翻印必究